고대 동아시아 물자 유통과 관리

진인진

고대 동아시아 물자 유통과 관리

초판 1쇄 발행 | 2022년 12월 31일

기   획 | 경북대학교 인문학술원 HK+사업단
편저자 | 윤재석
편   집 | 배원일, 김민경
발행인 | 김태진
발행처 | 진인진
등   록 | 제25100-2005-000003호
주   소 | 경기도 과천시 별양상가 1로 18 614호(별양동 과천오피스텔)
전   화 | 02-507-3077-8
팩   스 | 02-507-3079
홈페이지 | http://www.zininzin.co.kr
이메일 | pub@zininzin.co.kr

ⓒ 경북대학교 인문학술원 2022
ISBN 978-89-6347-533-2 94910
ISBN 978-89-6347-532-5 94910(세트)

* 이 저서는 2019년 대한민국 교육부와 한국연구재단의 지원을 받아 수행된 연구임(NRF-2019S1A6A3A01055801)

발간사

　경북대학교 인문학술원 인문한국플러스(HK+)사업단은 2019년 5월부터 "동아시아 기록문화의 원류와 지적 네트워크 연구"라는 주제로 한국·중국·일본에서 출토된 木簡의 연구를 통하여 고대 동아시아세계의 歷史像을 재조명하는 연구과제를 수행하고 있다.

　20세기 초 이래 지금까지 동아시아 삼국에서 발굴된 목간은 그 수량의 방대함이나 내용의 다양성으로 인하여 기존 문헌 사료에 손색없는 연구사적 가치를 지닌 것으로 평가된다. 뿐만 아니라 목간은 당해 사회에서 실제 사용된 기록물인 만큼 윤색과 오염이 없는 1차 사료로서, 특히 기층의 사회상 연구에 중요한 정보를 제공한다.

　본서는 바로 이러한 목간의 분석을 통하여 그간 자료의 부족으로 제대로 규명되지 못한 고대 동아시아 사회의 물자 유통과 관리체계에 대한 연구를 진행한 저술이다. 특히 漢과 魏晉時代에 광범위하게 사용된 木楬, 그리고 한국과 일본에서 대량 발굴된 7~9세기의 荷札木簡은 물자의 유통과 관리 방식을 추적할 수 있는 중요 자료로서, 이에 대한 연구가 본서의 핵심적 내용이다. 아울러 물류시스템과 관리체계의 분석을 통하여 지역사회의 작동과 이에 대한 국가의 지배방식을 고찰한 연구는 고대 동아시아 사회의 저변을 구조적으로 이해하는 데 도움을 줄 것이다.

　이 책은 경북대 HK+사업단에서 2021년 2월 국내외 학자들을 비대면으로 초청하여 진행한 국제학술대회("木簡을 통해 본 고대 동아시아의 물자유통과 관리")에서 발표한 논문을 정선하여 편집한 것이다. 논문 발표와 더불어 본서에 옥고를 보내주신 저자님들과 본서의 출판에 실무를 맡은 경북대 HK+사업단 이동주 교수님과 번역을 맡은 분들에게 감사드린다. 아울러 HK+사업단의 운영과 본서의 출간을 위해 경제적 지원을 아끼지 않은 한국연구재단과 본서의 출판을 맡은 진인진에 감사의 마음을 전한다.

경북대학교 인문학술원장
HK+사업연구책임자
윤재석
2022.12

목차

	발간사	3

1부 한국 고대 물자 유통과 관리 7

- 제1장 신라의 창고 관리와 운영 / 이동주 9
- 제2장 城山山城 木簡에 보이는 신라의 지방경영과 곡물·인력 관리 / 이용현 37
- 제3장 釜山 盃山城木簡의 기초적 검토 / 橋本繁 83
- 제4장 고대의 수취품 운송과 船家의 출현 / 김창석 107

2부 중국 고대 물자 유통과 관리 157

- 제5장 漢簡에 보이는 물자 관리에서 木楬과 封檢의 역할 / 李均明 159
- 제6장 走馬樓吳簡所見的市(走馬樓吳簡에 보이는 市) / 于振波 185
- 제7장 長沙 走馬樓吳簡에 보이는 俸祿 지급과 관리 / 戴衛紅 201

3부 일본 고대 물자 유통과 관리 227

- 제8장 일본 고대 공진물 서사 문자와 지역 특성 / 方國花 229
- 제9장 일본 고대 지방목간으로 본 물자유통과 관리 / 鐘江宏之 251
- 제10장 일본 고대 荷札木簡을 통해 본 稅物의 出納과 保管 / 舘野和己 277

編·著者 소개   305

1부
한국 고대 물자 유통과 관리

#01

신라의 창고 관리와 운영

•

이동주(李東柱)
(경북대학교 인문학술원 HK연구교수)

I 머리말

　　창고는 재물을 수납하는 공간으로 국가 재정을 지탱하는 핵심시설이다. 곡물이나 병기, 문서, 재화 등 물자의 특성에 따라 구분하여 비축된다. 물자의 비축은 장기간 보관이란 목적 아래 품질의 저하를 막기 위해 여러 수단이 강구된다. 이를테면 곡물류의 경우 너무 건조하게 되면 낟알이 갈라지며, 습도가 높으면 發芽나 벌레가 생길 확률이 높아진다. 따라서 최상의 품질을 유지하기 위해 여러 다양한 보관법이 강구되기도 한다.
　　관리인에 의해 물품의 출납에서부터 재고관리, 시설물의 이상 유무 등 주기적인 점검을 통해 창고는 내구성을 유지하게 된다. 때로는 상시 개방되는 창고의 특성상 도난의 소지나 관리자가 연루된 부정이 일어날 가능성이 있다.

그러므로 창고의 관리는 믿을 수 있는 측근이나 길항하는 두 집단이 상호 견제하면서 담당하였을 개연성을 배제하기 어렵다.

창고와 관련된 기왕의 연구에서는 『翰苑』에 전하는 백제 관부인 內, 外椋部에 주목하여, 椋이 창고임을 논증하였다. 그리고 椋京을 일본에서 창고를 의미하는 くら와 연결시켜 이해하고자 하였다.[1] 한편 신라의 稟主가 지증왕 연간에 설치되었고, 국가 재정운영과 관련된 관직에서 연원한 것으로 보거나[2] 품주를 倉廩을 맡아 국가적인 재정을 관장한 것에 동의하면서도 始設年代를 典大等이 설치된 진흥왕 26년에 주목하기도 한다. 즉 품주가 관장하던 調賦는 진평왕 6년(584)에 調府가 설치되면서 그곳에 인계하였다는 것이다.[3] 한편 삼한시대 국읍의 창고를 고고학적 시각으로 실증한 연구도 있다. 이 견해에 따르면 국읍은 재분배와 잉여생산물의 보관을 위한 창고가 필요하며, 백제국의 경우 서울 몽촌토성에서 발견된 저장공이 이에 해당한다는 것이다. 그 결과 국읍의 창고는 식량의 비축을 넘어 일반 읍락에서 수취한 물품들을 저장하는 기능으로 전환되었을 것으로 추정하였다.[4] 한편 경주 황남동 376번지 유적 출토 목간의 下椋, 仲椋에 주목한 연구는 창고를 공방과 관련지어 파악하였다. 유적의 성격이 공방인 만큼 곡물을 영수할 때 내부적으로 작성한 기록簡일 가능성이 있다는 것이다. 이때 곡물의 이동은 중앙기관인 椋司에서 관여하였을 것으로 보았다.[5] 동일한 목간을 다룬 다른 연구에서는 목간을 통해 상,

---

1 稻葉岩吉, 「百濟の椋及び椋部」, 『釋椋』, 1936.
2 李丙燾, 「古代南堂考」, 『韓國古代史研究』, 博英社, 1976, pp.636~637.
3 李基白, 「稟主考」, 『新羅政治社會史研究』, 一潮閣, 1974, pp.138~140.
4 權五榮, 『三韓의 「國」에 대한 硏究』, 서울대학교 대학원 국사학과 박사학위논문, 1996, pp.111~112.
5 李鎔賢, 「경주 황남동 376 유적 출토 목간의 형식과 복원」, 『新羅文化』 19, 2001, p.41.

중, 하의 3경 체제로 이루어졌고, 각 창고에 따라 수납품이 달랐으며, 관리를 위해 재고량 혹은 출납 상황을 기록한 것으로 보았다. 창고에 비축된 곡물과 원료는 倉部나 調府 혹은 동궁의 椋司에서 지급한 것으로 본 것이 특징이다.[6] 한편 신라 창고 제도의 성립과 운영을 다룬 연구에서는 청동기 시대 神倉에서 출발하여 고대 왕권의 물적 기반으로 전환 과정, 국가 주도의 유통체계, 창고의 운영과 관리 등의 실상을 검토하였다. 『삼국유사』에 전하는 효소왕대 죽지랑조 기사를 통해 창고제의 성립과정, 창부의 설치, 관영 창고, 조세수취와 운송체계 등을 다루었다.[7]

  기왕의 연구를 통해 고대 국가에서 창고가 가진 역사적 의미와 중요성을 이해할 수 있었다. 여기서는 이러한 선행연구 성과를 유념하면서 목간에 보이는 창고와 관련된 용례와 발굴조사를 통해 드러난 유구를 접목시켜 파악해 보고자 한다. 창고는 단순 저장시설이 아니라 국가재정과 밀접한 관련이 있다. 그렇다면 창고는 한 국가의 경제기반과 연동되며, 물자의 관리와 운영은 국가재정의 건전성을 가늠할 수 있는 바로미터가 된다.

  우선 글의 구성은 다음과 같이 해보았다. Ⅱ장에서는 문헌에 散見한 창고의 용례들을 정리해 보았다. 창고는 형태, 구조, 수납물에 따라 용례를 엄격하게 구분하였다. 이는 창고가 가진 역할을 가늠하는데 유용한 정보를 제공한다. 가령 창부는 租, 조부는 調를 담당하였는데, 경덕왕대 관부명 개칭 시 창부는 司倉, 조부는 司庫라 구분하여 불렀다. 이점 재정을 담당하더라도 결을 달리하는 부분이 있었음을 시사한다.

  Ⅲ장에서는 창고 관리의 실태를 살펴보았다. 사량궁의 곡식 창고인 唱翳

---

[6] 金昌錫, 「皇南洞 376 유적 출토 木簡의 내용과 용도」, 『新羅文化』 19, 2001a, pp.9~10 ; 「창고제의 정비와 운영」, 『삼국과 통일신라의 유통체계 연구』, 일조각, 2004, pp.144~145.

[7] 金昌錫, 「신라 倉庫制의 성립과 租稅 運送」, 『한국고대사연구』 22, 2001b ; 「창고제의 성립과 운영」, 『삼국과 통일신라의 유통체계 연구』, 일조각, 2004, pp.109~154.

倉과 부산성의 득오곡 휴가 사건은 창고 관리의 한 단면을 이해하는데 유용한 정보를 제공한다. 검군과 득오곡은 花郎徒에 이름을 올린 인물들이며, 非花郎徒와 함께 근무한 정황이 확인된다. 花郎徒와 非花郎徒 간의 길항은 상호 견제라는 측면에서 창고를 관리하는데 유용하였다.

마지막으로 Ⅳ장에서는 물자의 수납과 창고의 구조에 대해 살펴보았다. 신라의 경우 창고 시설들이 고고학적 조사에 의해 제법 많이 확인되었다. 월지 183호 목간의 '北廂', '第一行瓮一入'이나 196호 목간의 '南瓮'은 창고의 내부구조에 관한 정보를 제공한다. 이와 관련하여 경주 성건동 500-18번지 유적이나 동천동 72번지 유적의 유구는 이런 용례와 접목시켜 해석해 볼 여지가 있다. 또한 남산신성의 장창지, 건천 부산성, 남한산성 행궁지, 인천 계양산성, 부산 배산성 등지에서는 창고 건물로 추정되는 곳에서 대형기와들이 출토되었다. 거대한 건물에 수납된 물자는 국가의 부를 드러내며, 재정운영을 뒷받침하는 근간이 된다. 이처럼 창고는 축적된 물자를 통제하는 권력을 시각적으로 드러내는 장치라 할 수 있다.

Ⅱ 창고의 용례 검토

창고에 수납된 물자는 국가를 경영하며, 재정을 운영하는 근간이다. 제정이 일치된 사회에서는 제의와 수반된 재분배가 공동체 유지에 중요한 역할을 하였다. 공동체의 聖所에 설치된 창고는 제의용의 신성한 물품을 보관하는 곳인 동시에 재분배를 통해 통합력을 제고시키는 神倉으로 기능하였다.[8]

---

[8] 金昌錫, 「한국 고대 市의 原形과 그 성격 변화」, 『한국사 연구』 99·100, 1997 ;

창고는 곡물의 저장과 재화의 비축이라는 관점에서 국가 재정과 불가분의 관계에 있다. 따라서 수납물의 구분과 분화에 따라 율령으로 강제된 형태로 제도화되었다. 창고는 형태(방형, 원형), 구조(지상식, 지하식), 수납품(租, 調) 등에 의해 구분된다. 그리고 창고를 가리키는 다양한 용례는 각기 특성에 따라 생성되었으므로 법적으로 엄격하게 구분되었다. 고대 일본의 경우 倉에는 稻, 穀, 粟의 곡물류, 庫에는 병기, 문서, 포백, 서적, 보물 등을 보관하며, 藏에는 諸國의 공헌물 및 調庸을 수납하는 공간으로 倉庫보다 상위의 개념으로 사용되었다.[9] 그리고 고대 한국에는 椋이라는 용례를 만들어 사용했던 정황이 확인된다. 408년 고구려 덕흥리 고분벽화의 食一椋은 椋의 가장 이른 사례이다. 백제의 경우 부여 쌍북리 280-5번지 일원에서 수습된 목간에 外椋卩가 확인된다. 이를 통해 22 부사의 內椋部, 外椋部의 실체가 증명된 계기가 되었다. 또한 능산리사지 목간에는 仲椋이 보여 상대적인 위치에 따라 창고를 구분해서 불렀음을 짐작할 수 있다. 한편 신라는 경주 황남동 376번지에서 출토된 8세기대 목간에 仲椋, 下椋이 보이고, 월지에서 출토된 벼루의 저부에 椋司명 묵서가 확인된다. 椋은 곳집을 의미하는 京에서 파생된 것으로 여겨진다. 『急就篇』: "門戶井竈庑囷京." 顔師古注 : "囷, 圓倉也 ; 京, 方倉也."라 하고, 『史記集解』引徐廣曰 : "京者, 倉廩之屬也."라 하여 京이 방형 창고의 의미로 사용되었음을 알 수 있다.[10]

椋은 구체적으로 고구려의 작은 창고인 桴京에서 창안될 것으로 보인다.

「시市의 원형과 성격 변화」, 『삼국과 통일신라의 유통체계 연구』, 일조각, 2004, pp.27~28.

9 山中敏史, 「古代の倉庫群の特徵と性格」, 『クラと古代王權』, ミネルヴァ書房, 1991, pp.112~116.

10 戴卫红, 「东亚简牍文化的传播-以韩国出土"椋"字木简为中心的探讨」, 『文史哲』 359, 山东大学, 2017, p.7.

『說文解字』에는 桴를 棟으로 설명하였다. 따라서 桴京은 지붕 가구구조를 갖춘 고상식 건물을 의미한다. 그러므로 椋은 桴에서 木변을 탈락시켜 京에 붙여 만들어진 글자로 볼 수 있다. 椋의 造字 기저에는 桴京의 桴가 작용한 것 같다.[11] 椋은 주로 食이나 稻와 동반되므로 창고를 의미하는 글자는 분명하다. 그렇다면 원 의미인 '푸조나무 량'과는 무관한 고구려의 造字가 되는 셈이다. 글자도 '량'이 아니라 '경'으로 읽는 것이 옳다.[12] 실제 광주 무진고성에서는 B지역 상층 건물에서는 椋[13]과 京[14] 등이 타날된 기와가 출토되었다. 이 점을 미루어보면 당시 두 글자가 서로 같은 의미로 호환하여 사용되었음을 방증한다. 椋은 고구려에서 유래하여 백제와 신라에 수용되었고, 최종적으로 일본으로 유입되었다.[15] 일본에서 椋은 고대 인명과 지명에 남아 있다고 한다. 시기적으로는 7세기부터 8세기 초의 자료에 집중되며, 8세기 전기 이후에는 倉, 藏, 庫로 나타난다는 지적이 있다.[16]

신라에서는 倉, 藏, 庫, 椋, 廩 등의 용례가 확인되며, 倉庫는 赫居世 居西干 38년 2월 기사에 상투적이나마 처음 보이고,[17] 이후 기사에서는 기근이나

---

11 李成市,「古代朝鮮の文字文化」,『古代日本 文字の來た道』, 大修館書店, 2005, pp.42~43 ; 이건식,「日本 國字와 韓國 固有漢字의 고유성 판단 기준 설정의 필요성」,『東洋學』 75, 2019, p.108.

12 주보돈,「한국의 목간연구 30년, 그 성과와 전망」,『한국 고대사의 기본 사료』, 주류성, 2018, p.372.

13 전남대학교 박물관,『武珍古城Ⅰ』, 1989, p.104. 도면 57-5

14 전남대학교 박물관,『武珍古城Ⅱ』, 1990, p.85. 도면 45-1.

15 李成市,「朝鮮の文書行政と六世紀の新羅」,『文字と古代日本2』(文子による交流), 吉川弘文館, 2005.

16 武井紀子,「古代におけるの倉庫出納業務の實態」,『國立歷史民俗博物館研究報告』 194, 2015, p.119.

17 『三國史記』卷1, 新羅本紀1 赫居世 居西干 38년 2월, "我國自二聖肇興, 人事修, 天

재해와 동반하여 倉廩, 倉을 열어 백성을 구제하였다는 용례가 많이 확인된다. 문무왕 3년(663)에 설치한 남산신성의 長倉의 경우 길이가 50보, 넓이가 15보라 한다. 곡식과 병기를 보관하니 이것이 右倉이고, 天恩寺 북쪽이 左倉이라고 한다.[18] 이외에 중창도 확인되므로 남산신성에는 모두 3개의 창고가 있었던 셈이다. 그런데 곡식과 무기를 동반해서 보관하면서도 倉과 庫로 구분하지 않고, 범칭으로 倉을 쓰고 있는 점이 눈에 띈다. 椋의 실물자료로서 월지 출토 椋司명 벼루와 황남동 376번지 유적 출토 목간이 유의된다. 椋은 곳집 형태의 창고를 의미하며, 월성 주변부에 포진되어 있었을 것이다. 椋司명 벼루의 사용자는 창부 산하의 관리로 볼 수 있으며, 황남동 376번지 유적 출토 목간에 仲椋, 下椋 등의 용례를 통해 上椋의 존재를 짐작해 볼 수 있다. 아마 어떤 기준을 토대로 위치관계를 나타낸 것으로 보인다. 목간이 출토된 1호 수혈을 椋으로 보는 견해도 있으나,[19] 수혈의 평면이 부정형인 점, 椋이 방형의 창고를 나타내는 용례인 점을 고려하면 따르기 어렵다.

한편 庫는 武庫(218년), 物藏庫, 貴妃庫(158년), 內庫(579, 693년), 天尊庫(693년), 南庫(921년) 등이 확인된다. 武庫의 경우 백제의 침략 사실을 예고한 것에서 유추할 수 있듯, 낙랑국의 북과 나팔이 보관된 왕실 고유의 특수 물자를 보관한 창고로 볼 수 있다. 한편 書算에 능한 부도가 담당한 物藏庫는 유사한 명칭으로 御龍省 예하 物藏典이 있다. 궁예의 태봉 관제에도 物藏省이 보이며, 이 관제는 고려의 小府寺(小府監)로 이어진다. 소부시는 왕건이 태봉의 제도를 따라 설치한 것이므로 왕실 재정과 관련된 관부임을 알 수 있다. 여기는 장인[工技]과 진귀한 물건의 보관[寶藏]을 담당하였다그 한다.[20] 신라의

    時和, 倉庫充實, 人民敬讓"

18 『三國遺事』卷2, 紀異2, 文虎王法敏.

19 김창호, 「경주 황남동 376번지 출토 목간의 재검토」, 『韓國 古代 木簡』, 주류성, 2020, p.288.

20 『高麗史』卷76, 志30, 百官1 小府寺.

물장고 역시 연원을 거슬러 올라가면 왕실 재정과 관련된 창고로 볼 수 있겠다.

세오녀가 짠 비단을 國寶로 삼아 보관한 귀비고는 御庫였다. 그리고 천사옥대, 玄琴, 神笛을 보관한 內庫도 확인된다. 이 가운데 천사옥대는 신라 삼보 가운데 하나이다. 현금이나 신적 역시 나라의 보물이라는 점에서 內庫를 御庫로 볼 수 있지 않을까. 內와 御는 서로 호환되기 때문이다. 더욱이 天尊庫에는 만파식적을 보관하였다. 내고의 神笛을 만파식적으로 볼 수 있으므로 천존고 역시 내고와 동일한 실체라 할 수 있다. 황룡사의 90녀은 승려가 말한 진평왕의 聖帶가 보관된 南庫 역시 유의된다. 이곳에 보관된 성대는 진평왕의 천사옥대와 동일한 실체이다. 따라서 남고가 곧 內庫인 셈이다. 그렇다면 귀비고(어고)=내고=천존고=남고의 등식이 성립할 수 있지 않을까 싶다.[21]

한편 남고가 오랫동안 封한 상태였고, 齋戒하고 제사를 지낸 이후에 聖帶를 찾았다는 점을 미루어보면 왕실의 보물 창고는 함부로 열 수 있는 성질의 것이 아니었다. 다만 각 창고의 명칭들이 하나의 창고를 가리키는지 왕실의 수많은 창고 가운데 하나인지는 단정하기 어렵다.

중고기 지방통치체제가 정비되고 영역이 확장되면서 재정을 담당한 품주의 업무가 과중하게 된 것 같다. 그 결과 진평왕 6년(584) 품주에서 調의 업무를 담당했을 調府가 설치되었다.[22] 조부의 사지를 司庫로 개칭한 것을 보면[23] 담당 물자가 庫와 관련된 것으로 볼 수 있다. 그리고 창부에 속한 賞賜署의 大正은 진평왕 46년(624)에 두었다. 이 관부는 경덕왕대 司勳監으로 개칭되었던 바 포상과 관련된 업무를 담당했을 것이다. 倉部에 속한 이유는 창고 내

---

21 전덕재는 왕건이 신라가 바친 천사옥대를 物藏에 보관했다는 기사를 바탕으로 物藏庫=내고=천존고=남고의 관계로 본 바 있다. 전덕재, 「신라 중앙재정기구의 성격과 변천」, 『新羅文化』 25, 2005.

22 『三國史記』卷38, 雜志7 職官 上 調府, "眞平王六年置. 景德王改爲大府, 惠恭王復故"

23 『三國史記』卷38, 雜志7 職官 上 調府, "舍知一人, 神文王五年置. 景德王改爲司庫"

조의 반급과 관련이 있을 것이다. 한편 창부는 진덕왕 5년(651)에 설치되었다.[24] 효소왕 8년에 설치된 창부의 租舍知는 경덕왕대 司倉으로 불렀다.[25] 조부의 사지가 司庫로 불렸음을 염두에 두면 이와는 달리 창부의 조사지는 倉에 격납할 물자를 관리한 셈이 된다. 품주 조직은 651년 집사부르 개편되면서 폐지되었다. 그리고 곡물의 출납을 담당한 창부가 두어지면서 재정은 이곳으로 일임되었다. 조부와 더불어 창부는 국가 재정을 운영하는 양대 축으로 기능하게 된 것이다.

『삼국사기』직관지에는 창고를 관리한 기관으로 珍閣省(穢宮典)이 확인된다. 진각(예궁)을 그 자체 창고로 볼 수도 있겠지만, 직관지에 등재된 만큼 國寶가 소장된 창고를 관리하는 관청으로 볼 여지가 크다고 생각된다. 이 관제는 신라뿐 아니라 태봉과 고려에서도 확인된다. 아마 국보를 보관하는 창고의 관리라는 기능이 동일하게 작동한 것 같다.[26]

III 창고 관리의 실태

창고를 관리하는 데 가장 필요한 기초지식은 書算이었다. 이는 창고의 출

---

[24] 『三國史記』卷38, 雜志7 職官 上 倉部, "昔者倉部之事, 兼於稟主, 至眞德王五年, 分置此司"

[25] 『三國史記』卷38, 雜志7 職官 上 倉部, "租舍知一人, 孝昭王八年置. 景德王改爲司倉"

[26] 전덕재, 「『삼국사기』의 기록을 통해 본 신라 왕경의 實相-문무왕대 이후 신라본기와 잡지, 열전에 전하는 기록을 중심으로-」, 『大丘史學』132, 2018.

납과 재고관리를 위한 필수적인 재능이다. 한기부인 夫道가 바로 이러한 능력을 인정받아 물장고의 사무를 맡게 된 것이다.[27] 물장고는 왕실과 관련된 창고이다. 그의 심성은 가난했지만 아첨하지도 않았다고 한다. 書算 능력 못지 않게 그의 올곧은 심성이 왕의 마음을 움직였던 것 같다. 사실 창고는 관리인이 마음만 먹으면 부정을 일으킬 수 있는 공간이 된다. 따라서 부도가 部를 초월하여 왕실 사무에 발탁된 이유 역시 어려운 상황에서도 아첨하지 않는 심성이 크게 작용했을 것이다. 아울러 국왕이 직접 적임자를 선정하여 책임자로 임명한 것을 보면 물장고는 왕실과 밀접한 창고였음을 시사한다. 창고는 왕이 신임하는 자에게 일임하여 관리되었을 가능성이 높다.[28] 후대의 사례이긴 하지만 창고의 관리를 왕의 측근들이 맡은 경우도[29] 이것이 곧 재정과 직결되기 때문일 것이다.

　　신라의 왕실 재정과 관련하여 대궁, 양궁, 사량궁 등 3궁이 있었다. 각 궁에는 재정원이 있었고, 그곳에서 수취된 穀米나 재화를 궁의 舍人들이 창고에 저장, 관리하였다. 이 가운데 사량궁의 곡식 창고인 唱翳倉이 확인된다. 이곳에 劍君이 舍人으로 근무하였다. 그는 仇文 大舍의 아들이자 近郞의 무리에 이름을 걸어 두고 풍류의 뜰에서 수행하고 있었다. 627년 나라에 흉년이 크게 들었고, 이듬해 기근이 들자 백성들은 자식들을 팔아 끼니를 때우는 지경에 이르렀다. 위기상황에 봉착하자 궁중 사인들은 모의하여 창예창의 곡식을 훔쳐 나누었다.[30] 아마 창고의 장부를 조작하여 재고량을 조절하는 수법을 사용

27　『三國史記』卷2, 新羅本紀2 沾解尼師今 五年 "漢祇部人夫道者, 家貧無諂, 工書算, 著名於時. 王徵之爲阿飡, 委以物藏庫事務"

28　천존고를 관리한 金貞高의 경우 성이 동반된 점을 고려하면 진골일 가능성이 높다. 『三國遺事』卷3, 塔像4 栢栗寺.

29　『高麗史』卷8, 世家 卷8 文宗 20年 4月, "壬寅 制, "以近侍爲京城左·右倉, 及龍門·雲興倉別監""

30　『三國史記』卷48, 列傳8 劍君.

하였을 것이다. 하지만 검군은 화랑도의 명예를 지키고자 불의에 타협하지 않고 죽음을 맞았다. 이 사례를 통해 신라 창고 관리의 편린을 짐작해 볼 수 있다고 생각된다. 우선 곡식을 나눠 받은 사인들은 화랑의 낭도 출신이 아닌 것 같다. 검군 열전 전체를 관류하는 흐름이 어려운 시기임에도 낭도로서의 자부심을 지키는 것이기 때문이다. 이 자부심은 죽음으로 귀결될 정도로 고결한 것이었다. 따라서 창예창의 사인들은 일반 관리와 화랑의 낭도로 구성이 되었을 공산이 크다. 신라의 관직 진출은 국학 설립 이전 대부분 천거를 통해 이루어졌다. 그럴 경우 개인의 능력보다는 혈연이나 지연이 개입될 소지가 크다. 검군의 사례는 관부의 운영과정에서 花郞徒와 非花郞徒 출신 관료와의 사이에 쉽게 화합하기 어려운 갈등이 존재하였다.[31]

이와 유사한 사례가 또 있다. 신라 효소왕대 득오곡(得烏 級干)은 竹旨郞(竹曼郞)의 낭도로서 風流黃卷에 이름을 올렸다. 어느 날 그는 부산성의 倉直으로 차출되어 갔다. 幢典 익선은 공적으로 동원된 득오곡을 隨例赴役에 따라 개인 밭까지 경작시키는 부담을 안겼다. 이때 사적 유대관계를 매개로 죽지랑은 익선과 득오곡의 휴가 문제로 실랑이가 있었고, 이 장면을 목격한 使吏 侃珍이 추화군의 능절조 30석과 珍節 숨知의 말 안장까지 뇌물로 주면서 사건은 일단락 된다.[32] 이 소동으로 조정의 花主는 크게 분노했고, 도망간 익선을 대신하여 아들을 연못에 목욕시켜 얼려 죽였다. 사건의 시기는 仲冬, 곧 음력 11월이었고, 더러움을 씻기는 퍼포먼스를 펼친 것이다. 이에 왕은 칙을 내려 모량리 사람들은 다시는 관서에 발을 붙이지 못하게 했다. 사실 간진이 부산성으로 옮긴 능절조는 그 성격을 알기는 어렵다. 능절이 사람의 이름인지, 벼의 품종인지 단정하기는 어렵다. 다만 당시 득오곡의 倉直 차출은 지방에서 올라

---

31 주보돈, 「신라의 국학수용과 그 전개」, 『신라 국학과 인재양성』, 민속원, 2015, p.25.
32 『三國遺事』卷2, 紀異2 孝昭王代竹旨郞.

오는 벼를 수납해야하는 바쁜 시기가 고려되었을 것이다. 아울러 추화군의 능절조 운반을 담당한 간진이 사사로이 공물을 처분했다는 점에서 代納의 여지도 있었던 것 같다. 부산성의 軍倉은 조선시대에 이르러서도 인근 永川과 迎日의 군창으로 기능하였다.[33] 후대에 이르러서도 지역의 거점 산성으로 기능했던 것이다.

부산성의 창직 득오곡이 이름을 올린 風流黃卷은 화랑도의 명단이 아닌가한다. 이는 국학 출신자의 명단으로 보이는 文籍의 상대적인 개념일 수 있다.[34] 휴가를 둘러싼 작은 소동으로 말미암아 조정 화주의 분노는 모량부의 소외라는 왕의 칙령을 이끌어 내었다. 조정 내 여론을 좌우할 정도로 그들의 힘이 느껴진다. 창직에 화랑의 낭도가 근무하였다는 점에서 검군의 사례와 상통하는 측면이 있다. 말하자면 창예창과 부산성의 사례는 창고의 관리에 화랑도와 비화랑도가 동시에 근무했던 정황을 말해준다. 이는 상대적으로 길항관계에 있는 집단을 근무시키면서 상호 견제했을 가능성을 시사한다.

부산성의 창고는 1454년『세종실록』지리지 편찬 단계까지는 군창이 확인되다가 1669년『동경잡기』를 간행할 무렵에는 사라지고 없었다. 1978년 경주박물관 트렌치 조사시 정문으로 추정되는 동문지 인근 10지구에서 대형 기와가 출토된 바 있다.[35] 그리고 2012년 현황조사에서 동문지를 지나 수레길이 끝나는 지점에 그림 1에서 보듯 상단과 하단에 각각 건물지가 있었음이 확인된다.

하창지는 상창지보다 대지 면적은 조금 작으나 초석은 비교적 잘 보존되

---

33 『世宗實錄』卷150, 地理志 慶尙道 慶州府, "夫山石城, -中略- 又有軍倉 永川 迎日軍倉倂入置"

34 이동주,「신라 중대 유학적 정치지향과 설총」,『설총과 문자 그리고 신라의 유학』, 삼성현역사문화관, 2018, p.81.

35 계림문화재연구원,「현황조사」,『경주 부산성 학술 및 실측조사』, 2012, p.101.

그림 1 **부산성 추정 창고터**

어 있었다.36 하창지의 경우 정면 11칸, 측면 5칸의 규모로 남산신성의 서창지(좌창지)와 비슷하며, 장창지에서 발견된 수막새와 크기가 비슷한 것이 수습된 바 있다.37 부산성은 문무왕 3년 1월에 쌓았다38고 하나 득오곡 사건을 고려하면 그 이전에 축성이 되었다고 보는 것이 합리적이다. 남산신성 장창 역시 문무왕 3년 1월에 지었다.39 부산성 내부에 창고와 부속시설이 문무왕

---

36 계림문화재연구원, 「경주 부산성 실측」, 『경주 부산성 학술 및 실측조사』, 2012, p.143.

37 박방룡, 「2장 都城과 城郭」, 『新羅都城』, 학연문화사, 2013, p.91.

38 『三國史記』卷6, 新羅本紀6 文武王 三年 春正月, "築富山城"

39 『三國史記』卷6, 新羅本紀6 文武王三年, 春正月, "作長倉於南山新城"

연간에 세워졌다고 볼 수 있겠다. 공교롭게도 남산신성의 우창지에서도 1942년 조사에서 대형 기와가 출토된 바 있다.[40] 남산신성의 우창은 남북 장방형으로 정면 17칸(47.2m), 측면 5칸(15.6m)이며, 좌창은 동서 장방형으로 정면 16칸(43.8m), 측면 5칸(15m)이다. 그리고 중창은 정면 94m, 측면 20m로서 신라 창고 가운데 최대 규모이다. 중창에서도 대형 연화문 수막새가 발견되었다.[41] 또한 경주 화천리에서는 대형기와를 생산한 기와 가마가 발견되었다.[42] 수급관계는 확인되지 않았지만 향후 발굴조사에서 검토의 여지가 있겠다. 정리하자면 신라 왕경에서는 부산성, 남산신성 장창지 등에서 대형기와가 출토된 공통성이 확인된다.

왕경 이외의 지역에서 대형 기와가 출토된 곳으로 남한산성 행궁지와 인천 계양산성, 부산 배산성 등이 있다. 남한산성 내 통일신라시대 대형 건물지의 경우 남북방향의 정면 16칸(53.5m), 측면 6칸(17.5m) 규모이며 사방에 툇칸을 마련하여 廊을 형성하였다. 남산신성 중창을 제외하고는 규모가 가장 크다. 더욱이 지붕에 사용된 기와의 총하중은 225ton에 달하고, 여기에 보토중량이 238ton에 해당한다. 따라서 이 건물의 지붕하중은 463ton이라는 어마어마한 무게이다.[43] 그리고 인천 계양산성 8차 조사시 1지점에서 가로 24.1m, 세로 10.6m 규모의 대벽건물이 확인되었다. 여기서도 대형기와가 출토되었고, 환기를 위해 암거형 석축시설을 가설한 것으로 볼 때 온도나 습도에 영향을 받기 쉬운 곡물을 비축한 건물로 추정된다.[44] 대형 기와를 사용한 건물은 주로 판축한 대벽을 세움으로서 하중을 골고루 분산시키는 역할을 한다. 이

---

40 이동주, 「남산신성의 창고지 고찰」, 『경주 남산신성』, 수류산방, 2010, p.308.
41 이동주, 위의 논문, 2010, p.297.
42 嶺南文化財研究院, 『慶州 花川里 山251-1遺蹟Ⅱ』, 2012.
43 한국토지주택공사, 『南漢行宮址』 학술조사총서 29집, 2010, p.342.
44 겨레문화유산연구원, 『계양산성Ⅴ』, 학술조사보고 62책, 2019, p.131.

러한 대벽 건물은 일차적으로 외력이나 불로부터 내부를 보호하려는 목적이 내재된다. 더구나 내부에 난방시설이 없는 점으로 미루어보면 일상 생활공간으로 보기는 어렵다.[45] 한편 최근 발굴 조사된 부산 배산성 집수지에서도 대형기와가 출토되었다. 암키와의 경우 대부분 51~57cm이며, 최대 57.7cm, 최저 40cm에 달한다. 그리고 수키와의 경우 33~38cm의 범위에 집중적으로 분포한다. 건물지에서 출토된 암, 수키와의 크기가 모두 30cm 내외인 점을 고려하면 집수지 출토 기와는 이례적으로 큰 크기이다.[46] 집수지 너에서 출토된 기와는 인근에 위치한 건물에 사용되다 어느 시점에 일괄 폐기된 것으로 추정된다. 공반 출토된 목간에는 乙亥年 간지가 확인되는데, 615년 혹은 675년의 가능성이 있다. 목간의 내용은 거칠산군에서 本波舍村으로부터 받지 못한 곡물을 기록한 것으로 보인다.[47] 여러 정황상 곡물의 수납과 관련하여 창고시설의 존재가 상기된다. 따라서 배산성은 거칠산군의 행정을 담당하는 치소로 기능하였음을 짐작해 볼 수 있다. 향후 산성 내에 존재했던 대형기와가 올려진 건물들을 재정이나 지배체제 내에서 해석할 필요가 있을 것 같다.

아울러 창고는 각종 물품을 보관하는 특성상, 상태 유지와 더불어 화재 예방을 위해 엄격한 규정이 존재하였다. 이를테면 廩은 높고 건조한 곳에 건설하며 주변에 도랑을 파고, 50장 이내 관사를 두지 못하게 하였다. 그리고 불을 가지고 창고 내부로 들어지가 못하거나, 50장 이격된 곳에서 조리하는 것 등이 그것이다. 아울러 무기고의 경우 담을 설치하여 인가된 인원 이외의 일

---

45 서정석, 「산성에서 발견된 석벽건물의 성격에 대한 試考」, 『百濟文化』 42, 2010.

46 부산박물관·부산광역시 연제구청, 『盃山城址Ⅰ』학술연구총서 61, 2019 ; 『盃山城址Ⅱ』, 학술연구총서 65, 2020.

47 橋本繁, 「釜山 盃山城木簡의 기초적 검토 -佐波理加盤付屬文書와의 비교를 중심으로-」, 『신라사학보』 52, 2021, pp.465~466.

반인들의 출입을 제한하는 조치 등도 확인된다.[48]

IV 물자의 수납과 창고의 구조

물자는 상시 사용할 수 있도록 비축될 필요가 있었다. 물자는 다양한 방법을 통해 보관되었을 것인데, 가마니처럼 횡적하거나 토기에 저장되는 경우, 혹은 수혈을 파서 보관하는 방법도 있었다. 이처럼 방법은 다양하겠으나 장기간 저장을 달성하기 위해 여러 합리적인 방안이 강구되었을 것이다. 우선 토기에 저장한 사례는 5세기 몽촌토성이나 화성 석우리 먹실 유적이 있다. 두 유적에서는 단면 플라스크형의 토광에다 대호를 안치하여 식량과 같은 물자를 보관하였다. 이 유적들을 백제의 국가적인 창고시설로 볼 수 있다는 견해가 있다.[49] 토기의 대형화는 조리나 식사의 용도라기보다는 저장의 목적이 내재되어 있다. 대형 토기는 만들기도 어려울뿐더러 소성 과정에서 실패 확률도 높다. 그렇지만 대형 토기의 지속적인 수요의 이면에는 공물을 관리하기 위한 조직적인 수취 시스템이 작동하고 있었음을 방증한다.

한편 삼국시대 토기에다 젓갈류를 보관했던 정황도 확인된다. 한성기 백제 풍납토성 경당지구 196호 유구는 장방형의 목재로 架構 된 창고로 추정된

---

48 최상기, 「신라의 東宮과 月城의 관계에 대한 연구-동궁 관련 연구 성과를 중심으로」, 『신라 왕경의 도시구조와 월성』한국고대사학회 하계세미나 자료집, 2022, p.198.

49 李盛周, 「漢城百濟 形成期 土器遺物群의 變遷과 生産體系의 變動-實用土器 生産의 專門化에 대한 檢討-」, 『韓國上古史學報』71, 2011, pp.77~79.

다. 내부에는 바르게 놓인 토기가 여럿 확인되었는데, 일부 토기 속에서 참돔이나 복어의 뼈가 검출되었다. 이 유구에서는 다른 포유류의 뼈가 전혀 발견되지 않아 전적으로 어류만을 저장했던 공간으로 파악된다. 즉 인근 9호, 101호, 미래마을 가-2호에서는 다양한 포유류의 뼈가 발견된 것과 비교해 보면 나름의 원칙에 따라 음식물이 구분 저장되었음을 유추해 볼 수 있다.[50]

그림 2에서 보듯 최근 조사된 경주 성건동 500-18번지 유적은 대형 옹이 나란히 검출되어 창고로 추정되는 곳이다.[51] 이곳에서는 55개의 대형 옹이 지면을 굴착하여 고정한 형태로 노출되었다. 대부분의 옹은 파손되었지만 복원하면 대략 1m 정도의 높이가 된다. 일부 옹의 경우 같은 자리에 4번에 걸쳐 다시 사용한 흔적도 확인되었다. 저장시설로서 지속적으로 사용한 정황으로 볼 수 있다. 건물의 상태를 보면 옹은 실내에 둔 것으로 판단된다.

조사 초기 건물의 성격이 술도가와 관련짓기도 하였다. 옹의 내부에서 청동 국자, 살겨 등이 출토되었고, 인근에서 토제 깔때기 등 액체와 관련된 유물이 그러한 정황에 힘을 실었다. 그런데 이 유구는 술과 관련될 가능성은 적은 것 같다. 6세기대 종합 농서인 『齊民要術』에는 술 저장 시 "땅에 움을 파서 저장한 술은 술에서 흙내가 나니 처마까지 풀로 덮은 초가집에다 저장하는 것이 가장 좋다. 기와집은 더워 좋지 않다."라고 한다.[52] 다시 말해 술 저장시설은 움을 파지 않고, 초가의 형태를 하고 있다는 것으로 정리할 수 있다. 다만 깔

---

50 권오영, 「한성기 백제의 물류거점, 풍납토성의 면모」, 『한신대학교박물관 20년의 발자취』 한신대학교 개교 70주년 기념 국제학술대회, 2010, p.43~44 ; 「Ⅳ. 고찰-3. 196호 유구의 성격-」, 『풍납토성Ⅻ』, 한신대학교 박물관, 2011.

51 서라벌문화재연구원, 『경주 성건동 도시계획도로(소3-37) 거설부지내 유적 2차 발굴조사보고서』, 발굴조사보고 30책, 2020.

52 『齊民要術』卷七, 第六十四 造神麴幷酒, "地窖著酒, 冷酒土氣, 唯連簷草屋中居之爲佳. 瓦屋亦熱"

그림 2 경주 성건동 500-18번지 유적 및 통일신라 3호 건물지 세부

때기 등을 감안하면 일부 항아리에 액체를 저장했던 정황은 인정된다. 이 유적에서 출토된 수막새의 경우 월성과 월지 등에서 출토되는 것과 동범와이다. 특히 금동 원형 못 머리 장식의 경우 월지, 傳황복사지 등 신라 왕경에서도 격이 높은 건물에서 출토된다. 여러 정황을 종합해 보면 신라 왕실과 관련된 저장시설로 볼 수 있지 않을까. 옹은 일정한 간격을 두고 대략 6열 정도를 이루고 있다.

월지에서 출토된 목간 가운데 14점이 '연월일+作+동물명+가공품명+용기'라는 기재 양식을 띤다. 용기명은 瓮, 瓷, 缶가 있다.[53] 이 중 **그림 3**은 월지 183호(34호) 목간은 창고 내 용기의 배열을 짐작해 볼 수 있다.

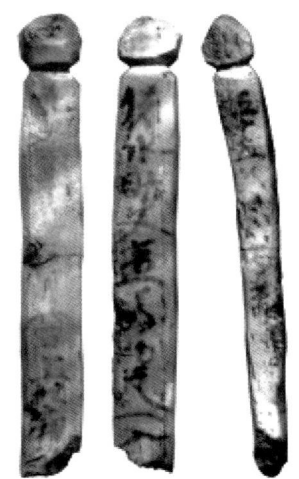

그림 3 월지 183호 목간

　　　　　天?元?
・「∨□□□□□□月卄一日上北廂 (앞 면)
・「∨猪水助史第一行瓷一入 (뒷 면)
・「∨五十五□□丙番 (우측면) (13.9)×1.5×0.9㎝

목간은 노루 육젓을 담은 용기가 1행에 있었음을 보여준다. 이러한 창고 내 용기의 위치를 나타내는 목간은 장강경, 평성궁 등지에서 출토된 목간에서도 확인된다. 즉 長岡京 499호 목간에 '八条四甕納米三斛九斗'나 平城京 2330호 목간의 '二条六瓨三石五斗九升', 平城京 2331호 목간의 '三条七瓨水四石五斗九升' 등이 있다. 이러한 기재 양식은 저장옹의 위치를 의미한다.[54] 목간 이외에도 정창원 문서 가운데 「奉寫一切經所解 申請末醬酢等事」에도 확인된다.[55] 사경 작업과 관련하여 末醬, 酢, 醬大豆, 塩 등 식료 4종을 청구하고 있다. 이 가운데 末醬은 壹瓨 以十二日請三條第九瓨且請一石, 酢는 壹瓨 五條第九瓨且請五斗一升, 醬大豆의 경우 신청이 완료되었고, 塩의 경우 아직 신청이 되지 않은 상태이다. 참고로 월지에서 출토된 十石入瓷의 체적이 520.8리터이므로 통일신라시대 1석은 대략 52.1리터, 149刀(升) 정도가 된

53　橋本繁, 「월지(안압지) 출토 목간의 연구 동향 및 내용 검토」, 『한국고대사연구』 100, 2020, p.233. 목간의 석문은 橋本繁의 판독안에 의함.

54　橋本繁, 「慶州·雁鴨池木簡と新羅の內廷」, 『韓國古代木簡の研究』, 吉川弘文館, 2014, pp.194~195.

55　일본 정창원문서는 경북대 인문학술원 HK사업단 方國花 선생님이 소개해 주셨다.

다.⁵⁶

　이 문서에서 유의되는 점은 말장의 경우 '三條第九', 식초의 경우 '五條第九'로 각 항아리의 구체적인 위치가 적혀 있다는 점이다. **그림 4**는 이해를 돕기 위해 고대 일본의 쓰에키 대옹을 수납한 창고를 복원한 것을 제시한 것이다.⁵⁷ 창고의 내부에는 항아리들이 일정한 열을 지어 놓여 있다.

　목간에 보이는 열은 창고 내부에 적치된 항아리의 구체적인 위치를 적기한 것이다. 이로 인해 사역자는 항아리의 위치를 혼동하지 않고 온전히 임무를 수행할 수 있었을 것이다.

　다시 정창원문서를 보자. 말장의 위치는 '三條第九'는 전후좌우에 나란히 배열된 세로 3열 9번째의 항아리이다. 그리고 식초가 위치한 '五條第九'는 세로 5열 9번째의 항아리이다. 공교롭게도 두 물자는 모두 9번째 항아리에서 떠오게끔 되어 있다. 만약 말장과 식초가 같은 창고에 수납된 것이라면 각 열에

그림 4 고대일본 쓰에키 대옹 창고 복원안(木村泰彦 作圖)

56　윤선태, 「신라하대 양제에 관한 일시론」, 『新羅文化』 17·18합집, 2000, p.195.
57　木簡學會, 「長岡宮跡」, 『木簡研究』 15, 1993, p.143.

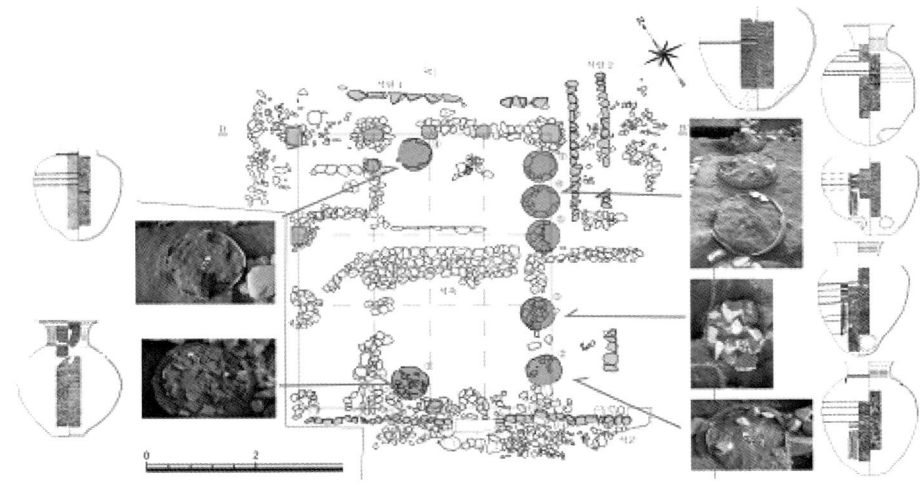

그림 5 경주 동천동 72번지 유적(토기는 축적부동)

는 동일한 식품들을 배열하였을 공산이 크다. 혹여 무작위로 배열하게 되면 물자 관리에 상당한 혼란이 예상되기 때문이다. 발효식품의 특성상 담근 순서대로 소비하고, 다시 로테이션으로 새로 장을 담는 구조였을 것이다.

그리고 **그림 5**는 경주 동천동 72번지 유적의 건물 도면인데,[58] 창고의 내부 구조와 관련하여 참고된다. 열을 지어 놓인 용기가 확인되고, 중앙 담을 기준으로 남북으로 분할되어 있다. 이와관련하여 월지 출토 196호(28호) 목간은 「∨南瓮汲上汁十三斗」(18.2×1.9×1.2)로 판독된다(**그림 6**).[59]

이 용례는 용기의 위치가 '남쪽의 옹'이라는 점에서 창고 내부 공간

---

58 新羅文化遺産研究院, 『왕경유적XXI-慶州 동천동 72番地 單獨住宅新築敷地 內 遺蹟』, 學術研究叢書 59冊, 2012.

59 橋本繁, 앞의 논문, 2020.

그림 6 월지 196호 목간

이 분할되었음을 시사한다. 창고 내 대옹에는 여러 물자가 수납되었을 터인데, 가령 젓갈이나 술, 약과 같은 액체류, 벼나 보리, 조와 같은 곡물류 등 그 가능성은 다양했을 것으로 여겨진다. 아울러 익산 미륵사지에서도 신라시대 대옹이 다수 출토되었다. 東院 북편 건물지 기단 내부에서 2개, 강당지 북측 동서로 긴 건물지 기단 내부에서 3개의 대옹이 견부 아래까지 묻힌 상태였다. 특히 동원 북편 건물지에서 확인된 대옹의 내부에서는 탄화된 쌀, 보리, 콩 등이 수습되어 곡식 저장의 목적을 가졌음을 짐작해 볼 수 있다.[60]

한편 서형산성에는 소금 창고가 있었다. 애장왕 10년(809) "소금창고에서 울음소리가 났는데, 소리가 소가 우는 소리와 같았다"고한다.[61] 소가 우는 소리와 비슷하다는 점에서 창고 내부에서 공명현상이 발생했던 것 같다. 그렇다면 창고의 구조상 앞 뒤로 공기가 드나들 수 있는 환기창이 존재했음을 추정해 볼 수 있다. 이는 창고의 내부에 습기를 제거하려는 목적이었을 것이다. 이를 통해 신라에서는 소금 창고를 공기 유통이 원활하고 습기가 적은 산 기슭에 조영한 사실을 짐작해 볼 수 있다. 사실 소금은 의외로 장기간 저장이 어렵다. 습기를 흡수하여 스스로 녹아버리는 성질을 가졌기 때문이다. 저절로 사라지는 소금의 특성상 관리과정에서 다양한 방법이 고안되었다. 예컨대 일본의 경우 소금을 제염토기나, 식물성 용기로 만든 바구니에 담아 수송했다. 그리고 소금을 보존용과 단기간 소비용으로 구분하여 관리하거나, 다양한 계량단위도 보인다.[62] 아마 여러 형태의 소금이 존재했던 것 같다. 이는 도성으로 공납되는 소금의 품질을 유지하기 위한 유효한 방편이었다.

60　國立扶餘文化財硏究所, 『彌勒寺』 學術研究叢書 13, 1996, pp.362~363.

61　『三國史記』卷10, 新羅本紀10 哀莊王 10年 夏六月, 西兄山城鹽庫鳴, 聲如牛.

62　바바 하지메 저·김도영 역, 「3장 문헌자료로 본 고대의 소금」, 『일본고대목간론』, 주류성, 2021, pp.160~170.

Ⅴ 맺음말

창고는 물자를 비축하기 위한 공간이다. 물자의 비축을 통해 시간의 제약 없이 상시 활용이 가능하게 된다. 이를 위해 장기간 보관이란 목적 아래 창고가 운영되며, 관리자의 부정을 막기 위해 주기적인 점검이 필요하였다. 검군열전의 무대가 된 창예창, 득오곡이 창직으로 근무한 부산성 등의 사례에서 유추할 수 있듯 신라는 창고의 관리에 화랑도와 비화랑도의 길항을 활용한 인상을 준다. 창고는 단순 저장시설이 아니라 국가재정과 밀접한 관련을 가진다. 즉 창고의 운영은 국가의 경제기반과 연동되며, 물자의 안정적인 관리는 국가재정의 건전성을 가늠할 수 있는 바로미터가 된다.

창고를 운영하고 관리했던 자료로 목간이 있다. 이들 목간에는 창고의 내부구조나 실체를 보여주는 사례가 확인되어 주목된다. 한반도 특유의 창고 명칭인 椋은 중국의 京에서 연유한 것인데, 구체적으로 고구려의 桴京에서 파생된 造字이다. 408년 고구려의 덕흥리 고분벽화, 皇南洞 376번지 신라 목간, 부여 雙北里, 능산리사지 출토 백제 목간 등 용례가 확인된다. 특히 신라의 경우 창고를 관리하는 관사로 倉部, 調府 등이 있고, 직관지에는 보이지 않지만 椋司도 확인된다. 일본 역시 7세기부터 8세기 초의 목간에 椋의 용례가 보인다. 창고는 격납 물자에 따라 倉, 藏, 庫 등으로 구별되어 사용되나 신라에서는 뚜렷한 차이를 확인하기 어렵다.

한편 목간에는 물자의 배치 상황을 가늠할 수 있는 문구들이 확인된다. 구체적으로 신라 月池 183호 목간의 '北廂', '第一行瓮一入'이나 196호 목간의 '南瓮'을 통해 창고의 내부구조를 가늠할 수 있다. 최근 고고학적 조사의 진전에 의해 新羅 王京이었던 慶州에서 창고 유적으로 볼 수 있는 곳이 꽤 많이 확인되었다. 이러한 유적들은 목간의 내용을 실증해 준다는 점에서 의미가 있다.

아울러 南山新城의 長倉址, 乾川 富山城, 南漢山城 行宮址, 仁川 桂陽山

城, 釜山 盃山城 등지에서는 대형 기와들이 출토되었다. 창고 유적에서 대형 기와가 출토된 것은 시사하는 바가 크다. 거대한 건물에 수납된 물자는 국가의 부를 드러내며, 재정운영을 뒷받침하는 근간이 된다. 이처럼 창고는 축적된 물자를 통제하는 권력을 시각적으로 드러내는 장치라 할 수 있다.

참고문헌

『三國史記』,『三國遺事』,『高麗史』,『世宗實錄』,『齊民要術』

거레문화유산연구원,『계양산성Ⅴ』, 학술조사보고 62책, 2019.
계림문화재연구원,『경주 부산성 학술 및 실측조사』, 2012.
橋本繁,『韓國古代木簡の研究』, 東京:吉川弘文館, 2014.
國立扶餘文化財研究所,『彌勒寺』, 學術研究叢書 13, 1996.
김창석,『삼국과 통일신라의 유통체계 연구』, 일조각, 2004.
奈良文化財研究所,『木簡研究』33, 木簡學會, 2011.
稻葉岩吉,『釋椋』, 1936.
嶺南文化財研究院,『慶州 花川里 山251-1遺蹟Ⅱ』, 2012.
李基白,『新羅政治社會史研究』, 一潮閣, 1974.
李丙燾,『韓國古代史研究』, 博英社, 1976.
木簡學會 編,『日本古代木簡選』, 岩波書店, 1990.
木簡學會,『木簡研究』15, 1993.
바바 하지메 저·김도영 역,『일본고대목간론』, 주류성, 2021.
박방룡,『新羅都城』, 학연문화사, 2013.
부산박물관·부산광역시 연제구청,『盃山城址Ⅰ』학술연구총서 61, 2019.
_____,『盃山城址Ⅱ』학술연구총서 65, 2020.
서라벌문화재연구원,『경주 성건동 도시계획도로(소3-37) 개설부지내 유적 2차 발굴조
    사보고서』 발굴조사보고 30책, 2020.
新羅文化遺産研究院,『왕경유적ⅩⅩⅠ-慶州 동천동 72番地 單獨住宅新築敷地內 遺蹟』
    學術研究叢書 59册, 2012.
전남대학교 박물관,『武珍古城Ⅰ』, 1989.
_____,『武珍古城Ⅱ』, 1990.

한국토기주택공사, 『南漢行宮址』 학술조사총서 29집, 2010.

한신대박물관, 『풍납토성XII』, 2011.

犬飼隆, 「森ノ内遺跡出土手紙木簡の書記樣態」, 『木簡による日本語書記史』, 笠間書院, 2005.

橋本繁, 「월지(안압지) 출토 목간의 연구 동향 및 내용 검토」, 『한국고대사연구』 100, 한국고대사학회, 2020.

_____, 「釜山 盃山城木簡의 기초적 검토 – 佐波理加盤付屬文書와의 비교를 중심으로 – 」, 『신라사학보』 52, 2021.

權五榮, 『三韓의 「國」에 대한 研究』, 서울대학교 대학원 국사학과 박사학위논문, 1996.

권오영, 「한성기백제의 물류거점, 풍납토성의 면모」, 『한신대학교박물관 20년의 발자취』, 한신대학교 개교 70주년 기념국제학술대회, 2010.

金昌錫, 「한국 고대 市의 原形과 그 성격 변화」, 『한국사연구』 99·100, 1997.

_____, 「皇南洞 376 유적 출토 木簡의 내용과 용도」, 『新羅文化』 19, 동국대학교 신라문화연구소, 2001a.

_____, 「신라 倉庫制의 성립과 租稅 運送」, 『한국고대사연구』 22, 한국고대사학회, 2001b.

김창호, 「경주 황남동 376번지 출토 목간의 재검토」, 『韓國 古代 木簡』, 주류성, 2020.

戴卫红, 「东亚简牍文化的传播-以韩国出土"椋"字木简为中心的探讨」, 『文史哲』 359, 山东大学, 2017.

李成市, 「古代朝鮮の文字文化」, 『古代日本 文字の來た道』, 大修館書店, 2005.

_____, 「朝鮮の文書行政と六世紀の新羅」, 『文字と古代日本2』(文字による交流), 東京: 吉川弘文館, 2005.

李盛周, 「漢城百濟 形成期 土器遺物群의 變遷과 生産體系의 變動 – 實用土器 生産의 專門化에 대한 檢討 – 」, 『韓國上古史學報』 71, 2011.

李鎔賢, 「경주 황남동 376 유적 출토 목간의 형식과 복원」, 『新羅文化』 19, 동국대학교 신라문화연구소, 2001.

武井紀子, 「古代におけるの倉庫出納業務の實態」, 『國立歷史民俗博物館研究報告』 194,

2015.

山中敏史,「古代の倉庫群の特徵と性格」,『クラと古代王權』, 東京: ミネルヴァ書房, 1991.

三上喜孝,「일본 고대 목간의 계보」,『목간과 문자』창간호, 한국목간학회, 2008.

서정석,「산성에서 발견된 석벽건물의 성격에 대한 試考」,『百濟文化』42, 공주대학교 백제문화연구소, 2010.

윤선태,「신라하대 양제에 관한 일시론」,『新羅文化』17·18합집, 동국대학교 신라문화연구소, 2000.

이건식,「日本 國字와 韓國 固有漢字의 고유성 판단 기준 설정의 필요성」,『東洋學』75, 단국대학교 동양학연구원, 2019.

이동주,「남산신성의 창고지 고찰」,『경주 남산신성』, 수류산방, 2010.

이동주,「신라 중대 유학적 정치지향과 설총」,『설총과 문자 그리고 신라의 유학』, 삼성현역사문화관, 2018.

전덕재,「신라 중앙재정기구의 성격과 변천」,『新羅文化』25, 동국대학교신라문화연구소, 2005.

_____,「『삼국사기』의 기록을 통해 본 신라 왕경의 實相-문무왕대 이후 신라본기와 잡지, 열전에 전하는 기록을 중심으로-」,『大丘史學』132, 대구사학회, 2018.

주보돈,「한국의 목간연구 30년, 그 성과와 전망」,『한국 고대사의 기본 사료』, 주류성, 2018.

_____,「신라의 국학수용과 그 전개」,『신라 국학과 인재양성』, 민속원, 2015.

최상기,「신라의 東宮과 月城의 관계에 대한 연구-동궁 관련 연구 성과를 중심으로」,『신라 왕경의 도시구조와 월성』한국고대사학회 하계세미나 자료집, 2022.

#02

城山山城 木簡에 보이는 신라의 지방경영과 곡물·인력 관리

- 城下麥 서식과 本波, 喙의 분석을 중심으로 -

•

이용현(李鎔賢)

(경북대학교 인문학술원 HK연구교수)

I 머리말

安羅(阿羅加耶)의 고지인 慶南 咸安 성산산성에서는 총 245점의 신라 목간이 출토되었다. 이 가운데 242점이 荷札 목간, 3점이 문서로 알려져 있다.[1]

---

1   박현정, 「함안 성산산성 목간의 개요」, 『목간과 문자』 21(한국목간학회, 2018), p.40. : 표에서 묵서목간이 245점, 그 가운데 문서가 3점으로 명기하였다. 하찰 목간을 따로 명시하지 않았으나, 나머지 242점은 하찰로 보아 문제없다.

하찰은 함안 성산산성 혹 그 인근으로 발송된 물품의 꼬리표(=레테르)로, 대체로 아래쪽에 홈이 파인 木札인데, 그 내용은 〈發送處 + 品目과 數量〉으로 이뤄져 있다. 발송처는 發送한 사람과 그가 속한 地域行政單位가 明記되어 있다. 발송처를 분석하면, 慶北과 慶南의 여러 곳을 檢出할 수 있으며 해당 시기 신라의 지방 지배와 물류의 양상을 가늠할 수 있다. 성산산성 목간의 연대와 관련해서 종래 561년설, 592년설, 또 561년에서 592년에 걸친다고 보는 설이 있다. 즉 종전 561년설에서 변화하여 592년까지 타임스팬이 늘어난 상태다. 필자는 성산산성 동문 안 쪽 집수지 내 부엽층의 구축과 목간 군집 폐기 양상, 출토 목간의 기년 壬子年이 592년인 점을 근거로 성산산성 목간군이 592년을 중심연대로 하고 있다는 견해를 천명한 바 있다.[2] 이 글에서는 성산산성 하찰 목간의 이러한 특성, 또 6세기 말에 걸치는 시대적 특성 등을 중시하면서 城下麥서식 분석과 本波,喙의 해석을 중심으로 이 시기 신라의 지방경영과 물류 가운데 그 일면을 살펴보고자 한다.

II 荷札 地名의 分布와 交通網

일찍이 성산 목간이 245점에 이르기 훨씬 이전이었던 과거, 24점이 발견되었을 발굴과 연구 양면에서 모두 초창기였던 시절에, 노출된 하찰의 지명 등을 근거로 해서 낙동강의 기능이 주목되었다. 245점으로 사례가 늘어난

---

2 李鎔賢, 「함안 성산산성 목간의 연대-壬子年 해석을 중심으로-」, 『신라사학보』 50(신라사학회, 2020).

시점에서도 이러한 초기의 예측은 매우 선견지명이었던 것으로 보이며, 그러한 예측은 더 공고히 되었다. 성산산성 목간에는 城村 및 기타의 적어도 적어도 66개 이상의 지명이 보인다. 지명비정이 이뤄진 것 보다, 알지못하는 것이 더 많은데, 대체로 지명비정이 이뤄지거나 거의 확실하다고 여겨지는 것들을 중심으로 보면, 榮州郡 浮石面과 順興面, 安東市와 陶山面, 醴泉郡, 義城郡과 丹村面, 金城面, 尙州市 沙伐面, 金泉市 開寧面 등의 경북지역, 昌寧郡 昌寧邑 등의 경남지역[3], 그리고 경주시 중심부가 망라된다.

---

3   지명비정에 대한 가장 최근의 정리는 박현정에 의해 이뤄졌다.; 박현정, 앞의 논문, 2018. : 전체 목간의 지명에 대한 기존설을 정리하여 참조된다. 다만 沙喙部가 누락되었다. 초기 연구 단계에서 제가들의 지명 비정 이래, 자료가 확충된 단계에서 2005년 이후, 이경섭과 전덕재에 의해 지명비정 연구가 진척되었다. 두 연구자는 須伐을 沙伐 즉 상주에 비정하였다. : 전덕재, 「함안 성산산성 출토 신라 하찰목간의 형태와 제작지의 검토」, 『목간과 문자』 3(한국목간학회, 2009). : 이경섭, 「성산산성 출토 신라 짐꼬리표[荷札] 목간의 地名 문제와 제작 단위」, 『신라사학보』 23(신라사학회, 2011) 또 勿思伐을 水酒 즉 예천에 비정하였다. : 전덕재, 앞의 논문, 2009. : 이러한 비정에 동의한다. 勿思伐(가야1996)은 단양 적성비에 보이는데 幢主가 있던 곳이다(勿思伐城 幢主使人 那利村…). 물사벌을 충북에서 찾아야 한다는 김창호의 견해도 있다. 김창호와 이경섭은 구리벌에 대해서는 소금 생산이 가능한 곳이어야 한다는 기준에서, 함안에서 가까운 마산, 창원에서 구하였다. : 이경섭, 「城山山城 출토 荷札木簡의 製作地와 機能」, 『한국고대사연구』 37(한국고대사학회, 2005) : 김창호, 「咸安 城山山城 出土 木簡에 대하여」, 『咸安 城山山城』 I (국립창원문화재연구소, 1998) ; 김창호, 「咸安 城山山城 木簡의 新考察」, 『문화사학』 49(문화사학회, 2018) ; 구리벌이 마산, 창원에 소재할 가능성은 경북일 가능성과 함께 여전히 남아있다. 다만, 근거로 삼은 소금과 관련해서 해당 목간을 鹽으로 읽은 것은 德의 誤讀이어서 근거가 되기 어렵다. 박현정은 그 전에 비정이 이뤄지지 않았던 赤城(가야 2000)을 단양으로 비정하였다.(박현정, 앞의 논문, 2018.) 이는 단양적성비에도 보이는데(赤城也尒次/更赤城烟去使之/使法赤城佃舍法爲之) 적성산성이 위치한 丹城面 下方里 일대를 중심으로 한 단양 지역이라고 보인다. 현재의 丹城, 赤城, 丹陽이

그 외 구체적 비정이 되지 않으나 대체로 경북 북부일 것으로 추정하고 있는 상황일 뿐 구체적인 비정은 이뤄지지 않았다.[4] 본 장에서는 그 부분에 대해 아래와 같이, 지명비정 가안을 제시하여 보다 적확하고 구체한 당시 상황인식의 바탕을 마련하고자 한다. 당시 신라의 영역확장 상황, 삼국사기 지리지에 나타나 있는 해당 지역의 지명의 유사성 여부 등에 대한 검토를 근거로 삼았다.

종래 목간에 보이는 古陁는 지금의 안동 즉 옛 古陁耶郡 즉 古昌郡으로 보는 데 이견이 없다. 목간에는 古陁 예하에 一古利(가야30, 1992, 1995, 1998, 2006, 2036, 4685[5]), 伊骨利(진주1283), 伊骨(가야27, 1623)이 보이는데, 이들은 同音異記의 동일지명에 대한 다른 표기에 불과하다. 이는 아마도 "이골" 정도의 음가였을 것이다. 이에 상응하는 것을 古昌郡의 領縣 중 하나인 直寧縣의 원래 이름 一直縣의 一直에서 찾을 수 있다. 一을 音借하고 直을 訓借하여 "이곧"을 표기한 것이 된다. 이곳은 지금의 안동시 一直面에 비정할 수 있다. 한편, 伊智支村(가야2039), 伊竹支(가야2045), 夷津支(가야29, 44, 2025, 2058, 2011, 1593, 김해1284) 셋은 모두 同音異記에 해당되는 것으로 판단된다. 一直 두 글자 모두 음차라면 이들 伊竹支류가 될 것이다. 乃日城(가야45)은 고타의 또 다른 영현 중 하나인 泥兮 일명 熱兮에서 찾을 수 있다.[6] 이곳은 의성군 옥산면이다. 鄒文은 召文에서 찾는 데 이론이 없다.[7] 다만 추문 산하

란 지명에 赤城이란 당시 지명이 남아 있다.

4   연구사 정리는 박현정 논고 참조 : 박현정, 앞의 논문, 2018.

5   이상 목간 번호는, 가야문화재연구소, 『한국의 고대목간Ⅱ』(2018)에 의거 : 이하도 마찬가지임.

6   日谿縣 本熱兮縣[或云泥兮] 景德王改名 今未詳 (삼국사기 지리지 상주 古昌郡 領縣)

7   聞韶郡 本召文國 景德王改名 今義城府 (삼국사기 지리지 상주) : 기존의 연구에서

의 여러 촌들까지 모두 금성면으로 비정해버리는 것은 근거가 없다.[8] 연동하여 鄒文 比尸河村(가야38) 즉 鄒文 산하의 比尸河村은 召文의 領縣 중 幷屋, 比屋에 비정할 수 있다.[9] 이곳은 지금의 의성군 비안면이다. 같은 추문 산하인 鄒文 前那牟只村(가야2003)은 召文의 領縣 중 阿尸兮 일명 阿乙兮에 비정할 수 있다.[10] 이곳은 지금의 의성군 안계면에 해당한다. 波巴와 曷의 ph와 kh의 파찰음이 서로 통한다면, 波阤密村(가야2010)의 波阤密과 巴珎兮城, 巴珎兮村(가야57)의 巴珎兮는 서로 同音異記일 수 있다. 이 경우 召文의 領縣 중 單密의 고명 曷冬彌知와 비슷하다고 보면 이곳에 비정할 수 있다.[11] 이곳은 지금의 의성군 丹密面이다. 伊失兮村(가야80)의 伊失兮는 一善에 비정해둔다.[12] 이곳은 지금의 구미시에 해당한다.[13] 上莫村(김해1271, 가야43)의 上莫은 三年郡의 領縣이었던 淸川縣의 古名인 薩買에 가까워 이에 비정한다.[14] 槐山郡 청천면에 해당한다. 伊大兮村은 尒同兮縣[15]에 비정해둔다. 이곳은 현재의 구

이와 관련된 지명비정의 이론은 없다.(박현정, 앞의 논문, 2018.에서의 연구사 참조)

8   박현정(앞의 논문, 2018)의 연구사 정리에 따르면, 산하 모든 촌을 금성면에 소재했다고 보았다.

9   比屋縣 本阿火屋縣[一云幷屋] (삼국사기 지리지 상주 聞韶郡 領縣 比屋縣)

10 安賢縣 本阿尸兮縣[一云阿乙兮] 景德王改名 今安定縣 (삼국사기 지리지 상주 聞韶郡 領縣 安賢縣)

11 單密縣 本武冬彌知[一云曷冬彌知] (삼국사기 지리지 상주 聞韶郡 領縣 單密縣)

12 嵩善郡 本一善郡 眞平王三十六年 爲一善州 置軍主 (삼국사기 지리지 상주 嵩善郡)

13 행정구획 변경을 감안하면 좀더 엄밀히 보자면, 현재 구미시 중 인동동과 해평면을 제외한 지역에 해당한다.

14 淸川縣 本薩買縣 景德王改名 今靑山縣(삼국사기 지리지 三年郡 領縣)

15 嵩善郡 本一善郡 眞平王三十六年 爲一善州 置軍主 : 景德王改名. 今善州. 領縣三.

미시 해평면 해평리 일대로 비정된다.

赤伐支村(가야2035)는 殷正縣의 본명인 赤牙縣에 비정될 수 있다.[16] 현재의 경북 예천군 은풍면이다. 巾夫支城(가야2009, 2021, 5591)은 嘉猷縣의 고명 巾品縣(近品縣)에 비정된다.[17] 이곳은 현재의 문경시 산양면이다. 小南兮城(가야5596)은 知乃彌知에 대응가능한데[18] 상주시 화서면 하송리다. 丈□利村(가야1625) 혹 秋彡利村(가야2016)은 所利山과 음이 흡사하다.[19] 이곳은 지금의 충북 옥천군 利內面 利院里다.

기존의 鐵山 左旅□河礼村(가야4686)이 있는데 삼국사기 지리지 지명미상 부분에 鐵山鄕이 보인다. 철산지로서 6세기 후반 신라의 경역 가운데 주목되는 곳은 충주, 문경 방면이다. 忠州市 利柳面에 있었던 多仁鐵所는 고려시대 최대의 철산지로서 고려사, 세종실록지리지 및 신증동국여지승람에도 확인된다. 이곳은 露天鑛山으로 산 정상부부터 채광하여 지하로 들어갈 정도다.[20] 다인철소 즉 翼安은 지금의 충주시 대소산면과 주덕읍 일대로 추정되고 있다.[21]

　　　: 尒同兮縣, 今未詳. (삼국사기 지리지 상주 嵩善郡)

16　殷正縣 本赤牙縣 景德王改名 今殷豊縣 (삼국사기 지리지 상주 三年郡 領縣)

17　嘉猷縣 本近[一作巾]品縣 景德王改名 今山陽縣 (삼국사기 지리지 상주 醴泉郡 領縣)

18　化昌縣 本知乃彌知縣 景德王改名 今未詳 (삼국사기 지리지 상주 化昌縣)

19　利山縣 本所利山縣 景德王改名 今因之 (삼국사기 지리지 상주 利山縣)

20　金顯吉, 「忠州地域의 歷史地理的 背景」, 『國史館論叢』16 (국사편찬위원회, 1990)

21　翼安은 원래 충주의 多仁鐵所였는데 1255년 몽고군 방어에 공이 커 승격시켜 縣으로 삼았다. 達川江 유역에 자리잡은 계곡분지로 조선시대 用安驛이 있었고 충주와 죽산을 연결하는 도로가 발달했다. 익안이란 지명은 큰 계곡의 안쪽이란 뜻에서 유래한 것으로 지형이 동서로 긴 계곡을 이룬다. 이곳에 철광석 산지가 있었다. 지금의 利柳面과 周德邑 지역으로 추정된다. 이상은 아래 사전 참조 : 한국

신라 말 지증대사를 후원하여 문경새재 서편 교통의 요지에 봉암사를 건립하도록 후원한 沈忠은 충주에 거점을 둔 제철산업 세력으로 보이며, 지리적으로 볼 때나 후원자가 심충이었다는 점으로 볼 때, 문경 봉암사의 철불 2구를 주조하는데 충주산 철재가 활용되었을 가능성이 가장 크다.[22] 551년 신라가 획득했다는 竹嶺 以外 高峴 以內의 10郡는 대체로 남한강 중류 일대로 보고 있다. 10군 내에 충주 철산지가 들어 있을 가능성은 높아 보인다. 또 충주

학중앙연구원, 「익안翼安(항목)」, 『한국민족문화대백과』, 2017. (https://terms.naver.com/entry.naver?docId=659032&cid=46618&categoryId=46618) : 이류면은 2012년 大召院面으로 명칭이 변경되었다. : 「대소원면」, 『두산백과』(https://terms.naver.com/entry.naver?docId=1134472&cid=40942&categoryId=37154) 이류면 금곡리와 괴산군 불정면 삼방리 사이에 쇠실고개가 있다. 이곳은 신라 때부터 적국적 철산지로 쇠실金谷이라 불리었다. 주변은 어래산과 모래봉, 꽃지봉(『한국향토문화전자대전』〈쇠실고개〉참조 : (https://terms.naver.com/entry.naver?docId=2644344&cid=51896&categoryId=54014) 및 『디지털충주문화대전』「쇠실고개」(http://chungju.grandculture.net/chungju/toc/GC01900074)

22　봉암사 지증대사비에 보면, 지증대사로 하여금 봉암사에 주석하도록 토지와 사찰 등 재정 일체를 후원한 지역세력으로 心忠이 있다. 지증은 원래 남한강 상류의 원주 안락사(거돈사)에 주석하고 있었고 이곳은 남한강 상류 교통의 요지에 위치한다. 봉암사는 동으로는 문경 새재(조령), 남으로 낙동강 상류와 연결되어, 새재를 중심으로 남으로 낙동강 상류, 북으로 남한강 상류와 연결되는 교통의 요지다. 심충이 지증을 찾아가 봉암사 사지 제공과 사찰 건립을 제안한 점, 봉암사터에 광활한 토지를 갖고 있었던 점, 또 원주 거돈사에 철불이 있었던 점, 봉암사 창건시 철불 2구가 제작 안치된 점 등을 감안하면, 필자가 보기에 심충은 철광채굴, 철불제조 등 철산업, 문경새재 남과 북을 잇는 교통을 통한 상업과 굴류를 통해 부를 획득한 지역 세력으로 보인다. 아울러 봉암사 창건은 남한강 상류 충주를 기반으로 한 철광을 중심으로 한 산업 자본과 불교 세력의 연합을 통해 소백산맥 너머 낙동강 상류 루트로의 영향권 확장, 남한강과 낙동강을 잇는 쌍방 물류루트 장악을 위한 지역 기반 구축이었다고 판단된다.

즉 고구려 국원성이 신라에 함락되는 시기는 557년이다. 이 때 신라는 중원소경을 설치하여 지역 지배의 주요 거점으로 삼았다고 보인다. 따라서 목간에 보이는 鐵山은 忠州市 利柳面 多仁鐵所 관련 지역에 비정할 수 있다. 아울러 鐵山 즉 충주가 가야48에 보이는 공납품 鐵의 산지 중 유력한 후보가 될 수 있다. 가야2639 하찰 목간과 가야5598 문서목간이 상호 밀접한 연관을 갖고 있다는 점을 전제로 하면, 가야5598의 眞乃滅村은 가야2639의 比思伐 즉 창녕과 연계되므로, 창녕 인근에 있었다고 판단된다.[23] 次々支村(가야1600)은 竹長伊와 음이 유사한데[24] 이곳은 지금의 永川이다. 鳥欣弥村(김해1270)은 惡支縣[25]과 음이 흡사하다. 이곳은 지금의 경주시 陽北面이다. 鳥多伊伐支(가야1614, 김해1269)는 烏刀山城[26]이 유력한 후보지로 보이는데, 이 산은 지금의 청도 매전면에 소재한다. 鳥馮城(가야2645)은 烏也山[27]과 관련지어 보고자 한다. 지금의 청도군 靑道邑 남안의 楡湖里다.

　　이들 지역은 왕경 6부, 또 주변 王畿 지역, 그리고 인근 영천이다. 또 종래 파악되었던 경북 내륙 지역보다 더 촘촘하게 망라되어 있으며, 멀리는 충북 옥천 삼년산성 부근과 소백산맥 너머 북쪽의 충주도, 또 함안 가까이는 종래 파악되었던 창녕 지역을 넘어 동으로 청도도 포함되어 있었다는 그림이 나

23　이용현, 「咸安 城山山城 出土 文書木簡 가야5598의 檢討-周邊 文字資料와의 多角的 比較를 通해-」, 『목간과 문자』 23(한국목간학회, 2019).

24　長鎭縣 今竹長伊部曲 臨川縣 助貢王時 伐得骨火小國 置縣 景德王改名 今合屬永州 (삼국사기 지리지 良州).

25　約章縣 本惡支縣 景德王改名 今合屬慶州(삼국사기 지리지 양주).

26　大城郡 本仇刀城境內 率伊山城/山縣[一云驚山城]/烏刀山城等三城 今合屬淸道郡 (삼국사기 지리지 양주).

27　烏丘山縣 本烏也山縣[一云仇道 一云烏禮山] 景德王改名 今合屬淸道郡(삼국사기 지리지 양주).

온다.

이들 지역은 해당시기 신라의 영내로 공진물을 공납하는 등 신라 국가의 성원이었고, 신라에 의해 철저하게 지배 관리되고 있었다. 현재지의 비정이 어느 정도 가능한 지명들은 낙동강 중상류의 본류와 지류 인근의 경상북도 내륙 중북부 지역이 압도적으로 많다. 또 죽령과 조령 이북의 남한강 상류에 면한 단양과 충주, 괴산 청천면, 추풍령 이서 보은 같은 원거리 지역이 포함되어 있다.

이들은 전체적으로 上州 지역에 해당한다. 이외에 청도, 창녕, 마산은 보이나 함안 이서 지역과 고령, 김해, 합천 등 함안을 제외한 가야 지역과 동해안 지역 즉 태백산맥 동쪽 해안지역은 보이지 않는다. 이외에 지명비정이 되지 않는 지명들이 남아 있어, 단언하기는 이르지만, 전체적으로는 위와 같이 예단할 수 있다. 요컨대 上州와 下州 지역, 왕도 부근 지역을 중심으로 공납이 이뤄지고 있었다. 그런데 이같은 흐름은 대체로 561년 창녕비[28], 551+a년의 단양적성비와 591년 남산신성비에 보이는 양상과 그 궤를 같이 한다. 561년에는 比子伐, 漢城, 碑利城, 甘文의 4 軍主와 함께 上州, 下州의 2 行使大等, 于抽悉直河西阿郡의 使大等이 보이는데[29], 성산산성 목간의 지명은 比子伐과 甘文, 上州와 下州 위주로 되어 있는 인상이다. 적성비에 보이는 지명 중 鄒文, 勿思伐 赤城은 그대로 목간에도 보인다. 한편 목간의 乃日城(안동)은 적성비의 那利村과 유관할 가능성도 엿보인다. 적성비에 보면 赤城(단양)은 鄒文村(안동)과 勿思伐城(예천)의 관할 하에 있었고, 勿思伐城幢主의 使人이 那利村

---

28 四方軍主, 比子伐軍主沙喙登□□智沙尺干, 漢城軍主喙竹夫智沙尺干, 碑利城軍主喙福登智沙尺干, 甘文軍主沙喙心麥夫智及尺干. 上州行使大等, 沙喙宿欣智及尺干, 喙次叱智奈末. 下州行使大等, 沙喙春夫智大奈末, 喙就舜智大舍. 于抽悉直河西阿郡 使大等 … (진흥왕 창녕 척경비).

29 국립경주박물관,「창녕 진흥왕 척경비」,『신라문자자료Ⅱ』(2019).

출신이었다.

　남산신성비 1비는 阿良(함안), 奴含(의령), 柒吐(칠원), 欝沽(미상)가 하나로 묶여 있고, 제2비는 阿且兮村(阿大兮村)(충북 옥천 安內面), 仇利城(久利城)(충북 옥천 靑山面), 苔大支村(경북 상주 化西面), 沙尸城가 있다.[30] 沙尸城은 종래 비정미상이었는데, 召羅로 봐서[31] 忠北 永同군 黃澗面으로 봄직하다. 아울러 제4비의 一善은 善山으로 보는 데 이견이 없다. 제4비 함께 보이는 古生村(城)은 그간 비정 미상인데, 이를 沃川으로 비정해둔다.[32] 沃川 三年山城 축조시 一善에서 인부를 동원한 내력이 있듯 沃川과 善山 양 지역은 유기적 연계를 갖고 있었다.[33] 지리적으로도 沃川과 善山은 秋風嶺을 사이로 맞닿아 연결된다, 이는 善山-金泉-秋風嶺-黃澗-沃川의 경로여서 경로상에서도 무리가 없다. 제3비에는 왕경 喙部의 主刀里가 보인다. 제9비[34]의 仇伐郡, 仇伐은 의성군 단촌면[35], 伊同城(伊同村)은 구미 해평면 혹은 군위로 비정된

30　이하 남산신성비에 보이는 지명의 비정은 이종욱 논고에 따름 : 이종욱, 「南山新城碑를 통하여 본 新羅의 地方統治體制」, 『역사학보』 64(역사학회, 1974).

31　黃澗縣 本召羅縣 景德王改名 今因之 (삼국사기 지리지 상주).

32　종래 이종욱은 이를 선산관내일 것으로 추정하였으며, 이후 구체적으로 비정된 적은 없다. 필자는 시산 즉 옥천으로 봐둔다. : 管城郡 本古尸山郡 景德王改名 今因之 (삼국사기 지리지 상주).

33　八年 春正月 拜伊飡實竹爲將軍 徵一善界丁夫三千 改築三年屈山二城 (삼국사기 본기 소지왕).

34　판독문과 지명 비정은 아래를 참조함 : 橋本繁, 「신라 중고기의 지방제도와 축성비」, 『(신라학 국제학술대회) 6세기 신라 석비의 세계』(국립경주박물관, 2018) ; 橋本繁, 「中古期 新羅 築城碑의 硏究」, 『東國史學』 55(동국사학회, 2013).

35　종전 及을 仇로 고쳐 읽어 仇伐을 의성군 단촌면으로 비정이동한 것은 橋本繁, 앞의 논문, 2013.

다.36 즉 대체로 밝혀진 범위 내에서 왕경 일부, 낙동강 중류 서북부로는 상주, 선산, 김천에서 고개를 넘어 옥천, 영동, 또 낙동강 중류 동북부로는 의성, 구미 혹 군위가 보인다. 또 남강 하류 남북 연안에서는 의령, 함안, 칠원 등이 있다. 이처럼 남산신성비에서 동원된 인부들의 소재가 동해안을 제외하고 왕경 및 주변을 포함, 상주와 하주를 중심으로 한 전국의 구석 구석으로부터 였다는 점은 동원되었다는 성산산성 목간에서 공납을 한 지역 범위의 양상과 유사하다.

이들 지역으로부터 함안까지 공납품의 운송은 추풍령, 조령, 죽령을 넘어 낙동강 중상류 인근까지 수송된 뒤, 낙동강 수운을 활용하였을 것이다.37 또 영천은 금호강으로 타고, 창녕이나 청도 역시 인근 지류를 타고, 모두 낙동강에 합류했을 듯하다. 이들은 모두 낙동강과 남강의 분기점에서 남강을 타고 다시 함안천을 활용하여 성산산성 인근까지 운송했을 가능성이 크다. 수로가 여의치 않을 경우는 수로 인근 육로를 활용했을 것이다. 이러한 운송과 물류는 해당 수로 즉 낙동강 상류에서 하류 또 남강 하류 및 인근 지역을 신라국가가 완전히 장악하고 있었음을 전제로 한다.

591년 왕경 남산신성의 축조 시에도 전국 각지에서 동원된 인력도 또한 왕경에 이르기까지 주요 이동 통로는 낙동강이었을 것이다. 요컨대 낙동강은 6세기 후반 혹 말 단계에, 신라 국가의 지방 통치와 지배, 물류와 운송에서 가장 중요한 비중을 차지하고 있었다.

36　군위로 비정하는 것은 박방룡, 「남산신성비 제9비에 대한 검토_」, 『미술자료』 53(미술사학회, 1994) 구미 해평면으로 비정하는 것은 정구복 외, 『역주 삼국사기4』(한국정신문화연구원, 1997) : 尒同兮縣 今未詳 (삼국사기 지리지 상주 嵩善郡 領縣) : 이동혜로 처음 비정한 것은 박방룡, 앞의 논문, 1994.

37　성산산성 목간에 보이는 공납품 운반에서 낙동강의 활용을 언급한 효시는 윤선태로, 이는 탁견이다. 윤선태, 「咸安 城山山城 出土 新羅木簡의 用度」, 『震檀學報』 88(진단학회, 1999).

III 荷札 書式의 效率化와 物資 勘檢

성산산성 荷札 목간들에 대해서는 기존 연구들에 의해서, 어디의 누가 무엇을 송부했는가를 〈지명 + 인명 + 물자 + 수량〉의 서식으로 명료하게 인식하는 것을 원칙으로 하되, 일부 요소를 때로는 생략하여 약식화하기도 하였음을 인식할 수 있게 되었다. 일종의 기재요소 간소화로 극단적으로 필수 요소만을 기록한 경우도 보인다. 이러한 기본 서식과는 다른 서식으로 아래와 같은 것이 존재한다. 城下麥 목간(소위 城下 혹 城下 목간)이라고 불리는 것들로[38], 그 서식을 다음과 같다.

지명1(상위지명) + 下 + 곡물(麥) + 지명2(하위지명) + 인명 + 수량

지명1(상위지명) + 下 + 곡물(麥) + 수량 + 지명2(하위지명) + 인명

이에 대해서는 지금까지 명확한 이해가 제시되지 못했다. 필자는 이것은 전형적 서식을 변형한 형태의 것으로 판단한다. 지명1과 지명2의 관계는 행정단위 혹 지명으로서 상하관계에 있다. 환언해서 지명1이 지명2의 상급단위다. 원래라면 〈[지명1(상위지명, 상위행정단위) + 지명2(하위지명, 하위행정단위)] + 인명 + 곡물(麥) + 수량〉이어야 正則이다.[39] 이러한 인식은 225

---

38 성하 혹 성하맥 하찰(목간)으로 불리운다. 이수훈은 城下麥으로 칭하였다. : 이수훈, 「城山山城 木簡의 '城下麥'과 輸送體系」, 『지역과 역사』 30(부경역사연구소, 2012) : 어느 쪽으로 불러도 무방할 것이나, 이수훈 안이 해당 서식의 특성을 가장 적절하게 표기하였다고 생각하여 이를 따른다. 城은 상급 지명 혹 상급행정단위, 麥은 麥을 중심으로 한 1급곡물을 상징한다.

39 필자는 이것을 〈城명 + 下 + 곡물명 + 村명 + 인명 + 수량〉로 분석하고 '도치형' 목간

진주1268⁴⁰ 목간에서 〈甘文本波 + (居)(村)旦利村 + 伊竹伊〉의 서식을 보이는 점에서도 명확하다. 아울러 下는 216 가야5596 목간의 〈小南兮城 + 麦 + … 大村 + 十五斗石〉에 보는 바와 같이 생략되는 경우도 있어, 생략할 수 있는 요소이기도 했던 것으로 보인다. 해당 城下麥 목간을 앞뒷면에 유의하면서 항목별로 분류 정리한 것이 다음이다. 그것을 정칙으로 기록했을 때를 가상한 가상의 서식도 비교를 위해 각각 원래 서식 표 1에 병기하였다. 이는 지명을 상급과 하급으로 나누어 쓴 것이다. 제1지명은 鐵山만을 제외하고 모두 〈-城〉이다. 이와 관련하여 〈고구려 평양성 석각 제4석〉의 명문의 "丙戌十二月中 漢城

이라 명명한 적이 있다. 지명을 상급지명과 하급지명을 나누고, 품목물자를 상급지명 아래로 올려 기재한 서식을 특화해 명명한 것이다. 城下麥으로 읽어 麥의 등급을 표현한 것으로 볼 수 없으며, 下는 "-아래" "-의"로 풀이되며 속격 혹 연접사로 풀이하였다. "城명 + 下"는 이에 "어느 城 아래(의)"로 풀이하였다. 그리고 그 관련 용례로서 〈고구려 평양성 석각 제4석〉의 명문이 "丙戌十二月中 漢城下 後卩小兄文達 節自此 西北行涉之"의 下에서 찾았다. 아울러 이 下는 바로 뒤에 오는 곡물명과 후행하는 村명을 모두 구속제한하는 것이며, 후행하는 村이 앞서의 城 예하에 있음을 나타낸 것이라고 서술하였다. : 이용현, 「함안성산산성 출토 목간의 負, 本彼, 奴人 시론」, 『신라사학회 제67차 학술발표회 발표문』(2007.12. 미공간 팔표문), pp.3-5. : 이러한 주장이 2007년에 하였음에 주목해주기 바란다. 이 글은 2007년 필자의 발표문을 토대로 한다. 城下외의 負, 本彼, 奴人 관련 주장의 활자화는 별고를 기약한다. 한편 학계의 여러 논의 상황의 정리는 아래 논고에 맡긴다. : 이수훈, 앞의 논문, 2012, pp.157-164. : 홍승우, 「함안 성산산성 목간의 물품 기재방식과 성하목간의 서식」, 『목간과 문자』 21(한국목간학회, 2018). 홍승우 논고 이후, 김창호 논고가 추가되었는데, 城下麥 서식은 비성하맥 양식에 비해 古式이고 비성하맥 양식에는 없는 곡물의 생산지를-城 부분에 표기한 것이라는 주장이다. : 김창호, 「함안 성산산성의 城下麥 목간」, 『韓國 古代 木簡』(주류성, 2020.)pp.165-166.

40 이 글에서 목간 번호는 국립가야문화재연구소, 『한국고대의 목간』II (2017)를 따른다.

下 後卩小兄文達 節自此 西北行涉之"가 중요하다. 여기서 〈漢城(상위행정구역) + 下 + 後卩(하위행정구역) + 小兄文達(인명)〉의 구성을 갖는데, 이는 바로 함안성산산성 목간의 위 城下목간과 同工이다.[41] 물자를 맨 뒤에 쓰지 않고 앞 쪽으로 이동시켜 잘 보이게 한 것으로 이해된다. 물자는 예외없이 곡물이 등장하며 그 가운데서도 麥이 절대적으로 많고, 米가 소수 보인다. 稗는 보이지 않는다. 이러한 서식의 효과는 상급지명과 곡물을 하찰 앞면 제일 앞에 배치시켜 잘 보이게 하는 효과를 가져온다. 잘 보면, 대체로 목간 앞면에 〈상급행정단위〉에 이어 〈물자와 수량〉이 전진 배치되어 있는데, 이는 하찰의 뒷면을 뒤집지 않아도 주요핵심내용을 파악하거나, 동일면에서 〈상급행정단위〉와 〈물자, 수량〉을 동시에 인지하는 데 효율적이었을 것이다. 감검 즉 체크 시 제1의 주요 사항은 〈상급행정단위〉와 〈물자내역〉이었던 것이 된다.

이렇게 지명을 나누어 쓴 것은 지명 즉 행정단위가 길기 때문이었을 것이다. 상급행정단위와 물자 혹 물자와 수량을 앞에 기재하는 이러한 서식은, 분류의 편의를 감안한 것으로도 보인다. 체크 포인트에서 장부에 기재하기 위해 정리할 때 필요한 것이라고 보인다.

比斯伐 즉 昌寧 지역의 경우, 인부와 물자를 동시에 파견하였던 사례가

---

[41] 2007년 필자의 이와 같은 발표(이용현, 앞의 발표문, 2007.) 이후, 큰 선에서 필자와 동류의 견해로는, 下를 "-의"로 파악한 것으로 아래의 설들이 있다. 1 "-城에 예속한/예속된": 윤선태,「咸安 城山山城 出土 新羅 荷札의 再檢討」,『史林』41(성대사학회, 2012) 2 '-의'라는 처격일 가능성이 크다. : 홍승우, 앞의 논문, 2018, p.90. 3 처격으로 본다 : 권인한,「신출토 함안 목간에 대한 언어문화사적 연구」,『목간과 문자』21(한국목간학회, 2018), p.111. : 다만 위 견해는 세부 해석에 필자와 많이 다르다. 한편, 下에 대한 필자의 해석에 반대하고, "내리다"는 동사로 본 견해도 있다. 즉 "○○城에 내려 보낸/내려가는 麥"으로 보아 ○○城을 발송지 혹 수합지로 파악하기도 하였다. : 이수훈, 앞의 논문, 2012, pp.157-164. : 이들 제 견해에 대한 상세한 검토는 별고로 미룬다.

표 1 **城下麥 書式의 荷札**

목간번호	원(=원서식) 상급지명 + 下 + 곡물 + 수량 + 하급지명 + 인명 (- 수량) + 행위
	재(=재정리서식) 상급지명 + 하급지명 + 인명 + 곡물 + 수량 - 행위

1. 甘文城의 경우

▲감문성甘文城

원 36 가야62 「甘文城 + 下 +…×「阿波□…×

재 36 가야62　　甘文城 + 阿波□… …

원 64 가야1590 「甘文城 + 下 + 麦 + 本波大村 + 毛利只 + ∨」「一石∨」

재 64 가야1590　甘文城 + 本波大村　　+ 毛利只 + 麦 + 一石

원 134 가야2026「甘文城 + 下 + □米 + 十一斗石 + 喙大村 + 卜只次 + 持去 ∨」

재 134 가야2026 甘文城 + 喙大村　　+ 卜只次 + □米 + 十一斗石 + 持去

원 191 가야4687「甘文城 + 下 + 麦 + 十五石　　+ 甘文∨」「本波 + 加本斯□[42] + 一石 + 之∨」

재 191 가야4687 甘文城 + 甘文本波　　+ 加本斯□ + 麦 + 十五石 + 一石 + 之

원 214 가야5595「甘文城 + 下 + 麦 + 十五石　　+ 甘文本波×「+ 伊次只 + 去 + 之

×재 214 가야5595 甘文城 + 甘文本波　+ 伊次只 + 麦 + 十五石 + 去之

원 236 진주1279「甘文城 + 下 + 麦 +　甘文本波 + 王私[43] + ∨」

　　　　　　　　「文利村 + 鄒[44]利兮 + 負∨」

재 236 진주1279 甘文城 + 甘文本波 + 王私文利村 + 鄒利兮 + 麦 + 負

42　□를 稗로 하여, 稗로 추독한 것은 오독이다.: 국립가야문화재연구소,『한국 고대의 목간Ⅱ』(창원: 2017), p.371.의 판독문과 사진 대조 참조 : 따라서 그를 전제로 한 논지 역시 설득력이 희박하다.

43　가야문화재연구소, 앞의 책, 2017, p.452.에서는 (村)로 추독하였다.

44　가야문화재연구소, 앞의 책, 2017, p.452.에서는 (知)로 추독하였다.

2. 甘文城이 아닌 경우

▲이진지성夷津支城

원 33 가야2025　「夷津支城 + 下 + 麦 + 王私 + 巴珎兮村 + ∨」「弥次 + 二石∨」

재 33 가야2025　夷津支城 + 王私 + 巴珎兮村 + 弥次 麦 + 二石

원163 가야2058　「夷津支城 + 下 + 麦 + 烏列支 + + 負∨」+「□□ + □石∨」

재163 가야2058　夷津支城 + 烏列支 + □□ + + 麦 + □石 + 負

▲파진혜성巴珎兮城

원 31 가야57　　「巴珎兮城 + 下 + □…×「巴珎兮村 + …×

재 31 가야57　　巴珎兮城 + 巴珎兮村 + …… □

▲소남혜성小南兮城

원 216 가야5596「小南兮城 + 麦 + 十五斗石 + 大村 + …× ※下 생략

재 216 가야5596 小南兮城 + 大村 + … 麦 + 十五斗石

▲철산鐵山

원 190 가야4686「三月中 + 鐵山 + 下 + 麦 + 十五斗 + ∨」「左旅□河礼村 + 波利足∨」

재 190 가야4686 三月中 + 鐵山 + 左旅□河礼村 + 波利足 + 麦 + 十五斗

【城下麥 書式이 아닌 甘文 荷札】

원 225 진주1268「甘文本波 + 居□[45]旦利村 + 伊竹伊」

원 162 가야2057「甘文 + 九[46]宍大只伐 + □原 + 石」

45　가야문화재연구소, 앞의 책, 2017, p.452.에서는 (村)로 추독하였다.

46　가야문화재연구소, 앞의 책, 2017, p.310. 에서는 □로 처리하였다.

보인다.[47] 도착분의 물자를 배분할 때도, 위와 같은 상하 행정단위 혹 지역별로 분류하는 것은 효율적이었을 것이다. 이처럼 인부와 물자 모두 보낸 경우가 성산산성 축조 시 어느 정도의 비중을 차지했는지는 정확히 산정할 자료는 없는데, 이 경우 상기 하찰목간은 동시에 수신인의 물표역할도 했을 것으로 추정해 볼 수 있다. 이러한 형식의 하찰 즉 소위 城下麥 하찰은 甘文城이 많고 이어 夷津支城, 巴珎兮城, 小南兮城, 鐵山이 있다. 요컨대 甘文城 지역에서 두드러진다. 주지하는 바와 같이 감문성은 성산산성 목간 시대에 신라 上州의 주치로서[48], 이 시기 유력 城의 하나였다. 아마도 방대했을 감문성 산하 행정단위로부터 공납품 혹 송부품에 대한 신속한 수량파악에 매우 기능적이었을 것으로 추산된다. 즉 뒷면을 넘기지 않더라도 앞면에 大 혹 最上 행정단위가 명기되어 있어 감문성 전체의 합계를 계산, 기록, 점검하는 데 편리했을 것으로 보인다. 甘文城은 김천 개령, 夷津支城은 안동 관내 혹 일직, 巴珎兮城은 의성 단촌면, 小南兮城은 상주 화서 하송리, 鐵山은 충주 대소산면으로 비정될 수 있다. 이 지역을 중심으로 城下麥 서식이 활용되고 있었다.

Ⅳ 甘文과 王京 6部

하찰 목간 가운데 甘文과 관련하여 그 서식이 두드러짐을 보았다. 甘文州는 557년(진흥왕 18)부터 614년(진평왕 36) 사이에 신라 上州의 주치였다.

---

47 이용현, 앞의 논문, 2019.
48 감문주 연혁에 대해서는, 이 글 〈4 甘文과 王京 6部〉 앞 부분에서 서술한다.

삼국사기 지리지에 의하면 525년(법흥왕 11)에 上州를 설치하고 軍主를 파견하였다. 그 이전은 尙州지역을 취득한 후 沙伐州를 두고 있었다. 삼국사기 본기에서는 525년 사벌주 군주로서 大阿湌 伊登을 임명하였다고 하므로, 군주는 지위는 대아찬 즉 5품으로 진골이었으니, 국가의 최고 지배층이 파견된 것이다. 이처럼 사벌주 혹 上州는 처음 沙伐 즉 尙州에 두어졌던 것이다. 본기에 따르면 557년에 사벌주를 폐치하고 甘文州(지금의 김천군 개령면 혹 감문면)을 두었으며, 군주로서 8품인 沙湌 起宗이 임했다. 즉 州治가 557년에 사벌(상주시 사벌면)에서 감문(김천시 개령면, 감문면)으로 이동한 것이다.[49] 지리지에 따르면 옛 甘文小國은 신라 때 開寧郡이다. 감문의 주치로서의 지위는 一善州 (선산)으로 그 자리를 내주는 614년(진평왕)까지 지속되었다. 감문의 주치였던 시기, 州 명은 자료에 따라, 沙伐州(본기), 甘文州(본기), 靑州(지리지), 一善州(본기)가 散見되며, 또 한편으로는 上州(본기, 창녕비)란 명칭도 보인다. 통칭으로 上州라 불리었고, 주치의 이동에 따라 각각 해당 지역의 지명으로 불리었던 셈이다. 목간에 빈출하는 甘文城은 그 甘文州 혹 上州 州治의 治所城이었던 것으로 보인다.

앞서 城下 하찰에서 지명1과 지명2는 상급과 하급 행정단위 혹 지명임을 확인했다. 양자를 **표 2**와 같이 재정리할 수 있다.

甘文 목간, 즉 머리에 甘文으로 시작되는 목간은, 위에 열거한 것과 같이, 城下麥 서식과 城下麥이 없는 서식 둘로 구분된다. 기본이 〈지명 + 인명 + 곡물 + 수량〉인데, 城下麥이 없는 서식에는 〈곡물〉이 생략되어 있다. 下가 오고 도치법, 도치서식을 갖는 것은 모두 상위에 甘文城이 왔으며, 곡물 역시 麥과 □米다. 이러한 분석에 입각하면, 감문 목간 중 城下麥 서식이 아닌 것 즉 225 진주1268 목간과 162 가야2057 목간은 대상 곡물이 米나 麥이 아니고 稗

---

[49] 末松保和, 「新羅幢停考」, 『新羅史の諸問題』(東洋文庫, 1954), pp.328-332.

표 2 甘文 목간 중 城下麥 서식

곡물 + 수량
원 64 가야1590 「甘文城+下+麦+本波大村+毛利只+∨」「一石∨」麥 1石
재 64 가야1590 甘文城+本波大村+毛利只 +麦+一石
원 134 가야2026 「甘文城+下+□米+十一斗石+喙大村+卜只次+持去∨」□米 11斗石
재 134 가야2026 甘文城+喙大村 +卜只次 +□米+十一斗石 + 持去
원 191 가야4687 「甘文城+下+麦+十五石+ 甘文∨」「本波+加本斯□ +一石+ 之∨」麥 1石(15斗石)
재 191 가야4687 甘文城+甘文本波 +加本斯□ +麦 +十五石 /一石+ 之
원 214 가야5595 「甘文城+下+麦+十五石+ 甘文本波×「+ 伊次只+ 去+之×麥 15石(15斗石)
재 214 가야5595 甘文城+甘文本波 +伊次只 +麦 +十五石+ +去之
원 236 진주1279 「甘文城+下+麦+ 甘文本波 王私+∨」「文利村+鄒利兮+ 負∨」麥
재 236 진주1279 甘文城+甘文本波+王私文利村+鄒利兮 +麦 +負
【甘文 목간 중 城下麥 서식이 아닌 것】
원 225 진주1268 「甘文本波+ 居□旦利村+ 伊竹伊」없음
원 162 가야2057 「甘文 +九宍大只伐 +□原 +石」石

였을 공산이 크다. 米나 麥같은 비중있는 곡물은 명칭을 결코 생략하지 않았으나, 그에 비해 비중이 떨어지는 稗는 명칭을 생략하기도 한 것으로 이해해 둔다. 한편 감문 목간에 보이는 喙과 本波는 왕경 6부의 이름이다. 아울러 그 아래 다시 아래와 같은 村名이 보인다. 기재순서로 볼 때 이는 甘文城을 중심

으로 해서 그 산하에 두어진 村들이었을 것이다.

 1 甘文城 + 本波 + 大村 (64, 가야1590)
 2 甘文城 + 喙 + 大村 (134, 가야2026)
 3 甘文 + 本波 + 王私 + 文利村 (236, 진주1279)
 4 甘文 + 本波 + 加本斯□ (191, 가야4987)
 5 古陁 + 本波 + 豆物烈智□ + 勿大兮 (146, 가야2038)
 6 古陁 + 一古利村 + 本波 + 阤々支 (181, 가야2636)
 7 夷津 + 本波 + 只那公末□ (67, 가야1593)
 8 須伐 + 本波 + 居須智 (46, 가야72)

  本波에 대한 종래의 해석으로는 지방 행정촌의 발원 취락설,[50] 곡물 납부 관련 책임자설[51]이 제시되어 있으나 따르기 어렵다.[52] 3과 같이 甘文本波란 표기도 있지만 1과 같이 甘文은 생략될 수도, 생략되기도 하는 요소였다. 1 本波大村, 2 喙大村은 매우 주목되는데, 다른 촌과 달리 "大村"을 표방하였다. 喙와 本波는 신라 王京 6部 중 2部에 다름 아니다.
  34와 같이 甘文本波라고 해서 本波 앞에 甘文을 관칭하게 됨으로써, 이

---

50 전덕재,「함안 성산산성 목간의 내용과 중고기 신라의 수취체제」,『역사와 현실』65(한국역사연구회, 2007), pp.224-229. :「중고기 신라의 지방행정체계와 郡의 성격」,『한국고대사연구』48(한국고대사학회, 2007), pp.94-95. :「함안 성산산성 목간의 연구현황과 쟁점」,『신라문화』31(동국대신라문화연구소, 2008), p.29.

51 이수훈,「城山山城 木簡의 本波와 末那·阿那」,『역사와 세계』30(효원사학회, 2012), p.133.

52 기존설에 대한 비판과 정밀 검토는 별고로 미루고, 이 글에서는 필자의 주장 중심으로 서술한다.

것이 왕경 6부의 그것과 다르다는 것을 표시하게 되는 것이 아닌가 한다. 주지하는 바와 같이, 신라의 지방 경영과 함께 왕경 6부인의 지방 이주가 동반되었다. 지방관으로 왕경인이 파견되었으며, 小京의 설치와 함께 가야인이나 왕경인 등 타지인이 그 곳으로 이주한 사례가 있다.[53] 本波와 喙와 같은 6部名이 성산산성 목간에 관칭되었다는 것은, 6부인의 이주 혹 6부의 관할을 비롯해 해당 부와의 모종의 관련을 상정해두고자 한다. 이러한 6부명의 기재는, 甘文에 그치지 않고, 56의 古阤, 7의 夷津, 8의 須伐에도 보인다. 이들은 村名 위에 쓰이기도 했으며(123), 村名 아래에 쓰이기도 했는데(6), 아래에 쓰인 것은 각도를 바꿔보면 인명 혹은 村 아래의 지명 앞에 쓰였다(6). 이들 6부명이 後行語를 규제한다고 보면, 해당 村이나 지명, 인명은 해당 6부명과 유관한 것으로 이해할 수 있다. 예를 들면, 이주나 부임, 혹 直轄 관리 등을 생각해볼 수 있다.

한편 함안 성산산성 목간 가운데는 王私가 보이는데, 이에 대해서는 왕실 직할지의 성격을 지닌다는 지적이 있다.[54] 즉 私란 公과 대척적 개념으로, 개인, 자신을 의미한다. 王私란 王, 國王의 私的인 것을 의미하는 듯하다. 私臣은 일반적으로 家臣, 親臣을 의미하는데, 국왕 부서인 內省 혹 그 前身부서의 臣下라고 할 수 있다. 삼국사기 직관지 권 진평왕 7년(585)에 大宮·梁宮·沙梁宮의 三宮에 각각 私臣이 설치되고 同王 44(622)년에 전체를 관장하는 內省私臣으로 재편되었다.[55] 즉 585년에 私臣이 설치되어 왕실의 관리가 본격

---

53 임병태, 「新羅小京考」, 『역사학보』 12(역사학회, 1967) : 전덕재, 「新羅 소경의 설치와 그 기능」, 『진단학보』 93(진단학회, 2002).

54 橋本繁, 「동아시아세계 속 한국목간의 위상-신라〈율령〉과 함안 성산산성목간」, 『簡牘자료를 통해 본 고대 동아시아사 연구 국제학술회의 발표 논문집』(경북대학교 사학과 BK사업단, 2018), pp.61-61.

55 內省. 景德王十八年 改爲殿中省 私臣一人 眞平王七年 三宮各置私臣 大宮和文大阿

화되게 된 것이다. 한편 천전리서석 追銘(539년)에서도 私臣이 보여서 私臣의 존재는 539년까지 소급할 수 있다.56 이들 宮은 단순한 궁이 아니라 땅과 예속민이 소속되어 있고 하나의 경영체로 추정되는데57 포항 중성리비(501년)에서 왕경인 간 쟁탈의 대상이 되던 「豆智沙干支宮・日夫智宮」도 역시 왕경 6부의 권리가 지방에 미치고 있었던 좋은 예다. 삼국사기 문무왕 2년(662)조에 "論功 中分本波宮財貨・田莊・奴僕 以賜庚信 仁問"을 주목하면, 宮 자체에 그치지 않고, 그것이 소유하고 있던 재화, 전장, 노복 등까지도 권리에 포함되어 있었다.58 이를 성산산성 목간에 대입해보면, 3과 같이 王私가 관칭된 村이나 지역의 재물, 토지와 사람들은 王室의 권리 안에 설정되어 있었던 것으로 판단된다. 3은 동시에 本波部의 권리와도 중첩 설정된 것이다. 그러한 유형의 권리가 本波의 경우, 12345678에서 보듯, 甘文(김천 개령) 뿐만 아니라, 古陁(안동), 夷津(안동 부근), 須伐(상주)에도 설정되어 있었다.

한편, 왕경의 三宮은 大宮・梁宮・沙梁宮로 그 필두의 궁명이 大宮인 것은 인상적이며, 이는 제1 최고의 宮이었을 것이다. 관련하여 1 本波大村, 2 喙大村과 같이 같은 甘文城 안에 6부의 유력 部인 喙와 本波에 각각 大村이 설정 혹 명명되어 있던 것은 주목된다. 이는 지방 각처에 용어 "王私", "喙", "本波"로 대변되는 듯, 왕실과 6부의 권리가 설정되어 있었음을 말해준다. 이들은

湌 梁宮首肹夫阿湌 沙梁宮弩知伊湌. 至四十四年 以一員兼掌三宮 位自衿荷至太大角干 惟其人則授之 亦無年限.(삼국사기 직관지 內省)

56 橋本繁, 앞의 발표문, 2018. p.63. : 橋本繁,「蔚州川前里書石原銘・追銘にみる新羅王權と王京六部」,『史滴』40 (早稲田大学東洋史懇談会, 2018), pp.22-23., p.29. 私臣이란 판독은 정당하다.

57 이인철,「신라내정관부의 조직과 운영」,『신라정치제도사연구』(일지사, 1993), p.56. : 橋本繁, 앞의 발표문, p.63.

58 이에 관해서는 橋本繁의 글 참조 : 橋本繁, 앞의 발표문, 2018, p.63.

村 혹 그 아래의 지역, 그리고 그 지역과 관련된 토지, 재물과 인력 등 관련 권리를 행사하고 있었을 것으로 추정된다. 그러한 권리 설정은 왕실 혹 6부간에 중첩되기도 했다.

신라는 557년 충주에 중원소경을 설치하고, 동시에 사벌에 있던 상주의 주치를 감문으로 이동시켰다. 영토 확대에 따른 지역 공간 관리 거점의 재배치였을 것이다. 이후 甘文에 대한 관리나 위상은 더욱 각별해졌을 것이다. 甘文 목간에 本波나 喙를 관칭한 大村의 존재 혹 설정은 그와 같은 동향을 반영하는 자료로 판단된다. "大村"이라 해서 그냥 "村"과 달리 격이나 규모를 강조한 것 역시 王京 6部의 위세를 반영한 것이라 생각되며, 고유명사가 아니라 일반명사라는 점에서 어떤 의미에서라도 새롭게 설정된 것일 가능성이 커 보인다. 그러한 예는 古陁 新村(가야28)에도 보인다. 新村이란 그야말로 new town으로, 일정 시점에서 새롭게 설정된 村이다. 국가가 지역 사회를 신라에 편입하고 행정구역과 지역사회 개편을 통해 지역사회를 리셋팅하였던 흔적에 다름 아닐 것이다. 낙동강을 중심으로 524년 上州(사벌주) 설치에 이어 553년 新州의 설치, 555년 下州(비사벌주) 설치, 556년 비열홀주의 설치에 보듯, 6세기 중엽을 기점으로 후반은 지방 경영을 위한 거점의 구축과 제도정비가 관철되고 있었다. "新"이라는 용어가 즐겨 사용되던 시기이자, 지방 재편이 활성화되던 6세기 중엽 이후, 6세기 후반에 고타에도 新村이 설정되었을 것으로 추정해둔다.

그와 짝해, 甘文의 경우 이렇듯 탁부과 본파부의 관리체계 설정이 이뤄지고 지역사회의 재편이 이뤄진 것이 아닌가 한다. 大村으로의 재편은 557년 甘文으로의 州治 설치와 함께 시작되었거나 가속화되었을 것으로 추정해둔다. 즉 557년 무렵을 그 시점으로 설정할 수 있다. 그리고 이 과정에서, 감문(김천 개령), 고타(안동), 이진지(안동), 수벌(상주) 등 上州 주요지역의 권리 설정의 중심에 本波部가 자리했다. 반면, 왕경 제1의 部인 喙의 권리는 州治인 甘文 등 최상위 거점 중심으로 설정된 것이 아닌가 한다. 王室의 권리 역시, 州

治인 甘文과 같이 최상위 거점 혹 중요 거점에 설치되거나, 대구 팔거산성 목간에 보듯 금호강 일대 왕경에 가까운 경산과 그 주변 지역에 설정되었던 것으로 보인다.

한편 하찰 말미에 "持去: 가지고 감"(가야2026)나 "去之: 감"(가야5595)이 去는 출발자, 가는 사람 입장의 용어다. 이를 근거로 하찰의 기재는 발송처 즉 공납처에서 기재되었다고 판단해둔다. 한편 하찰 중에는 「沙喙部負 ∨」(가야5594)와 같이 사탁부 것도 보인다. 사탁부에서 물품이 함안으로 운송된 것이다. 아울러, 왕경인이 함안 성산산성과 그 주변에서 행정 관리의 일면을 담당하고 있었다. 아울러 가야5598목간을 보면, 함안 성산산성에는 왕경인 弥卽尒智/大舍(경위12등)이 주재하면서, 노역과 인부, 관련 식량 관리 등 행정운영의 정점 혹 상단부에 자리하고 있었던 것으로 보인다.[59] 왕경 6부인이 지역경영의 상부구조를 점하고 있었던 것이다.

---

59 三月中, 眞乃滅村主 憹怖白 "大城在弥卽尒智/大舍下智 前", 去白之. 節白 "先節 六十日代法 稚然, 伊乇羅/及伐尺 条言 '廻法卅代'告, 今 卅日 食", 去白之 : 三月에 眞乃滅 村主가 삼가 황송하게 아뢰었다. "大城에 계신 弥卽尒智/大舍下智께" 가서 아룁니다. 이 때 아뢰기를 "전에 60일을 대신하는 법이 조잡하였습니다. 伊乇羅/及伐尺이 조목 조목 말하기를 '법을 돌려 30(일)로 대신합니다.'라고 告하여서, 지금 30일 먹었다."고 가서 아룁니다.(가야 5598 목간) : 위 표점과 해석은 아래 졸고를 바탕으로 일부 수정. 해당 목간에 대한 해석은 역시 아래 졸고 참조. : 이용현, 앞의 논문, 2019.

Ⅴ 荷札 同伴 物品의 用處와 穀物 管理의 二元化

荷札에 기재된 송부 물품 혹 하찰에 동반된 물품은 피[稗]를 중심으로 해서 보리[麥]와 쌀[米] 등 곡물, 그리고 鐵과 같은 물품, 술[酒類] 등이 보인다.[60] 즉 식료에 활용되는 곡물과 술, 재료인 철로 요약된다. 이들 물품 품목은 14세기 자료인 佛國寺 釋迦塔 重修 관련 문서에 보이는 物資와 공통되는 것으로 보아, 동원된 인부의 식량과 공사 비품이었던 것으로 추정된다.

석가탑을 비롯한 불국사 붕괴 이후 재건하는 과정에서, 인근 지역의 승려, 주민 등으로터 물자를 기부받아 이를 재정기반으로 해서 중수를 완수하였다. 중수문서, 형지기, 소명기로 이뤄진 불국사 석가탑 중수 관련 문서[61]는 그 같은 경위를 기록하였는데, 여기에는 기부한 사람, 기부물품과 수량 등 기부 내역을 소상히 기록하였다. 이들 기부 명단의 내역은 용도별로 첫째 불교의식에 사용되는 물품, 둘째 공사 인부들을 중심으로 한 종사자들의 식량에 쓰는 식료품, 셋째 공사에 필요한 기재와 장비, 넷째 기타용품은 아마도 의복 및 그 재료, 또 행정업무 용품, 화로용품 등이다.

〈중수문서의 물품〉

인부의 식료 : 食, 雜食, 白粥, 赤粥, 米, 麥, 眞麥, 木麥, 大豆, 小豆. 大豆䬺, 酒, 菓子
　　　　　　大牛, 鹿角

공사 용품 : 鐵, 生鐵, 麻, 繩

기타 용품 : 單袴, 單袴衫, 布, 墨, 火楮

60　稗가 96예, 稗麥이 1예, 麥이 13예, 米가 4예이며, 酒가 1예, 鐵이 1예다.

61　현종 15년(1024)에 작성된 〈佛國寺無垢淨光塔重修形止記〉, 정종 4년(1038)에 작성된 〈佛國寺西石塔重修形止記〉와 〈佛國寺塔重修布施名公衆僧小名記〉 : 국립중

성산산성 하찰에 보이는 피[稗]를 중심으로 해서 보리[麥]와 쌀[米] 등 곡물, 그리고 술은 석가탑 중수문서 기부물품의 둘째 부류와 공통된다. 성산산성 하찰에 보이는 鐵은 중수문서 세 번째 그룹의 물품에도 보인다. 중수문서와의 품목비교를 통해, 성산산성 하찰 물품이 성산 산성 축성 공사와 관련된 인부들의 식량과 식료품, 또 공사 장비 소재로 사용된 것임을 재확인할 수 있다. 중수문서에 食料 가운데 성산산성의 그것과 비교되는 것은 米, 麥과 酒다. 이들은 중수공사에서 인부들의 식료와 음료로 활용되었던 것처럼, 성산산성에서도 그와 같이 사용되었을 것으로 보인다.

한편 성산산성 목간에 보이는 곡물 중에는 稗가 중심이다.[62] 稗는 粟, 麥, 豆 및 稻, 禾와 함께 식료였을 뿐만 아니라, 대표적 주식 중 하나였다.[63] 삼국

앙박물관, 『불국사석가탑유물2-重修文書-』(서울 : 2009).

[62] 稗는 척박한 토양, 건조한 기후에서도 잘 자란다. 白米를 크게 상회하는 식물섬유, 비타민B6, 칼륨 등 영상소가 있는 것으로 알려져 있다. 산간부에서는 主食으로, 평야부에서는 구황작물로 재배된다. 고대 일본에서는 씨앗은 食用으로 잎, 줄기와 함께 사료에 사용되었다.

[63] 稗가 인간의 식료가 아니라 말 사료라는 견해가 있다. 즉 고려사 자료에 1159년 말 사료 관련 규정에는 말이나 낙타, 당나귀, 노새, 소 등의 먹이로 콩, 末豆과 함께 稗 즉 피가 있는 점을 들어, 성산산성 목간에 보이는 稗가 말먹이였다고 보는 설이 있다. : 윤선태, 앞의 논문, 1999, pp.18-20. : 이는 고려시대 자료를 근거로 하고 있는 것이 한계다. 12세기는 6세기보다 곡물재배가 발전하고 식량 수급 사정과 곡물 활용이 변화했을 가능성이 크다. 즉 稗가 12세기에는 말사료로 쓰였겠지만, 6세기에는 인간의 식료로 사용되었을 가능성이 크다. 食料 자료에 관한 기록이 우리 보다 비교적 풍부한 고대 일본의 경우, 稗는 食料였다. 일본서기는 물론 正倉院文書에도 보인다. 이와 관련한 고증은 鑄方 貞亮, 「本邦古代稗作考」, 『關西大學經濟論集』 5-1(關西大學經濟学部, 1855), pp.82-83., pp.91-93. : 正倉院文書-天平六年(734)尾張国正税帳「稈五斛 直稲伍拾束 束別一斗」; 오하리노 쿠니의 정세장에서 稈 즉 稗 5斛(斗)石이 稻 50束(斗)에 상당하는 가격이어서, 피:벼 = 10:1이었다.

지 위지 동이전 한전조에는 변진의 토지가 비옥하여 五穀과 稻가 적합하였다고 전하는데, 이 5곡으로 稗 즉 穖이 麻, 黍(粟.)麥, 豆와 함께 유력하게 지목되고 있다.[64] 요컨대, 稗粟은 고대 한국과 일본에서 거의 공통적으로 稗粟이 大豆, 小豆, 大麥, 小麥, 稻와 함께 주요재배작물이자 식료였다고 이해할 수 있다. 이에 稗는 중수문서에서 다른 곡식들과 섞여 粥으로 활용되었을 수 있고, 또 食 혹 雜食으로 표현된 식료의 범주를 구성하는 요소의 하나로 족히 인식해볼 수 있다.

이어 앞서 살펴본 城下麥 서식 목간의 물자 즉 곡물의 내용이 거의 麥과 米라는 점에 착안하고자 한다. 파손으로 곡물내용이 확인되지 않는 경우를 제외하고, □米 혹 米가 1예, 麥가 7예, 곡물 미기재가 1예다. 麥과 米가 성산 목간 하찰에 보이는 다른 일반적 공납 공물 稗보다 우위에 있다. 결국 이러한 서식은 麥과 米에 대해서는 특별 관리했던 형적이라고 판단하고자 한다. 특히나 통상 대부분 하찰에서 곡물명을 생략하거나 혹은 수량을 石으로만 표기하는 데 그치지만, 이 성하목간에서는 "米 11斗石", "麥 15斗石"과 같이 石의 斗量까지 기록한 것은 이들 보리와 쌀이 특별관리되고 있었음을 말해준다.

주요 곡물인 쌀과 보리, 그에 비해 등급이 떨어지는 곡둘인 피로 2원화해서 곡물을 관리했던 것이다. 즉 하급곡물에 비해 상급 혹 1등급 곡물을 철저한 관리하고 체크하였던 것이다. 이처럼 6세기 후반 혹 말, 신라 국가 중 甘文城을 중심으로 한 몇 개 지역에서는 사람과 물자의 이동, 그 점검과 체크를 효율적 운영하는 하드웨어에 해당하는 문서행정 서식과 관리시스템의 효율화를 도모하고 있었던 것으로 여겨진다.

한편 6세기 후반에서 7세기 전반의 것으로 보이는 왕경 월성해자 출토

---

64 李春寧, 『李朝農業技術史』(서울: 한국연구원, 1964) : 千寬宇, 「三國志 韓傳의 再檢討」, 『震旦學報』 41(진단학회, 1976), p.36.

목간에서는 稻·粟·稗·大豆와 米가 납입, 활용의 국면이 보인다.[65]

■□年正月十七日, □□村在幢主 再拜白, 稟典太等·□喙部·弗德智·小舍 前, "稻參石·粟壹石·稗參石·大豆捌石·□□□□ 上內之". 所白人 登彼礼智·一尺, 文尺 智連·一尺. : ■□년 정월 17일, □□村에 계신 幢主가 再拜하며 아룁니다. 稟典太等인 □[沙?]喙部의 弗德智·小舍(경위13등)께. : "稻 4석·粟 1석·稗 3석·大豆 8석·□□□□ 상납한다." 所白人 즉 구두보고자는 登彼礼智·一尺(외위9등 : 경위15등 상당), 文尺은 智連·一尺. (경주 월성해자 신출토 목간 : 임시번호 없음, "幢主再拜白"목간으로 호칭해둠)

兮智宋公 前, 別白. "作□□米十斗酒, 作米四斗 幷 十四斗瓮. 此□公取□用在之.": 兮智宋公께, 별도로 아룀. "作□□十斗의 米酒를 만듦, 四斗의 米(酒)를 만듦, 합해서 十四斗의 (米酒가 담긴) 瓮. 이것은 □ 公(=兮智宋公)께서 取하여 □ 사용하셨습니다."[66] (경주 월성해자 신출토 임001 목간)

幢主再拜白 목간은 아마도 지방의 무슨 村의 幢主가 왕경 稟典에 곡식을 上納하고 그 내용을 典 소속 小舍에게 구두 및 서면 보고한 것이다. 상납한 곡식 품목은 〈稻·粟·稗·大豆〉이다. 그 순은 곡물의 우선순위가 반영된 것으로 보이는데, 稗가 납부 대상 주요 곡물 중 하나였다고 해석하고자 한다. 왕경출토 임001목간에서는 米의 소비 혹 활용을 볼 수 있다. 함안 성산산성 하찰에 보이는 송부 곡물로는 앞서 본 바와 같이 米, 麥과 稗가 보인다. 그 가운데 양

---

65 해당 목간에 대한 판독 성과 정리는 아래 논고 참조. : 하시모토 시게루, 「新羅 文書木簡의 기초적 검토-신 출토 월성해자 목간을 중심으로」, 『嶺南學』 77(경북대 영남문화연구원, 2021), pp.193-198. : 이 글에서의 판독과 표점, 해석은 필자안.

66 14斗와 4斗를 합해 총량 18斗라고 이해한 해석의 시초는 하시모토 시게루, 앞의 논문, 2021.

적으로는 稗가 압도적이고, 米는 극소하며, 麥도 일부일 뿐이다. 앞서 본 바와 같이 城下麥 하찰의 기재서식이나 전체 수량으로 보아 성산산성에서는 米·麥이 稗에 비해 중시되어 관리되던 상위이었다. 송부 곡물의 소비처는, 위 월성해자 목간(임001 목간, "幢主再拜白"목간)은 왕경의 관서와 관료 사회였던 것임에 비해, 아래 성산산성 목간은 지방 요처였던 함안 성산산성 현장이었다.

이 글 〈3. 荷札 書式의 效率化와 物資 勘檢〉의 【城下麥 書式의 荷札】에 열거된 목간들을, 지명과 곡물로 정리하고, 세부적으로 곡물의 현황을 보면 다음과 같다. 가야1590, 가야2920, 가야4687, 가야5595, 진주1279는 麥으로, 甘文城 隸下의 本波大村, 甘文本波의 송부물이다. 그 외 지역에서 麥이 조달되었는데, 夷津支城(안동 일직) 산하에서 麦 二石[가야2025], 小南兮城(상주 화서면 하송리)에서 麦 十五斗石[가야5596], 鐵山(충주, 중원소경 부근)에서 麦 十五斗[가야4686]이 송부되었다. 이밖에 "大村主＋舡＋麥"[가야51]도 보이는데 麥의 조달처 중 大村으로는 甘文城 本波 大村과 小南兮城 大村이 있다.

米 혹 □米는 甘文城 내 한정된 지역 즉 喙大村에서 조달되었다. 喙大村이 보이는 가야2026은 城下麥 서식이다. 城下麥 서식의 하찰은 함안 성산산성 이외 다른 곳에서도 보인다. 근년 발굴조사된 대구 북구 팔거산성에서 16점의 목간이 출토되었는데, 이 가운데 城下麥 목간이 검출되어 주목된다.[67] 공개된 사진 자료에 의하면 다음과 같이 표점, 해석할 수 있다.

丙寅年次谷鄒工[68]下麥易□石 (팔거산성 7호 목간)

---

[67] 관련 자료는 김상현, 「대구 팔거산성 발굴조사 성과」, 『대구 팔거산성 발굴조사 성과와 의미』(국립경주문화재연구소·경주문화재연구소·대구광역시북구·화랑문화재연구원, 2021.: 전경효, 「팔거산성 출토 목간의 기초적 검토」(2021년 한국목간학회 하계워크숍 발표문, 2021).

[68] 工은 乙, 혹 반복부호로 볼 소지도 있다. 전경효는 반복부호 〃란 의견을 냈다.(전

〈丙寅年(일시) + 次谷鄒工(지명/상급지명) + 下 + 麥(물품, 곡식)

+ 昜□⁶⁹(인명/하급지명) + 石(수량)〉

병인년은 606년이 유력하다. 이 자료는 성산산성 목간을 통해 분석한 下와 麥등 특수곡물 혹 상급곡물의 상관관계 추정과도 부합하여, 이러한 이 글의 논리를 보강해주는 자료다.

공납품 혹 운송품이 米나 麥이면서도 城下麥 서식이 아닌 목간도 물론 보인다.

오른쪽의 사례는 米와 麥으로 상급 곡물관련 하찰이다. ⓐⓑⓒⓓ는 모두 城下麥 서식이 아니다. 상급 지명 혹 상급 행정구역명은 존재하지 않는다. 城下麥 서식이 아닌 ⓐⓑⓒⓓ 가운데 수량이 생략된 ⓑ를 제외하고 나머지는 〈곡물 + 수량〉의 양식을 가진다. 수량이 명기된 것은 모두 1石이라는 균일성을 갖는다. ⓓ가 麦(곡물) + 六十今石(수량)으로 논난이 될 수 있다. 이 건은 조금 후에 상세히 다룬다.

ⒶⒷⒸ(a)(b)(c)(d)는 城下麥 서식이다. ⓒ는 15斗다. ⓑ는 15斗石인데, 이는 ⓒ 15斗의 다른 표기로 보인다. 즉 15斗=15斗石이다. 15斗의 용량으로 된 石 즉 섬, 섭이다. 이수훈에 따르면, 성산산성 목간의 石은 용량의 단위가 아니라 용기의 의미다. 이같은 용례는 후대의 것이기는 하나 空石 즉 "짚으로 엮

경효, 위 발표문, 2021).

69   昜□에 대해 초기 판독안에서는 昜大豆안이 제시되었다. 이를 인정한다면 麥을 大豆로 바꾸었다는 것이 되는데, 해석에 앞서 大豆라는 판독안이 아직 불안하다. 필자는 좀더 숙고할 예정이다. : 이 자리는 앞서 함안 성산산성 목간의 城下麥 서식에 비춰보면, 하급지명이 올 자리다. 한 걸음 물러나 인명이 되야 한다. 昜을 고유명사로 보지 않는다면, 지명도 인명도 아닌 것이 되고, 下 아래 하급지명의 기재가 생략된 형태가 된다.

ⓐ壬子年 + □破大村 + 刀只 + 米 + 一石 : (함안 성산산성 가야5599) 임자년은 592년

ⓑ…□那只荋 + 米 : (성산산성 가야4697) 荋는 물품명일 가능성이 남아 있다

ⓒ癸卯年七月 + 栗村 + 百刀公硨日除 + 麦 + 石[70] : (김해 양동산성 1호 목간) : 癸卯年은 583년[71]

ⓓ麦 + 六十个石 : (김해 양동산성 2호 목간)

ⓔ■卯年 + 王私 + 所利珎 + 習□□ + 麦 + 石 : (대구 북구 팔거산성 3호 목간) 習□□은 〈習(부명) + □□(인명) 혹은 習□□(인명)〉

Ⓐ甘文城 + 下 + □米(곡물) + 十一斗石(수량) + 喙大村 + 卜只次 + 持去 : (함안 성산산성 가야2026)

Ⓑ小南兮城(상급지명) + 麦(곡물) + 十五斗石(수량) + 大村(하급지명,촌명) + … : (함안 성산산성 가야5596)

Ⓒ三月中(월) + 鐵山(상급지명) + 下 + 麦(곡물) + 十五斗(수량) + 左旅□河礼村(하급지명,촌명) + 波利足(인명) : (함안 성산산성 가야4686)

(a)甘文城 + 下 + 麦 + 本波大村 + 毛利只 + 一石 : (가야1590)

(b)甘文城 + 下 + 麦 + 甘文本波 + 王私 + 文利村 + 鄒利兮 + 負 : (진주1279)

(c)甘文城 + 下 + 麦 + 十五石 + 甘文本波 + 加本斯□ + 一石 + 之 : (가야4687)

(d)甘文城 + 下 + 麦 + 十五石 + 甘文本波 + 伊次只 + 去 + 之 : (가야5595)

ⓐⓑⓒⓓ는 城下麥 서식이 아닌 것, ⒶⒷⒸ(a)(b)(c)(d)는 城下麥 서식

---

70 같은 유형의 사례는 다음 2예가 더 있다. 可物智□須麦石 (함안 성산산성 가야46) 大村主舡麦 (함안 성산산성 가야51)

71 양동산성 목간에 대한 자료와 연구는 아래 논고 참조 : 이수훈 「김해 양동산성 출토 목간의 검토」, 『역사와 세계』 58(효원사학회, 2020), pp.269-270., pp.277-279.

어 만든 그릇", 穀石 즉 "곡식을 담은 섬"에서 잘 드러난다.[72] 이렇게 파악하면 ⒷⒸ는 모두 麥 1石이다. Ⓐ도 米 1石이다. 米는 11斗가 1石이 되는 셈이다. 즉 1石의 斗量이, 米는 11斗, 麥은 15斗였던 것이다.

　　(c)에는 같은 짐꼬리표의 麥 수량이 15石과 1石의 2종이 동시에 기재되어 있다. 즉 (c)에서는 15石과 1石이라는 두 가지 수량이 이중표기되어 있는 셈이다. 이 탓에 종래 "□ + 一石" 즉 一石앞의 글자를 무리하게 "稗"로 추독하여 이를 해명하려 하기도 했으나,[73] 이는 무리다. 판독자체에 무리는 물론, 기왕에 城下麥 목간의 서식과도 맞지 않고 그에 대한 해명도 어렵다. (c)에 보이는 수량의 2중 기재는 양자가 서로 같은 것으로 이해하고자 한다. 즉 Ⓐ에 비추어 "15(斗)石(앞면기재)=1石(뒷면기재)"으로 이해해두는 가안이다. 앞서 자료에서 麥 15斗石(15斗가 1石)과 부합한다. (c)(d)에서 "15石"은 모두 15斗石이 되는 셈이어서, 斗의 누락이거나 斗가 없어도 같은 표기로 삼았던 셈이 된다. 요컨대 Ⓐ은 15斗石, 1石을 15石으로 표기한 예가 된다. 이를 미뤄보면, (d)의 15石 역시 그와 같이 15斗石, 1石으로 이해할 수 있다. 이렇게 이해하면, 麥의 경우 수량이 표기된 것은 거의 모두 예외없이 1石이요 斗糧은 15斗가 되는 셈이다. 한편 麥 가운데 수량이 생략된 것이 2예가 있다.

　　大村主 + 舡 + 麦(가야51), 甘文城 + 下 + 麦 + 甘文本波 + 王私 + 文利村 + 知利兮 + 負(진주1279)[74]

　　수량이 생략되기도 한 것은 共知의 수량이기 때문일 것이고, 그것은 기본

72　이수훈, 앞의 논문, 2020, p.278.

73　국립가야문화재연구소, 앞의 책, 2018, p.371.

74　負를 수량으로 보면 진주1279는 그 사례에서 제외된다. 負가 수량 단위라면 1負 즉 1짐이 된다.

수량 혹 단위였던 1石으로 판단해둔다. 같은 것을 ⓑ에서도 이야기할 수 있다. 十五斗石은 15斗의 1석으로 해석된다. ⓒ에는 麦十五斗는 달리 ⓑ의 麦十五斗石으로도 표기된 것으로 보인다.

米에 관해서 Ⓐ十一斗石은 11斗의 1石이 된다. 외형은 1石(1섯,1섬)이고 그 용량은 11斗라는 의미다. 米와 관련해서도 ⓑ에서처럼 수량이 생략되어 있는 것은 기준 수량이 있음을 전제로 하는 것이고, 그것은 ⓐ에서와 같이 1石으로 보인다.

ⓓ에서 六十个石이란 용어가 보인다. 이는 ⓑ麦 十五斗石과 같은 구성으로 보인다. ⓑ의 十五斗石이 용량이 15斗인 것 1石, 15斗로 구성되는 1石이듯, ⓓ는 60개 단위로 이뤄진 1石이란 의미다.[75] 즉 石은 1석이라는 용량을 나타내기도 하지만 동시에 그것을 담은 용기를 나타내기도 한다. 이렇게 보면 11斗石은 11斗가 담긴 섬 즉 용량 11斗로 구성된 용기 1石으로 이해할 수 있다. 즉 성산산성 시대 하찰의 石은 용량이면서 동시에 용기이기도 했던 것이다. 양동산성 2호 목간의 60个石이란 60石이란 의미라기 보다는 60개로 구성된 1石으로 파악함이 자연스럽지 않나 한다. 个라는 용어로 볼 때 용량이라기 보다는 형태를 기준으로 한 단위로 보인다.

성산산성 목간에서 麥, 米는 물론 稗 역시 1石이 기본단위 혹 수량이었던 것으로 판단된다. 함안 성산산성 하찰 목간 중 稗의 경우, 수량이 표기되지 않은 것, 즉 石 혹 1石으로 표기된 것은 48예, 수량이 표기되지 않고 생략된 것이 24례. 품목이 표시되지 않고 수량만 표기된 것이 9예인데, 이들은 모두 1石이다. 이들 9예는 모두 稗였을 것으로 보아둔다. 상대적으로 중요 혹 우등 곡물인 米나 麥에 비해 하등 곡물인 稗는 그 품목을 생략하기도 한 것으로 인지하고자 한다. 종합하면, 稗의 경우, 상기 특수 예를 제외하고는 모두 1石이

---

75 이수훈은 이에 대해 "60개나 되는 보리의 섬(石)"으로 이해하였다. : 이수훈, 앞의 논문, 2020, pp.274-275.

다. 그리고 그것은 石 혹은 一石으로 표기되었다.

다음 麥의 경우다. 1石으로 표기된 것이 3예, 1石의 다른 표현으로 보이는 15石(아마도 15斗 石) 2예가 있다. 마지막으로 米는 1石 1예, 11斗石 1예, 2石 1예(가야2025)가 있다. 11斗石이나 15斗石, 60个石은 모두 1石의 다른 표현, 혹 구체적 표기임을 확인하였다.

함안 성산산성 가야2026의 "11斗石"이나 김해 양동산성의 "60个石"과 같이, 다양한 용량을 기준으로 한 石의 존재는, 이 시기 石이 정확한 용량보다는 개략적 외형으로 운영되고 있었음을 시사한다. 동시에 石이 용량임과 동시에 용기의 의미를 겸하고 있었음을 확인해준다. 그리고 이들의 용량은 대체로 오차를 허용, 감내할 수 있는 범위 내였을 것이다. 한편, 최고 등급 곡물 米의 경우는 斗糧을 보다 섬세하게 기재하였다. 1 11斗石과 ⓐ1石이 그 예다. ⓑ처럼 수량을 기재하지 않은 경우도 있는데, 이는 기본 수량이 있었음을 전제로 하며, 그것 역시 1石일 가능성이 높을 것이다. 그리보면, 현재로서 성산산성 목간 안에서 米의 사례 셋은 모두 1石이 된다. 다음 麥의 수량 가운데는 아래와 같이 2石이 존재한다. 이 목간에서 二石의 二는 크고 선명하여 판독을 달리하기 어렵다.

夷津支城+下+麦+王私+珎兮村+弥次+二石 (가야2025)

夷津支+士石村+末□□烋+麦 (가야2011)

이렇듯 麥의 사례에서 가야2025와 같이 2石이 운용된 예가 특수하고 드물게 1예 2석이 보이는데[76], 麥은 기본적으로 1石을 기본단위로 하였다고 보

---

[76] 이를 감안하면, 가야4687의 15石 역시 그대로 15石으로 볼 여지가 생각하게 되지만. 그러나 가야5595는 앞서 지적한대로 15石과 1石이란 2중기재를 설명하기 어렵게 된다. 고로 15석은 역시 15두석으로 간주함이 더 설득력이 있어 보인다. 오히

아 좋을 것이다. 가야2011처럼 같은 夷津支이면서 상하지명이 있지만 城下麥 서식을 쓰지 않은 것도 있다.

성산산성에 조달된 稗는 상주와 하주를 비롯 낙동강을 중심으로 한 그 연장선 권역 내 거의 전역에서 조달되었다. 그에 비해, 麥은 甘文城 예하의 本波大村과 甘文本波 등 당시 上州/甘文州의 핵심부 그 가운데 6부 중 本波部 관련지를 중심으로 조달되었다. 米 역시 甘文城 예하의 喙大村 즉 6부 중 喙部 관련지를 중심으로 조달되었다. 요컨대 米와 麥는 州治인 甘文城에서 조달되었다.

VI 성산산성 축조 시 인력의 동원과 물자 관리

근년에 하찰의 물품은 산성 축조시 동원된 인부들이 자신의 양식으로 自擔한 것이라는 견해가 제시된 바 있다.[77] 이 점에 대해 검토하고자 한다. 먼저, 성산산성 목간 가운데는 인력 수급과 관리에 관한 자료들이 포착된다.

· 「∨ 丁卄二益丁四 村…× [가]

· 「∨ 丁二益丁十一 村…× [나]

· 「∨ 없음 ×

려 가야2025가 麥 2石으로 특이 사례라고 인식함이 좋을 듯하다.

77　하타나카 아야코, 「목간군으로서 함안성산산성 목간」, 『목간과 문자』 21(한국목간학회, 2018).

·「∨ 없음 ×

(26.4+a)×2.0×1.2cm (가야1602)

  가야1602목간은 4면체로 그 중 2면에 연속으로 하단에 글자가 씌어 있다. 丁이란 신라촌락문서에서 보듯 신라사회에서 역역을 담당의 중심이던 丁男에 관한 행정용어다.[78] [가]면에서 丁 22에 4가 추가된 것, 또 [나]면에서 丁2에 11이 추가된 것을 기록하였다. [가]면은 총 丁26이고, [나]면은 총 丁13이며, 양면 합계 丁39가 된다. 그 아래 村이 기재되어 있어 이는 村 단위의 파악으로 인식된다. 益이란 추가의 의미여서, 人丁수의 추가, 변동 상태를 집계한 것이 된다.[79] 즉 성산산성을 중심으로 한 이 곳에서 당대 인력 파악과 집계가 이뤄지고 있었음을 알 수 있다. 이 지역에서 村별로 인력의 동원과 운영, 그 丁數의 추가와 변동 등이 있었음을 짐작할 수 있다. 다만 해당 村이 성산산성 주변의 곳인지, 원격지의 곳인지는 알기 어렵다.

  목간 가운데 比思伐 즉 창녕 소속 伊毛羅(=夷喙羅兮智) 及伐尺의 동선을 파악할 수 있는데, 관련 목간을 분석하면, 그가 함안에서 축성사업에 동원되었고, 동시에 함안으로 물자 즉 술 네 말(酒4斗)를 보내었다. 즉 물자 뿐만 아니라 인력 역시 함안에 동원되었으며, 이들의 근무기간과 식료 소비는 국가 행정 관리의 대상이었음을 알 수 있다.[80] 이에 분명 비사벌의 경우와 같이 인력과 물자가 동원된 경우가 존재한다.

---

78 신라촌락문서에는 村별로 남녀별과 연령대별로 丁, 助子, 追子, 小子, 老公, 除公, 奴과 丁女, 助女子, 追女子, 小女子, 老母, 除母, 婢에 관한 인구파악이 이뤄지고 있었다. 아울러 그것은 3년 주기로 그 加減이 파악 관리 기록되고 있었다.

79 윤선태는 성산산성 축성과 관련 촌마다 노동력을 차출하고 그 증감을 기록한 문서목간이라고 보았다. 윤선태, 앞의 논문, 2012, p.163.

80 이용현, 앞의 논문, 2019.

그런데, 충주 등을 비롯한 원거리 격지에서의 인력이동은 일면 매우 비효율적으로 보인다. 실제, 삼년산성과 굴산성을 축조할 때 인근 一善界의 주민을 동원하였으며[81], 永川 菁堤碑를 축조할 때도 인근 주민들을 활용한 것으로 보인다. 실제 5~6세기 전국의 축성이나 둑, 제방 건설 공사시에, 주변의 주민이 동원되는 것이 일반적이었다. 반면, 전국적인 인력 동원은 591년 왕경 南山新城 축조 시에만 확인된다. 喙部의 主刀里와 함께, 慶南 咸安, 漆原과 慶北 尙州 化西와 榮州 혹은 義城 丹村, 충북 沃川 등이 보인다. 동아시아 전체에 긴장이 고조된 시기에, 대응책의 일환으로서 시작되었지만, 왕권에서는 이를 왕권강화의 활용하였던 것으로 보인다.[82] 남산 신성 축조에는 220여개 村 즉 거의 전국에서 인력 동원이 이뤄졌다고 볼 수 있다.[83] 최대한 혹 가급적 골고루 널리 먼 곳에서 또 새로 편입된 곳까지도, 이처럼 왕경과 지방의 축성이라는 현장에 내세우면 내세울수록 왕권의 가시화는 극대화되었을 것이다.

다만, 성산산성 축조 시에도 왕경의 남산신성 축조 시와 같이 전국에서 인력을 동원했을 것인가가 문제다. 앞서 지적과 예시대로 원거리 인력 조달은 대단히 비효율적이다. 물자와 관리 인력의 원거리 이동은 용이치 않은 것이었으며, 특히 전방 전선에서의 인력차출은 지역 방비 등과 관련 비효율적이었을 것이다. 이에 인력의 동원은 주로 비사벌 등과 같이 함안 인근에서는 조달하였을 것으로 봐두고자 한다. 그에 비해 하찰 지명에서 보이듯 물자는 광범하게 上州와 下州를 중심으로 조달되었다. 한편 하찰의 지방 지역에서 비교적 함안 인근 지역이 보이지 않는 것은, 아마도 인력 조달로 인해 물자 공납을

---

81 소지마립간 8년(486) 봄 정월에 伊飡 實竹을 將軍에 임명하였다. 一善界의 丁夫 3,000명을 징발해서 三年城과 屈山城 두 성을 고쳐 쌓았다. (삼국사기 신라본기 소지마립간)

82 이용현, 앞의 논문, 2020.

83 국립경주박물관, 「남산신성비」, 『新羅文字資料Ⅰ』(경주, 2017), p.195.

면해주었기 때문일 가능성도 생각해봄직하다. 인력조달이 이뤄진 지역에서는 물자 공납의 면제를 생각해볼 수 있다. 또 성산산성이 지방인 함안 지역의 산성이어서 왕경의 중요 산성이었던 남산신성처럼 전국의 인력을 정치적 가시성을 위해 의도적으로 조달할 정도의 비중을 지니지는 않았다고 봐야할 것이다. 그 대신 피 1섬을 중심으로 한 곡물 등 물자를 전국 각지에서 조달함으로써, 반입 집적된 원거리 및 전국 각지의 물자를 통해 가시적 정치적 효과를 대신하였다고 해석할 수 밖에 없을 것이다.

한편, 목간의 시기 즉 6세기 말 혹 6세기 후반에 신라 지방에는 낙동강 유역을 중심으로 한 상주와 하주 외에도 한강하류를 중심으로 한 新州와 比列忽州가 있었다. 신주는 553년에 설치되고 557년에 北漢山州로 개편되고, 568년에는 다시 이를 대신하여 南川州가 설치되었다가 604년 다시 북한산주가 들어섰다. 이에 짝해 각각 군사기관인 新州停과 南川停, 漢山停이 들어섰다. 또 동해안에는 556년 比列忽州가 설치되고, 568년 達忽州로 개편되어 600년까지 이어진다. 그보다 앞서 505년 悉直을 획득하고 何瑟羅와 합치고 軍主를 설치했다.[84] 561년 창녕비에는 比子伐軍主(창녕), 漢城軍主(서울), 碑利城軍主(안변), 甘文軍主(개령), 上州行使大等(개령), 下州行使大等(창녕)과 함께 于抽悉□□西阿郡使大等이 보인다. 이는 于抽·悉直·何西阿 郡使大等(울진, 삼척, 강릉)으로 복원된다.[85] 즉 낙동강 라인 외에도 한강하류 라인과 동해안 라인에 지방 경영이 이뤄지고 있었다. 그런데, 남한강 상류인 충주를 제외하고 한강 중·하류나 동해안 라인에서, 또 동해안 라인에서 함안 성산산성으로의 물자 반입은 보이지 않는다. 이는 실로 원격지에서의 물류는 물류비용 격증으로 효율이 떨어지므로 시행하지 않았던 것으로 파악할 수 있다. 동시에 성산산성 하찰에 기재된 낙동강 상류 혹 남한강 상류 지역은 원격지라 하더라

---

84   末松保和, 앞의 논문, 1954.
85   국립경주박물관, 「창녕 진흥왕 신라척경비」, 『新羅文字資料Ⅱ』, 2019, p.105.

도 낙동강에 이르기만 하면 水運시스템에 의해 운송이 용이하여 감내할 수 있는 물류 비용 범위 안이었음을 말해준다.

즉 성산산성 축성사업 등에는 영남내륙의 지방을 비롯 당시 전국 각지에서 물자와 함께 인력이 동원을 동원되었으며, 이들의 분포로 보아 낙동강을 활용했을 것으로 추정된다. 동시에 이들 지역에 관철되고 있던 지역 지배를 바탕으로 하며, 동시에 이러한 것을 통해 지배가 더 공고화되었다고 볼 수 있다.86

함안 성산산성 축조시에 전국으로 부터의 물자 동원이 지역 사회에 미치는 파급효과는 절대적이었을 것이다. 축성이 이뤄지는 함안 즉 안라지역 지역에 미치는 가시적 효과는 다대했을 것이다. 축성 사업에 동원되어 종사한 각지에서 파견된 사람들에 대한 가시적 인식 역시 다대했을 것이다. 이들이 役을 마치고 각기 고향과 거주지로 돌아가서 공사현장에서 목격하고 경험한 정부와 국가권력의 위대성과 가시성을 전달하였을 것이다. 요컨대 마을 사람의 直觀을 통한 목격담을 통해 각각의 지역 사회에서 정부의 위력을 재인식하는 계기가 되었을 것이다. 이러한 극대화된 홍보 효과 속에 국가의 지배는 실질적인 것에 더하여 심리적 인식적인 면에서도 동전의 앞뒷면처럼 서로 상호작

---

86 比斯伐은 신라 下州가 두어진 곳이다. 552년(진흥왕 16)에 이 곳에 州가 두어진 이래 565년(진흥왕 26)까지 10년간 주치였다. 565년에는 비사벌주가 폐치되고 大耶州가 설치되었으며 642년(선덕여왕 11)까지 지속되었다. 比思伐 목간의 比思伐은 바로 삼국사기의 比斯伐에 해당한다. 성산산성 목간의 시대에 대해서는, 종래 561년 이후의 6세기 후엽 초기라는 견해, 임자년 목간의 기준으로 해서 592년 및 이에 가까운 6세기 말이라는 견해, 그리고 문서목간은 561년에 가까운 6세기 후엽이고 하찰목간들은 592년 및 이에 가까운 6세기말이라는 견해 등이 있다. 즉 561년 이후로부터 592년 경을 중심으로 한 시기의 전후 사이까지가 필자의 연대 스펙트럼이다. 이 시기 비사벌은 하주의 주치였거나, 이미 주치라는 경력을 지닌 하주 내 주요 지역이었다.

용하면서 지역 사회에서 공고화되었을 것이다. 기년의 형성 근거를 재검토하고, 壬子年 목간과 매납정황을 근거로 하면, 목간군의 연대는 592년 인근으로 리셋팅이 가능하다. 아울러 591,592년 역사적 동향 속에서 정합적 설명도 가능하다. 즉 589년 중국 대륙에 統一帝國 隋가 등장하고, 동아시아 각국에서는 그와 연동하여 強溫 양면의 대응이 이뤄졌다. 592년 성산산성의 築城은 591년 南山 新城과 함께 그러한 대응의 일환이었다. 591년 남산신성의 건설과 더불어 왕경산성들의 보수에 이어, 지방의 주요 거점에 대해 선별적 순차적인 보강작업이 이뤄진 것이다.[87] 이 가설을 적용하면, 중앙 산성 축조 시에 적용했던 가시적인 통치 기법을, 지역에도 응용하여 레벨을 조정하여 적용한 것이 된다. 한편, 성산산성 목간군의 중심연대 592년의 시점에서 당대 지방 행정의 주요 중심지와 운영 상황을 가늠해 볼 수 있다. 592년은 남천주(경기 이천), 달홀주(강원 고성), 대야주(합천), 감문주(개령)에 州가 설치되어 있었던 시기다. 이와 관련, 하찰의 지명에는 甘文(개령), 須伐(沙伐)(상주), 比思伐(比斯伐)(창녕), 鐵山(충주) 등과 같이 현재의 州治와 함께 과거의 州治, 또 고구려의 國原京(이후 신라의 中原京)같은 낙동강 라인과 낙동강 상류에서 남한강 상류의 주요 거점 지역이 두드러진다. 鐵山(충주)이 당시 上州에 편제되었는지 혹은 南川州(新州)에 편제되었는지는 불분명하다. 성산산성 목간에 보이는 물류와 조달, 지방 경영은 낙동강 중상류라인을 중심으로 아래로는 하류 일부, 위로는 소백산맥 넘어 그 연장선상을 포괄하고 있다. 즉 6세기 말 혹 6세기 후반 함안을 중심으로 놓고 보면, 신라의 지방지배와 물류는 낙동강 중상류를 그 기간중심으로 하고, 북으로 소백산맥 넘어 상주 북부 혹 신주 혹 남천주 남부, 남으로는 낙동강 하류역 상주 지역을 물류권으로 하고 있었다.

---

87 이용현, 앞의 논문, 2020.

VII 맺음말

이상의 연구를 통해 아래와 같은 유의미한 결론을 도출할 수 있었다.

1. 종래 목간에 보이는 지명의 비정을 중심으로 위치미상이었던 지명을 더 비정할 수 있다. 종래 알려진 것은 榮州郡 浮石面과 順興面, 安東市와 陶山面, 醴泉郡, 義城郡과 丹村面, 金城面, 尙州市 沙伐面, 金泉市 開寧面 등의 경북지역, 昌寧郡 昌寧邑 등의 경남지역, 그리고 경주시 중심부다. 새롭게 안동 일직면, 의성의 옥산, 비안, 안계, 단밀, 상주 화서 하송리, 그리고 구미 같은 낙동강 중상류 요지, 풍기, 문경 산양 등 경북 북부 내륙 낙동강 상류역, 옥천 이산 이원리, 괴산 청천, 충주 대소산면 등 소백산맥 이북 지역, 영천, 경주 양북 등 왕경과 그 인근 금호강 유역, 창녕 인근, 청도의 매전과 남안 유호리 등으로 비정할 수 있다.

2. 종래 목간 관련 지명은 낙동강 중상류를 중심으로 하며, 일부 옥천도 들어 있을 것으로 비정했다. 이 글에서는 두 걸음 더 나아가, 낙동강 중상류의 본류와 지류 인근의 경북 내륙 중북부가 압도적으로 많고, 죽령과 조령 이북의 남한강 상류에 면한 단양,충주,괴산 청천, 추풍령 이북 보은, 그리고, 경남의 청도, 창녕 등 낙동강 하류지역도 보인다. 이들 지역은 대체로 신라 당대 上州와 下州지역에 해당한다.

3. 성산산성 목간의 지명은 대체로 낙동강 연안와 그 연장권역을 중심으로 분포되어 있다. 6세기 말 혹 후반에 국가의 지방 통치와 지배, 물류와 운송에 낙동강은 중요한 비중을 차지하였음을 재확인시켜 준다.

4. 城下麥 하찰 서식은 〈상위지명(城) + 下 + 麥(곡물) + 수량 + 하위지명 + 인명〉을 기본으로 한다. 수량은 인명 뒤 즉 제일 뒤에 오기도 한다. 下는 "아래"란 범용의 뜻이다. 城下麥 서식은 지명 혹 행정구역단위가 긴 경우

활용되었다. 下 위, 즉 문장 머리에 상급지명 주로 城명이 오고, 城 아래 하급지명, 주로 村명은 뒤 쪽에 배치하였다. 원래 지명과 인명 뒤에 와야할 〈麥(곡물) + 수량〉을 〈상급지명 + 下〉 아래로 전진배치한 서식이다. 倒置구문이다. 상급지역과 곡물을 가시적으로 우선파악할 수 있고, 분류정리에 효율적인 궁리였을 것이다.

   5. 城下麥서식은 甘文城(지금의 김천 개령) 즉 당시 上州였던 甘文州 甘文城을 중심으로 운용되었다. 감문을 비롯, 夷津支城(안동 관내 혹 일직), 巴珎兮城(의성 단촌면일까), 小南兮城(상주 화서 하송리)과 鐵山(충주 대소산면)에서 활용되고 있었다.

   6. 城下麥 서식에서 下아래 오는 곡물은 대부분 麥이며, 간혹 米가 있다. 城下麥 서식에서는 성산산성 하찰에 보이는 주요 곡물인 稗는 전혀 오지 않았다. 麥과 米는 稗에 비해 상등곡물이다. 城下麥 서식의 존재는, 신라 국가 일각에서 특히 감문성을 중심으로 한 지역에서 麥,米를 稗에 비해 상급곡물로서 인지하여 구별운영하였음 말해준다.

   7. 11斗石, 15斗石, 60个石과 같이 당대 石은 용량단위임과 동시에 용기단위이기도 했다. 15斗石은 15斗 용량의 1石, 60个石은 60个 단위의 1石을 의미한다. 당대 米의 1石은 11斗였고, 麥의 1石은 15斗였다. 麥의 石이 60个石, 15斗石, 石과 같이 운용되고 있었다.

   8. 石같은 수량이 생략되기도 했는데, 麥,米와 稗의 기본 수량은 1石이었다.

   9. 麥과 米의 조달은 上州의 治所였던 甘文城 중심으로 이뤄졌다.

   10. 하찰에 보이는 喙와 本波는 신라 왕경 6부이며, 王私는 왕실 內省, 國王 관련을 의미한다. 州治를 중심으로 요지에 국왕과 6부의 관할이거나, 그들의 권리가 설정된 村이 존재했다.

   11. 大村, 新村과 같이 각 지역에 체제가 새롭게 편제, 설정되었는데, 이는 新州가 설치되고 州가 개편되는 6세기 중엽경을 上限으로 볼 수 있다.

12. 하찰 등 목간에 보이는 지명은 上州와 下州가 중심이그, 新州의 한강 하류나 비열홀주/달홀주 등 동해안 지역은 전혀 보이지 않는다. 낙동강 유역 중심으로 상주, 하주 계열 중심으로 그 관하에서 상호 유기ᄌ으로 운영되고 있었다.

13. 송부처에서 수신처에 직접 물품을 직송케 하여, 물류에서 오는 낭비를 줄이고 운영상 효율을 도모하였다. 물류와 국가 경영의 중심에 낙동강 水運이 있었다.

참고문헌

가야문화재연구소, 『한국의 고대목간Ⅱ』, 2018.
국립중앙박물관, 『불국사석가탑유물2-重修文書-』, 서울, 2009.
한국학중앙연구원, 『한국민족문화대백과』, 2017.
국립경주박물관, 『신라문자자료Ⅱ』, 경주, 2019.
李春寧, 『李朝農業技術史』(서울: 한국연구원), 1964.
정구복 외, 『역주 삼국사기4』, 한국정신문화연구원, 1997.

橋本繁, 「中古期 新羅 築城碑의 硏究」, 『東國史學』 55, 동국사학회, 2013.
_____, 「蔚州川前里書石原銘·追銘にみる新羅王權と王京六部」, 『史滴』 40, 早稲田大学 東洋史懇談会, 2018.
_____, 「동아시아세계 속 한국목간의 위상-신라〈율령〉과 함안 성산산성목간」, 『簡牘자료를 통해 본 고대 동아시아사 연구 국제학술회의 발표 논문집』, 경북대학교 사학과 BK사업단, 2018.
_____, 「신라 중고기의 지방제도와 축성비」, 『(신라학 국제학술대회) 6세기 신라 석비의 세계』, 국립경주박물관, 2018.
김상현, 「대구 팔거산성 발굴조사 성과」, 『대구 팔거산성 발굴조사 성과와 의미』, 국립경주문화재연구소·경주문화재연구소·대구광역시북구·화랑문화재연구원, 2021.
김창호, 「咸安 城山山城 出土 木簡에 대하여」, 『咸安 城山山城』Ⅰ, 국립창원문화재연구소, 1998.
_____, 「咸安 城山山城 木簡의 新考察」, 『문화사학』 49, 문화사학회, 2018.
_____, 「함안 성산산성의 城下麥 목간」, 『韓國 古代 木簡』, 주류성, 2020.
末松保和, 「新羅幢停考」, 『新羅史の諸問題』, 東洋文庫, 1954.

박방룡, 「남산신성비 제9비에 대한 검토」, 『미술자료』 53, 미술사학회, 1994.

박현정, 「함안 성산산성 목간의 개요」, 『목간과 문자』 21, 한국목간학회, 2018.

윤선태, 「咸安 城山山城 出土 新羅木簡의 用度」, 『震檀學報』 88, 진단학회, 1999.

_____, 「咸安 城山山城 出土 新羅 荷札의 再檢討」, 『史林』 41, 성대사학회, 2012.

이경섭, 「城山山城 출토 荷札木簡의 製作地와 機能」, 『한국고대사연구』 37, 한국고대사학회, 2005.

_____, 「성산산성 출토 신라 짐꼬리표[荷札] 목간의 地名 문제와 제작 단위」, 『신라사학보』 23, 신라사학회, 2011.

이수훈, 「城山山城 木簡의 '城下麥'과 輸送體系」, 『지역과 역사』 30, 부경역사연구소, 2012.

_____, 「城山山城 木簡의 本波와 末那·阿那」, 『역사와 세계』 30, 효원사학회, 2012

_____, 「김해 양동산성 출토 목간의 검토」, 『역사와 세계』 58, 효원사학회, 2020.

이용현, 「함안성산산성 출토 목간의 負, 本彼, 奴人 시론」, 『신라사학회 제67차 학술발표회 발표문』, 미공간 발표문. 2007.12.

_____, 「咸安 城山山城 出土 文書木簡 가야5598의 檢討-周邊 文字資料와의 多角的 比較를 通해-」, 『목간과 문자』 23, 한국목간학회, 2019.

_____, 「함안 성산산성 목간의 연대 – 壬子年 해석을 중심으로 – 」, 『신라사학보』 50, 신라사학회, 2020.

이인철, 「신라내정관부의 조직과 운영」, 『신라정치제도사연구』, 일지사, 1993.

이종욱, 「南山新城碑를 통하여 본 新羅의 地方統治體制」, 『역사학보』 64, 역사학회, 1974.

임병태, 「新羅小京考」, 『역사학보』 12, 역사학회, 1967.

전경효, 「팔거산성 출토 목간의 기초적 검토」, 2021년 한국목간학회 하계워크숍 발표문, 2021.

전덕재, 「新羅 소경의 설치와 그 기능」, 『진단학보』 93, 진단학회, 2002.

_____, 「함안 성산산성 목간의 내용과 중고기 신라의 수취체제」, 『역사와 현실』 65, 한

_____, 「중고기 신라의 지방행정체계와 郡의 성격」, 『한국고대사연구』 48, 한국고대사학회, 2007.

_____, 「함안 성산산성 목간의 연구현황과 쟁점」, 『신라문화』 31, 동국대신라문화연구소, 2008.

_____, 「함안 성산산성 출토 신라 하찰목간의 형태와 제작지의 검토」, 『목간과 문자』 3, 한국목간학회, 2009.

鑄方貞亮, 「本邦古代稗作考」, 『關西大學經濟論集』 5-1, 關西大學經濟学部, 1855.

千寬宇, 「三國志 韓傳의 再檢討」, 『震旦學報』 41, 진단학회, 1976.

하시모토 시게루, 「新羅 文書木簡의 기초적 검토-신 출토 월성해자 목간을 중심으로」, 『嶺南學』 77, 경북대 영남문화연구원, 2021.

하타나카 아야코, 「목간군으로서 함안성산산성 목간」, 『목간과 문자』 21, 한국목간학회, 2018.

홍승우, 「함안 성산산성 목간의 물품 기재방식과 성하목간의 서식」, 『목간과 문자』 21, 한국목간학회, 2018.

[후기] 이 글은 경북대 인문학술원 HK+사업단 제2회 국제학술회의 〈목간을 통해본 고대 동아시아의 물자유통과 관리(2021.2.25.-2.26)〉에서 발표한 졸고 〈성산산성 목간으로 본 신라의 지방경영과 물류〉를 보완한 것이다. 관련 자료를 제공해준 하시모토 시게루(橋本 繁), 이동주 선생님께 사의를 표한다.

#03

釜山 盃山城木簡의 기초적 검토
– 佐波理加盤付屬文書와의 비교를 중심으로 –

•

하시모토 시게루(橋本 繁)

(경북대학교 인문학술원 HK연구교수)

I 머리말

이 글은 부산 배산성지에서 출토된 목간(이하 '배산성목간')을 검토하여 내용을 정확하게 이해하는 것을 통해 신라 지방 지배의 일단을 밝히는 것을 목적으로 한다.

목간이 출토된 배산성지는 부산광역시 연제구 연산동 배산(해발 254m)에 있는 포곡식 산성이다. 2017년 발굴로 확인된 집수지 두 군데에서 목간이 1점씩 출토되었다. 집수지1에서 출토된 목간은 길이 6cm, 폭 3cm의 조각이며 묵흔은 남아있으나 판독하기 어렵다. 집수지2에서 출토된 목간은 일부 파손되었지만 많은 글자를 판독할 수 있다. 이 글은 이 목간을 검토한다.

배산성목간은 출토된 후에 바로 나동욱이 학계에 소개하였고[1] 그 후 이용현[2] 이수훈[3]이 내용을 자세히 검토하였다. 발굴보고서[4]도 이미 출간되어 2021년에 부산박물관에서 열린 배산성 발굴 성과전에서 목간도 전시되었다.[5] 그러나 판독이 엇갈린 글자가 적지 않고 내용 이해에도 차이가 있다. 이 글은 목간의 성격을 밝히기 위한 기초적인 작업이며 판독문부터 다시 검토한다. 내용검토에서는 종래 연구에서도 시도되었듯이 일본 正倉院 소장 佐波理加盤付屬文書(이하 '좌파리문서')와 비교하는 것을 중시한다. 受, 失受 등 목간과 좌파리문서에 공통된 글자를 검토하는 것을 통해 정확한 의미를 파악한다.

그리고 목간 이해의 기초가 되는 배산성의 성격에 관해서 지리적 위치를 보면 동남쪽에는 통일신라기인 8~9세기에 축성되었다고 추측되는 東萊郡(경덕왕대에 거칠산군에서 개명)의 古邑城이 있고 또 북쪽에는 조선 시대의 동래읍성이 있다. 그래서 배산성이 신라 居漆山郡의 중심지, 治所城였을 가능성이 크다.[6] 물론 이수훈이 지적하듯이 치소성이었는지는 출토 유물이나 건물지 등의 성격을 검토한 뒤에 결론을 내려야 할 일이지만,[7] 배산성이 거칠산군과 밀접한 관련이 있었을 가능성이 클 것이다. 이하 고찰의 전제로 목간을 작성하거나 이용한 배경에 거칠산군이 있었다고 상정한다.

---

1 나동욱, 「부산 배산성지 출토 목간 자료 소개」, 『목간과 문자』 20, 2018.

2 이용현, 「배산성지 출토 목간과 신라 사회」, 부산박물관, 『부산 금석문-역사를 새겨 남기다』, 2018.

3 이수훈, 「부산 盃山城址 출토 木簡의 검토」, 『역사와 세계』 54, 2018.

4 부산박물관·부산광역시 연제구청, 『盃山城址Ⅰ- 2017년 1차발굴조사보고서』, 2018.

5 부산박물관 2021 발굴조사 성과전 "배산성, 감춰진 역사의 비밀을 열다"(2021년 4월 30일~6월 30일).

6 나동욱, 앞의 논문, 2018, p.373, 이용현, 2018, 앞의 논문, 2018, p.322.

7 이수훈, 앞의 논문, 2018, pp.200~201.

II 목간의 개요

1. 목간의 형태와 판독문[8]

목간은 하단이 파손되었지만 상단과 좌우 측면은 原形을 유지한다. 애초 현존 길이 29cm 폭 6cm정도라고 보고되었는데[9] 하단에 파편이 접속되어 보고서는 길이 31.7cm, 폭 6.0cm, 두께 0.4cm로 수정했다.[10] 그리고 보고서는 아래에 절입부가 있다고 지적한다. 하단을 비스듬히 다듬은 것처럼 보이지만 이것이 절입부인지는 판단하기 어렵다. 목간의 용도와 관련될 수 있으니 앞으로 확인이 필요한 부분이다.[11]

묵흔이 희미한 부분이 있고 또 제3행은 표면이 나뭇결을 따라 갈라져서 논자마다 판독이 다른 글자가 적지 않다. 지금까지 제시된 판독문은 아래와 같다. 이들 판독문에는 위에서 언급한 파편 부분이 포함되어 있지 않다. 파편 부분은 지금까지 적외선사진이 공개되지 않아서 앞으로 보충이 필요하다.

〈나동욱〉[12]
地阪(谷)村 失受□今□ 卄四斗乙亥年二月一日(宿·借)三□□(受)

---

8 이하 목간에 관한 내용은 관련 논문, 보고서 및 공개된 사진을 참고로 한 것이다. 사진은『목간과 문자』20 화보, 이수훈 논문, 보고서에 실린 것을 주로 참조했다.

9 나동욱, 앞의 논문, 2018, p.370.

10 부산박물관·부산광역시 연제구청, 앞의 보고서, 2019, p.144.

11 2021년 5월 26일에 부산박물관에서 전시되고 있는 목간을 관찰했지만 확인하기 어려웠다.

12 나동욱, 앞의 논문, 2018, p.372 사진12. 본문 p.370에 제시된 판독문과 차이가 있다.

朔卄一日三斗 四月一日受一(石)三斗 三月一日□
□(月)(一)(日)(受)四月一日上法同□(日)村(主) □□斗

〈이용현〉13

大阪 村 失受 ■ 今知 四 乙亥年 二月一日 □三
朔□□三斗 四月一日 受一石四斗 三月一日 □□□
□一尺 四月一日 上法 用□ 村主 只□斗
大

〈이수훈〉14

本阪舍村 失受■今□□四乙未年二月一日借三...
朔(三)日三斗 四月一日受一(石)三斗 三月一日(受)...
(朔)(四)日受 四月一日 上法同...

〈보고서〉15

大(阪)?村 失受□ 今知 四乙(亥/卯)年 二月一日?三
朔(卄日)三斗 四月一日受一(石)四斗 三月一日?
大(吳/谷)史 四月一日 上法用??村主(只)??

---

13 이용현, 앞의 논문, 2018, p.316. 목간 사진 오른쪽에 제시된 판독문과 차이가 있다.
14 이수훈, 앞의 논문, 2018, p.210.
15 부산박물관·부산광역시 연제구청, 앞의 보고서, 2019, p.144. 다만, 3행, 2행, 1행 순으로 제시되는 것을 바로잡았다.

〈특별전〉[16]
大阪舍村失受■今知□□四乙亥年二月一日借三…
朔□日三斗 四月一日 受一石三斗 三月一日(受)…
朔□日受 四月一日 上法用□村主只…

이들 판독문을 참조하면서 컬러사진, 적외선사진으로 작성한 저자의 판독안은 다음과 같다. 판독에 근거는 관련된 부분에서 제시하기로 한다.

〈하시모토 판독안〉
本波舍村失受[　　]四乙亥年二月一日値三×
朔[　]日三斗 三月一日受一石三斗 三月[　]×
[　　　]受 四月一日上法同[　]×

(31.7)×6.0×0.4

2. 목간의 연대

제1행에 간지년이 있다. 나동욱과 이용현, 특별전은 '乙亥年', 이수훈은 '乙未年'으로 보고, 보고서는 '乙卯年'의 가능성도 제시한다. 문제가 되는 乙 다음 글자는 오른쪽 부분에 파손이 있으나 남은 자획으로는 亥에 가깝다.

'乙亥年'의 연대에 관해서 이용현은 제3행에 외위 '一尺'을 판독하여 674년 이전으로 추정하는 근거로 했다.[17] 그러나 제2행 '受'와 같은 자형으로 보

16　부산박물관 성과전 "배산성, 감춰진 역사의 비밀을 열다" 전시 패널의 판독문.
17　이용현, 앞의 논문, 2018, pp.321~322.

그림 1 제1행 '乙亥年'(적외선 사진, 가시광 사진), 모사, 亥자 자형[18]

그림 2 '受'(왼쪽:제3행, 오른쪽:제2행)

이며 '受'로 판독된다.

　　목간 내용을 통해서는 연대를 추정할 실마리가 없다. 그래서 집수지2에서 목간과 함께 출토된 유물을 통해 추정할 수밖에 없다.

　　목간과 같이 출토된 유물의 연대에 대해 나동욱은 "집수지내 퇴적층 조사에서 6세기 중반 이후 7세기 초의 것으로 편년되는 인화문토기편과 완·호·기와등이 바닥층에서 확인되어… 555년과 615년에 해당할 가능성이 높다"고[19] 하지만, 보고서는 Ⅷ층 내부에서 통일신라 시대 기와와 도질토기가 출토되었다고 해서 연대를 615년 혹은 675년으로 추정했다.[20] 특별전 설명문에도 "집수지 축조 수법, 목간과 같이 출토된 토기와 기와의 제작 연대를 보았을 때, 615년 또는 675년으로 추정된다"라고 하므로 615년 혹은 675년으로 보는 것이 공식 견해로 보인다. 그런데 통일기

18　「史的文字データベース連携検索システム」(https://mojiportal.nabunken.go.jp/).

19　나동욱, 앞의 논문, 2018, pp.372~373.

20　부산박물관·부산광역시 연제구청, 앞의 보고서, 2019, p.55 및 p.144.

유물과 같이 출토되었다면 더 연대가 내려가는 735년의 가능성이 없는지 의문이 든다. 이 글에서는 삼국에서 통일기 신라의 목간이라고만 이해해 둔다.

3. 좌파리문서와 배산성목간

상술했듯이 배산성목간에는 좌파리문서와 공통되는 내용이 있어서 서로 비교하는 것을 통해 내용을 파악할 수 있다.

먼저 좌파리문서의 판독문을 관련되는 부분만 제시한다.[21]

〈좌파리가반부속문서〉
〔앞면 후반〕
巴川村正月一日上米四斗一刀大豆二斗四刀二月一日上米
四斗一刀大豆二斗四刀三月米四斗
〔뒷면〕
[　　　　　　　　]米十斗失受[　　　　　　]
永忽知乃末受丑二石上米十五斗七刀 之直大舍受失二石
上米十七斗丑一石十斗上米十三斗 熱□山大舍受丑二石
上米一石一斗

21　平川南, 「正倉院佐波理加盤付属文書の再検討-韓国木簡調査から」, 『日本歴史』 750, 2010, p.3의 판독문을 일부 수정했다. '丑'은 平川南는 본문에서 후술하듯이 籾의 방 刃의 이체자로 보고 글자를 만들어 표시하는데 여기서는 편의적으로 '丑'으로 표기했다.

이용현은 배산성목간과 좌파리문서의 공통점으로 다음 4가지를 지적했다.[22]

첫째, 村 단위의 곡식 수수 문서라는 점

둘째, 매월 1일을 점검 시점으로 하는 점

셋째, 失受라는 독특한 용어를 사용하는 점

넷째, 受와 上이라는 세금 납부 용어가 보이는 점

뒤에서 검토하듯이 일부 고쳐야 할 부분도 있지만, 목간과 문서의 공통점을 지적한 것은 매우 중요하다. 배선성목간의 내용을 이해하기 위해서는 좌파리문서와 비교하는 것이 필요하다.

좌파리문서의 연대는 확실하게 알 수는 없으나 정창원에 들어간 과정으로 봐서 752년 이전으로 추정하는 설과,[23] 문서 내용이 월봉제와 관련된다고 보고 8세기 초중반이라는 추정이 있다.[24] 그래서 배산성 목간과 비슷한 시기라고 할 수 있다.

III 제목 부분의 검토

본 목간의 내용은 제1행 '四'까지의 제목에 해당하는 부분과 그 이후의

---

[22] 이용현, 앞의 논문, 2018, p.319.

[23] 鈴木靖民,「正倉院佐波理加盤付属文書の基礎的研究」,『朝鮮學報』85, 1977;『古代対外関係史の研究』, 東京, 吉川弘文館, 1985, pp.393~403.

[24] 윤선태,「正倉院 所藏 '佐波理加盤附屬文書'의 新考察」,『국사관논총』74, 1997, pp.302~311.

본문에 해당하는 날짜 부분으로 나눌 수 있다. 먼저 제목 부분을 검토한다.

1. 촌명

앞에서 제시한 판독문으로 알 수 있듯이 촌명의 판독이 일치하지 않는다. 그런데 출토 직후의 컬러사진도 참조한 이수훈의 판독이 제일 타당하다고 생각되며 제1자 '本' 제3자 '舍'로 보는 의견에 따른다. 그리고 제2자에 대해 판독은 '阪'으로 하는데 왼쪽에 'ㅣ' 오른쪽에 '反'이 결합한 모양이며 '反'이나 '辰', '仮' 등으로 판독될 여지도 있다고 지적했다.[25] 이 'ㅣ'는 '氵'일 것이다. 氵을 이렇게 쓰는 사례는 제3행 '法'도 있고 함안 성산산성 목간 '波' '津'에도 보인다. 그렇다면 이 글자는 '波'일 가능성이 크다고 생각한다. 이하 이 글은 촌명을 '本波舍村'으로 한다. 이 '本波舍村'은 거칠산군에 소속된 촌으로 생각된다.

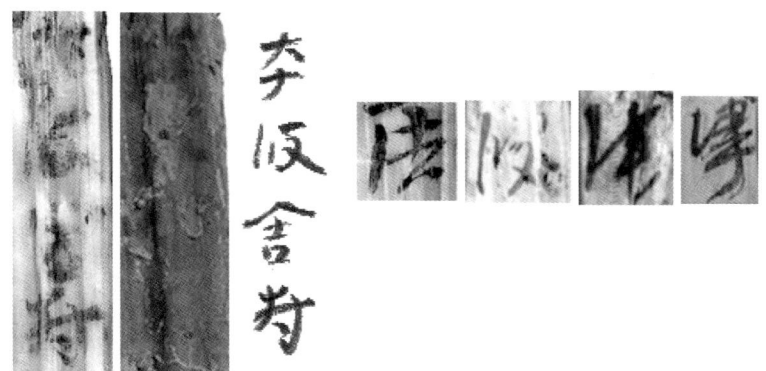

그림 3 '本波舍村'(적외선, 가시광, 모사), 제3행 '法', 성산산성 목간 '波' '津'

---

25   이수훈, 앞의 논문, 2018, pp.204~205.

2. '失受'의 의미

촌명 다음 부분은 목간의 성격과 관련되는 매우 중요한 내용으로 생각된다. 그러나 '失受'와 '四'만 여러 판독이 일치하고, 그 사이는 '今' '知' 등을 판독하는 견해도 있는데 목간 표면에 파손이 있어서 확정하기 어렵다. 따라서 목간의 성격을 밝히기 위해서는 판독이 일치하는 '失受'를 통해 검토할 수밖에 없다.

'失受'의 뜻에 대해 이용현은 "잘못 받은 것"으로 이해하고 제목 부분을 "잘 못 받은 것으로, 점검하여 지금 알게 된 것이 4"라는 뜻으로 해석했다.[26] 이수훈은 "失(期)한 受(納)"의 뜻으로 보고 목간은 "本阪舍村에서 지방 官府(居漆山郡)에 물품을 납부할 때 약속한 날짜를 넘긴 사실('受失')만 기록한 기초자료('失受帳簿')"로 추정했다.[27]

좌파리문서를 통해서 '失受'의 뜻을 더 자세히 검토하고 싶다. 좌파리문서 뒷면 제1행에 똑같은 '失受'라는 말이 나오고 또 '受' '受失' 등 관련되는 말도 있다. 失受의 뜻을 밝히기 위해서는 먼저 문서의 기재양식을 이해해야 한다. 뒷면 내용을 정리하면 표 1과 같다.

문서 앞부분이 파손되어 있지만 4명분의 기록이 있다. 파손이 없는 ②~④ 인물에는 '受'와 '上'이 있다. '受' 부분에는 공통적으로 '丑'이 나오는데 ③만 '失'이 있다. '上' 부분에는 '米'만이 있다. 종래 여러 견해는 '上米'를 하나의 단어로 보고 上等의 쌀, 搗精한 쌀 등으로 이해했다. 한편 '失' '丑'에 대해서는 여러 해석이 있다. 남풍현은 "失은 實의 가차표기로서 '잣'을 가리키는 것으로 볼 수 있고 丑은 '秋(楸)'의 가차표기로서 '호도(가래)'를 가리키는 것"

---

[26] 이용현, 앞의 논문, 2018, p.322.
[27] 이수훈, 앞의 논문, 2018, p.213 및 p.217.

표 1 좌파리문서 뒷면

	인명	「受」	「上」
①	(불명)	(受 丑 二石)	(上)米 十斗　　失受…
②	永忽知 乃末	受 丑 二石	上米 十五斗七刀
③	之直 大舍	受 失 二石 丑 一石十斗	上米 十七斗 上米 十三斗
④	熱□山 大舍	受 丑 二石	上米 一石一斗

※ ( )는 추정한 내용

이라고 했다.[28] 鈴木靖民은 '丑'은 어떤 곡물, '失'은 '受失'로서 받지 못했다는 뜻으로 이해했다.[29] 윤선태는 '丑'은 12월의 월봉, '失'은 "지난달에 有故로 인해 수령하지 못했던 前月의 월봉"으로 이해했다.[30] 이들 견해는 모두 '上米'와 '丑'을 각 관인이 받은(受) 것으로 이해하는 점이 공통된다.

그런데, 平川南은 전혀 다르게 해석했다. '丑'을 '籾' 즉 탈곡하기 전의 쌀을 뜻하는 한자로 보고, '上米'를 '上(納)한 쌀'로 이해하고 문서 뒷면 내용을 "관청이 창고에 수납되어 있던 丑을 각 관인에게 지급하여 이를 탈곡하여 上納하게 했다는 것을 알 수 있는 기록"[31]이라고 해석했다. 곡물 수수에 주목하여 정리하면 전반은 관인이 국가로부터 '받은(受)'(국가→관인) 기록, 후반은 관인이 국가에 '바친(上)'(관인→국가) 기록이라는 뜻이 된다. 이 해석이 뒷면 문서를 이해하기 위해 가장 타당하다고 생각되므로 이 견해를 따라 검토하겠

28　남풍현, 「第二新羅帳籍에 대하여」, 『미술자료』 19, 1976; 「일본 정창원 소장의 신라출납장」, 『이두연구』, 태학사, 2000, pp.287~288.

29　鈴木靖民, 「正倉院佐波理加盤付属文書の解読」, 『末松保和博士古稀記念 古代東アジア史論集 上』, 東京, 吉川弘文館, 1978; 『古代対外関係史の研究』, 東京, 吉川弘文館, 1985, pp.347~349.

30　윤선태, 앞의 논문, 1997, pp.304~309.

31　平川南, 앞의 논문, 2010, p.7.

다.³²

　그러면 문서 제1행 '失受'는 어떤 뜻일까. '失受'는 제2행 '受失'과 같은 뜻으로 많이 해석되었다.³³ 그 '受失'에 대해 平川南은 "'받지 못했다'라는 뜻으로서 이때의 '上米十七斗'는 이를테면 표준적인 上納料를 잠정적으로 쓴 것"이며 ③ 전체를 "어떤 이유로 원래 받아야 할 2石을 받지 못하였기 때문에 다시 양을 줄여서 '1石10斗'를 지급 받아 쌀 13斗를 上納했다"라는 뜻으로 해석했다.³⁴ 그러면 '失受'도 이처럼 관인이 국가로부터 '받지 못했다'라는 뜻으로 해석할 수 있을까.

　먼저 주목해야 할 점은 '失受'와 '受失'이 나오는 위치가 다르다는 점이다. '受失'은 인명 바로 뒤, '受'에 관한 부분에 있는 한편, '失受'는 '米十斗' 다음에 나오는데 上은 없지만 '(上)米十斗'의 뜻으로 이해된다. 이는 앞면에서 3월만 '米四斗'로 되어 있지만 1, 2월과 같은 '(上)米四斗'로 이해되는 것과 같다. 즉 '失受'는 후반의 '上'에 관한 부분, 관인이 국가에 상납하는 것을 기록한 부분에 나온다는 것이다. 그렇다면 "관인이 국가로부터 받지 못했다"라는 뜻으로는 해석하기 어렵고, 반대로 "국가가 관인으로부터 받지 못했다"라는 뜻으로 해석하는 것이 타당하다고 생각한다.

　그러한 추정을 뒷받침하는 것이 ①이 상납한 쌀의 양이 10두라는 점이다. 10두는 다른 ②~④에 비해 양이 적다. 平川南은 상술했듯이 ③의 기록으로 2石의 丑을 받으면 17두의 쌀을 상납하는 것이 표준이었다고 봤다. ①이 丑을 얼마나 받았는지 파손 때문에 알 수 없지만 2석을 받았을 가능성이 커 보인다. 그렇다면 10두는 상납해야 하는 양에 비해 부족했을 것이고, 失受는 국가가

32　다만, 乃末이나 大舍라는 경위를 가지는 관인들이 왜 그러한 쌀을 탈곡하는 작업을 부담해야 했는지는 더 검토해야 할 문제다.

33　남풍현, 앞의 책, 2000, pp.287~288; 鈴木靖民, 앞의 책, 1985, p.349.

34　平川南, 앞의 논문, 2010, p.7.

쌀을 받지 못했다는 뜻으로 볼 수 있다. 다만, 10두는 이미 받았고 失受 밑에는 7, 8자 정도 들어갈 공간이 있으니 "米…斗…刀" 등의 내용이 있었다고 추측되며 부족한 양에 대해 기록한 것으로 생각된다. 즉 ①의 기록은

(受丑二石上)米十斗失受(米…斗…刀)

丑 2석을 받았고 쌀 10두를 올렸다. 아직 못 받은 쌀이 …두 …되이다.

로 복원할 수 있을 것이다. 그렇다면 '失受'는 '전혀 받지 못했다'라는 뜻이 아니라 '규정대로 받지 못했다'라는 정도로 이해된다.

정리하면 '受失'은 관인이 국가로부터 받지 못했다, '失受'는 반대로 국가가 관인으로부터 규정대로 받지 못했다는 뜻이고, '失受'와 '受失'은 '受'의 주어가 다르다고 할 수 있다. 도식화하면 다음과 같다.

受失 : 관인 ←×— 국가

失受 : 국가 ←×— 관인

이렇게 이해할 수 있다면 배산성목간의 제목에 해당하는 '本波舍村失受'는 本波舍村의 失受에 관한 기록, 즉 국가(직접적으로는 거칠산군)가 본파사촌으로부터 받지 못 했다(=본파사촌이 국가/군에 납부하지 못 했다)는 뜻이 된다. 목간 제1행 '失受' 이하의 미판독 부분에는 곡물명이나 구체적인 '失受' 양이 적혀 있었을 가능성이 있다. 좌파리문서 앞면에는 납부한 곡물로 '米' '大豆'가 명기되어 있는데 배산성목간에는 없기 때문이다. 그리고 '四'는 미납량 일부일 가능성이 있다. 이러한 이해를 바탕으로 다음에 본문인 날짜 부분을 검토한다.

Ⅳ 날짜 부분의 검토

1. 날짜

제1행 제목 이후는 날짜별로 기록되어 있다. 이용현이 지적하듯이 〈날짜+동사+수량〉이라는 기재양식으로 정리된다. 다만 동사와 수량은 반드시 적혀 있지는 않다. 그리고 상술했듯이 위에서 제시한 판독문에는 하부 파편 부분의 내용이 누락되어 있는데 길이로 봐서 이들 이외에 다른 날짜가 더 있었을 가능성은 적어 보인다. 내용을 날짜별로 정리하면 **표 2**와 같다.

먼저 날짜 부분을 전반과 후반으로 나누는 견해를 검토한다. 이용현은 ①~③은 '受'에 관한 기록이며 官으로부터 村이 받은 수량이고, ④~⑥은 '上'에 관한 기록이며 村이 官에 바친 곡물의 수량으로 봤다.[36] 그러나 상술했듯이 ⑤의 동사를 '受'로 판독할 수 있고 '上'은 ⑥에만 나오니 그렇게 이해하기 어렵다.

또 이렇게 전후반으로 나눠서 생각된 것은 종래 ③을 '四月'로 판독하여

표 2 배산성목간 날짜 부분

	날짜	동사	수량
①	二月一日	値	三…
②	…朔[35][ ]日		三斗
③	三月一日	受	一石三斗
④	三月[ ]	…	
⑤	…[ ]	受	
⑥	四月一日	上法同…	

※ "…"는 파손된 부분

---

[35] '朔'은 여기서는 '초하루'가 아니라 별로 의미가 없는 것으로 보인다. 대구 무술오작비(578년)에 "戊戌年十一月朔卅四日"이라는 사례가 있다.

[36] 이용현, 앞의 논문, 2018, p.320; 박남수, 「「新羅內省毛接文書」('佐波理加盤付属文書')와 신라 內省의 馬政」, 『신라문화』 54, 2019, pp.203~206에서도 목간 내용을 전후반으로 나누고 전반을 馬料의 곡물을 받은 기록, 후반을 이에 대한 대가로 곡물을 징수한 기록으로 봤다.

날짜가 〈2월, 4월 / 3월, 4월〉로 되었기 때문일 것이다. 그런데 '四'로 판독된 글자는 제1획처럼 보이는 부분이 묵흔이 아니라 나뭇결로 보이며 '三'으로 판독된다.

날짜를 정리하면 〈2월 1일, ?일, 3월 1일, 3월 ?일, ?일, 4월 1일〉로 된다. 알 수 없는 날짜도 있지만 2월 1일부터 4월 1일까지 날짜순으로 기재되어 있는 가능성이 크다. 그래서 내용을 전후반으로 나누지 않고 일련의 기록으로 보고 싶다.

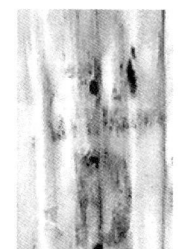

그림 4 '三月'

2. '受'의 의미

날짜 부분에서 내용 전체를 알 수 있는 것은 ③ "3월 1일에 1石3斗를 받았다" 뿐이다. ②는 수량만으로 동사가 없고 ④는 내용 부분이 파손되었고 ⑤는 '受' 다음에 수량이 없다. 그런데 제목 부분에 '失受'가 있는 것, 날짜 부분에 '受'가 적어도 2번 있는 것으로 전체적으로 '受'에 관한 기록으로 볼 수 있을 것이며 ②는 '受'가 생략된 것으로 추정된다. ①과 ⑥은 '受'가 아닌 다른 동사이니 후술하기로 한다.

그러면 '受'는 어떤 뜻일까. 잘 알려져 있듯이 '受'는 신라의 일차사료에 자주 나오는 말이다. 대표적인 것만 들면

명활산성비(551년) "作受長四步五尺一步"

남산신성비(591년) "受作七步四尺"(제2비), "受六步"(제9비)

월성해자(6~7세기) 9호목간 "習比部上里^{今受} 南岡二里今^{受} 阿今里^{下}"

"牟喙仲里^{受} 新里^{受} 上里^{受} 下里^{受}"

관문산성(7세기?) "受地七步一尺" "受作五步五尺"

촌락문서(695년) "烟受有畓卄五結九十九負" "合田五十八結七負一束^{並烟受有之}"

등이다.[37]

　이들 受에 대해 남풍현은 "위에서 내려 주는 것을 아래에서 받는다"라는 뜻이라고 했고[38] 이용현은 단순히 받는 것이 아니라 국가로부터 관료, 관인, 재지사회가 토지나 곡물을 受納하거나 공사 같은 임무나 명령의 受領을 의미하는 것으로 해석했다.[39] 이처럼 受는 개인이나 집단이 받았다는 뜻으로 보는 것이 일반적인 것 같다. 그 뜻으로 해석하면 배산성목간의 날짜 부분은 本波舍村이 군으로부터 곡물을 받은 기록이 된다.

　그러나 최근에 윤선태는 受의 뜻에 대하여 위와 같은 의미만이 아니라 월성해자의 9호 목간이나 신출토목간에는 "중앙(部里)이나 각 지방(군현촌)의 지역 단위나 개인에게 부과된 세금에 대한 '受納'과 관련된 어휘" "국가가 지역이나 개인에게 할당했던 책무나 세금을 수납할 때에도 사용"되었다, 즉 受에는 "국가가 그 책무를 수납했다"라는 뜻도 있다고 지적했다.[40] 정리하면

---

[37] 이 이외에도 월지 출토 206, 208호 목간에도 '受'가 있지만, 내용을 잘 알 수 없다. 그리고 신출토 월성해자 목간에 "舍尸麻村今一鷄得？□受犭"로 판독되고 있는 것이 있고 이용현은 "사시마촌, 지금 닭 한 마리. 꿩 □을 얻고, 犭를 받음"으로 해석한다(이용현, 앞의 논문, 2018, p.322). 그런데 적외선 사진으로는 "舍尸麻村今□智歲□□受"로 판독할 수 있을 것 같고 〈촌명+인명+歲+숫자+受〉라는 내용으로 추측된다. 신출토 월성해자 목간에 관해서는 다른 기회에 논할 예정이다.

[38] 남풍현, 앞의 책, 2000, p.287.

[39] 이용현, 「목간류」, 국립경주문화재연구소 『월성해자발굴조사보고서 Ⅱ (고찰)』, 2006, p.171.

[40] 윤선태, 「월성 해자 목간의 연구성과와 신출토 목간의 판독」, 『목간과 문자』 20, 2018, p.84 및 pp.87~88 주13에서 受에 관해서는 사하리문서나 배산성목간과 연결 지어 검토할 필요가 있다고 지적한 것에 동의한다. 다만, 신출토 월성해자목간 임069(2016)의 "受一伐" "干支受"에 대해 "지역 단위에 부과된 국가적 책무나 세금을 완수했거나 수납했음을 뜻하는 의미"로 봤는데(p.95) 이 목간은 개인이 외위를

受의 의미는 종래 추정된

 개인·집단 ← 국가(개인·집단이 국가로부터 받다)

만이 아니라

 국가 ← 개인·집단(국가가 개인·집단으로부터 받다)

라는 의미도 있었다는 것이 된다. 배산성목간 날짜 부분의 '受'를 후자의 뜻으로 이해하면 "거칠산군이 본파사촌으로부터 받은 곡물"의 기록으로 해석된다. 그리고 이렇게 이해해야만 앞 절에서 제목 부분의 '失受'를 군/국가가 '受'의 주어로 해석한 것과 잘 부합한다. 그래서 날짜 부분은 거칠산군이 본파사촌으로부터 받은 곡물의 기록, 거꾸로 말하면 본파사촌이 거칠산군에 바친 곡물을 기록한 것으로 이해된다.

3. 날짜와 납부액

날짜 부분의 기록은 좌파리문서 앞면 후반과 내용이 유사하다. 앞면 후반 내용을 정리하면 다음과 같다.

표 3 좌파리문서 앞면 후반부

날짜	「上」
正月一日	上 米 四斗一刀 大豆 二斗四刀
二月一日	上 米 四斗一刀 大豆 二斗四刀
三月	米 四斗

받은 기록으로 이해된다(하시모토 시게루, 「월성해자 신 출토 목간과 신라 外位」, 『목간과 문자』 24, 2020).

배산성목간은 '受', 좌파리문서는 '上'으로 표현이 다르지만 둘 다 촌 단위로 매월 곡물을 납부한 기록으로 생각된다.

배산성목간의 ⑤까지의 날짜가 2~3월인 점은 좌파리문서 앞면에서 巴川村이 정월부터 3월까지 쌀과 콩을 납부한 것과 공통된다. 좌파리문서의 기재가 3월까지로 끝나는 것에 관해서 부과된 세금을 1월부터 3월 초까지 정기적으로 납부하도록 규정되었기 때문이라는 지적이 있다.[41] 배산성목간의 ⑤까지의 날짜 부분도 이와 같은 규정에 따라 납부된 것일 가능성이 있다.

날짜 부분을 더 자세히 검토해 보면 좌파리문서는 정월 1일, 2월 1일이 있고 배산성목간에도 ①2월 1일, ③3월 1일로 1일이 있는 점이 공통된다. 다만 배산성목간 ②④⑤는 구체적인 날짜를 확인하지 못하나 1일이 아닐 가능성이 크다. 납부액도 좌파리문서는 정월과 2월에 일정한 수량을 납부하는 데 대해 배산성목간은 ②는 3두, ③은 1석3두로 일정하지 않다.[42]

이상을 정리하면 좌파리문서는 매월 1일에 거의 같은 분량을 납부하는 한편, 배산성목간은 1일 이외의 날짜도 있고 수량도 일정하지 않다는 차이가 있다. 좌파리문서의 내용을 기준으로 간주해서 매월 1일에 일정액을 납부해야 했다고 상정한다면, 배산성목간의 내용은 그런 규정에 어긋난 것으로 생각되며 1일 이외 기록은 규정된 날짜에 납부하지 못 해서 늦게 납부한 것일 가능성이 있다. 이러한 내용들이 바로 제목 부분의 '失受' 즉 군/국가가 납부를 규정대로 받지 못했다는 것을 구체적으로 기록한 것으로 생각된다.

---

41 鈴木靖民, 앞의 책, 1985, pp.368~369.

42 ⑤에는 受 다음에 수량이 없다. 受 위에 不 같은 부정어가 들어가서 납부되지 않았다는 뜻일 가능성이 있다.

4. '値'에 대해

①2월 1일의 동사에 해당하는 부분은 종래에 '宿' '借'로 판독되었다. 이수훈은 '借'로 판독해서 "지방 官府에서 소속된 村을 대상으로 하여 곡식이 귀할 시기에 곡물을 대여하였음"을 의미한다고 하고, 이 부분은 '失受'와는 별도의 기록이며 ②~⑤만이 제목의 '失受四'의 기록으로 봤다.[43]

그러나 자형으로는 '借'로 판독하기 어렵고 다음와 같이 '値'에 가깝다고 생각된다. 만약 '値'로 판독할 수 있다면 울진 봉평리비 제5행에 있는 "大奴村負共値五"의 '値'와 관련될 가능성이 있다. 해당 부분에 대해서는 여러 해석이 있지만 大奴村이 공동으로 値五를 부담했다는 뜻일 가능성이 있다.[44]

그리고 날짜 부분 전체가 제목 부분에 보이는 본파사촌의 '失受'에 관한 기록으로 보는 것이 타당할 것이다. 즉 ①도 失受와 관련되었을 것이며, 그렇다면 '値'는 본파사촌에 규정된 납부액, 혹은 그것을 계산하는 기준이었을 가능성이 있다. 판독도 불확실하고 '値'의 유례도 거의 없지만 하나의 가설로 제시해 둔다.

그림 5　제1행 글자(적외선, 모사)와 '値' 자형

43　이수훈, 앞의 논문, 2018, p.217.

44　橋本繁, 「蔚珍鳳坪里新羅碑の再檢討」, 『東洋文化硏究』 20, 學習院大學東洋文化硏究所, 2018, pp.40~43.

5. 목간 작성 시점과 ⑥4월 1일조

목간이 작성된 시점으로 상정할 수 있는 것은 (ⅰ)각 날짜를 수시로 썼을 가능성과 (ⅱ)나중에 한꺼번에 쓴 가능성의 2가지다. 전자의 실례로 날짜별로 출납을 기록한 목간이 일본에 있다. 예를 들어 다음 長屋王家木簡(平城京 2-2359)은 월초부터 월말까지 매일 쌀 진상에 관해서 기록한 것이다.

書風으로 전체를 한 사람이 썼다고 판단되는데 묵의 濃淡으로 봐서 수시로 기록한 것으로 추정된다.[45] 한편 배산성목간에는 묵의 농담 같은 날짜마다의 특징이 보이지 않기 때문에 4월 1일 이후에 한꺼번에 쓴 가능성이 크다.[46]

⑥의 '上法同…' 부분에서 이용현과 보고서, 특별전은 '村主'를 판독했지만 목간 표면의 파손으로 판독하기 어렵다. 그런데 ①~⑤가 본파사촌이 규정된 양의 곡물을 납부 기한인 3월까지 납부하지 못 했던 기록이었다면 ⑥은 이에 대한 대응으로 생각할 수 있을 것이다.[47] 거칠산군은 4월 이후에 이 목간을 바탕으로 부족한 양을 본파사촌으로부터 징수하려 했을 것이다.

廿八日進三斗	廿七日三斗	一六日進三斗□	綱万呂書吏	廿五日進三斗□	廿四日進三斗□	廿三日進三斗□	麻呂	廿四日進六斛	四斗曽女	廿三日進三斗	黒麻呂	廿日進六斛	十九日進三□	忍海安万呂	十八日進三□	十七日進三□	十六日進三□	身豆女 志	十五日進三□	十四日進三□	十三日進三□	(중략)	一月三日進三斗	一月二日□

(뒷면 생략)

---

45 寺崎保広, 「帳簿論」, 『古代日本の都城と木簡』, 東京, 吉川弘文館, 2006, pp.332~333.

46 목간을 작성하기 위해 이용한 날짜별 기록이 원래 있었다고 생각된다.

47 '上法'의 구체적인 의미는 알 수 없다. 이수훈은 6세기 신라비석에 보이는 奴人法이나 佃舍法 같은 법률명으로 보기 어렵고 "상납하는 방법"으로 해석했다(이수훈,

Ⅴ 맺음말

이상 배산성지 출토 목간을 주로 좌파리문서에 공통적으로 나오는 단어에 주목하여 검토했다. 그 결과 제목 부분의 '失受'는 국가가 받지 못했다는 뜻으로 해석되어 목간 전체 성격이 거칠산군이 본파사촌으로부터 받지 못했던 곡물을 기록한 것으로 봤다. 그리고 본문에 해당하는 날짜 부분에서 '受'는 거칠산군이 본파사촌으로부터 실제로 받은 곡물을 기록한 것으로 보고, 좌파리문서와 비교해서 날짜와 납부량이 일정하지 않은 것이 본파사촌의 납부가 제대로 이루지 못했던 것을 뜻한다고 해석했다. 결국, 배산성목간은 촌을 단위로 한 곡물 납부가 규정대로 이루지 못한 것을 군에서 기록한 장부라고 할 수 있다.

이처럼 좌파리문서를 기준으로 배산성목간을 해석해 봤다. 이들 2점밖에 직접 관련되는 사료가 없으므로 앞으로 관련 사료가 늘어나는 것을 기다려 재검토해야 할 것이다. 다만 충분히 이해하지 못하는 부분이 있더라도 배산성목간을 통해 촌을 단위로 해서 곡물이 세금으로 납부되었다는 것, 그리고 그것을 군이 받아서 기록했다는 것은 확실하다. 배산성목간은 신라의 군이 세금 징수를 비롯한 일상적인 문서행정에서 중요한 역할을 했다는 것을 알 수 있는 귀중한 자료이다.

그런데 한 촌의 납부액으로 배산성목간이나 좌파리문서의 액수가 매우 적다는 문제가 있다. 성산산성 목간에 개인명과 함께 나오는 '稗一石'과 비교해도 적은 양이다. 이러한 개인명이 쓰인 하찰목간과 배산성목간이나 좌파리문서의 촌 단위의 곡물 상납을 신라의 재정이나 지방지배에서 어떻게 종합적

앞의 논문, 2018, pp.214~215).

으로 이해할 수 있는지도 향후 풀어야 할 큰 과제라고 생각한다.

　또한, 신라 목간으로 함안 성산산성 목간, 하남 이성산상 목간, 인천 계양산성 목간, 최근에 보고된 김해 양동산성 목간, 대구 팔거산성 등 산성에서 출토된 목간이 많다. 산성이 방어시실만이 아니라 행정거점으로써 사용되었다는 것을 뜻할 것이니 향후 지방지배에서 산성이 어떤 역할을 했는지 목간을 통해 밝히는 것이 중요하다.

참고문헌

남풍현, 『이두연구』 태학사, 2000.
부산박물관·부산광역시 연제구청, 『盃山城址Ⅰ- 2017년 1차발굴조사보고서』, 2019.
鈴木靖民, 『古代対外関係史の研究』, 東京, 吉川弘文館, 1985.
寺崎保広, 『古代日本の都城と木簡』, 東京, 吉川弘文館, 2006.

나동욱, 「부산 배산성지 출토 목간 자료 소개」, 『목간과 문자』 20, 2018.
박남수, 「「新羅內省毛接文書」('佐波理加盤付属文書')와 신라 內省의 馬政」, 『신라문화』 54, 2019.
윤선태, 「正倉院 所藏 '佐波理加盤附屬文書'의 新考察」, 『국사관논총』 74, 1997.
_____, 「월성 해자 목간의 연구성과와 신 출토 목간의 판독」, 『목간과 문자』 20, 2018.
이수훈, 「부산 盃山城址 출토 木簡의 검토」, 『역사와 세계』 54, 2018.
이용현, 「목간류」, 국립경주문화재연구소 『월성해자발굴조사보고서Ⅱ(고찰)』, 2006.
_____, 「배산성지 출토 목간과 신라 사회」 부산박물관 『부산 금석둔-역사를 새겨 남기다』, 2018.
하시모토 시게루, 「월성해자 신 출토 목간과 신라 外位」, 『목간과 문자』 24, 2020.
橋本繁, 「蔚珍鳳坪里新羅碑の再検討」, 『東洋文化研究』 20, 學習院大學東洋文化研究所, 2018.
平川南, 「正倉院佐波理加盤付属文書の再検討―韓国木簡調査から」, 『日本歴史』 750, 2010.

#04

고대의 수취품 운송과 船家의 출현[1]

김창석(金昌錫)

(강원대학교 사범대학 역사교육과 교수)

I 머리말

고대국가의 물자 유통에서 가장 큰 비중을 차지하는 것은 국가의 收取와 財政支出이다. 이 중 고대국가의 수취제도에 관해서 적지 않은 연구가 이뤄진 바 있다.[2] 그러나 수취 품목과 대상, 그 역사적 성격과 변천 과정에 초점이 맞

---

[1] 이 글은 2021년 2월 경북대학교 인문학술원 HK+사업단의 제2회 국제학술대회 발표요지를 기초로 『동서인문』17호에 게재한 논문을 수정·보완한 것임.

[2] 대표적인 성과로서 김기흥, 『삼국 및 통일신라 세제의 연구』 (서울 : 역사비평사, 1991) ; 전덕재, 『한국고대사회경제사』 (서울 : 태학사, 2006) ; 金琪燮, 『韓國 古代·中世 戶等制 硏究』 (서울 : 혜안, 2007)을 들 수 있다.

취졌다. 수취 및 재정지출의 기초가 되는 것이 물자의 運送 문제이다. 고대국가의 지방에서 수취된 물품이 그 지역의 治所 혹은 王都까지 납부되기 위해서는 지리적 공간을 이동해야 한다. 교통수단이 미비한 고대사회에서 이는 험난한 일이었음에 틀림없다. 피수취자와 수취자 사이, 재정지출자(정부 및 지방의 행정기구)와 사용자 사이의 물리적 거리를 어떻게 극복하였는지가 수취의 또 다른 측면이면서, 수취와 재정지출의 성패를 가름 짓는 요건이었을 것이다.

그러나 수취품의 운송에 관해서는 연구가 활발히 이뤄지지 못했다. 고대의 육상 교통로를 주목한 연구가 있었으나[3] 수취의 측면에서 접근이 이뤄지지 못했다. 필자가 물자유통이라는 관점에서 倉庫와 조세 운송을 다룬 바 있으나[4] 자료 검토가 미흡하여 구체적인 양상을 제시할 수 없었다. 이후 咸安 城山山城 木簡을 본격적으로 활용하게 됨으로써 수취품 운송의 방식과 체계에 대한 보다 심화된 이해가 제출되었다.[5] 하지만 이 성과도 여타의 물질자료를 주목하지 못하고 문헌사료와의 대비는 한정적으로만 이뤄졌다.

한편 고려시기의 교통을 다루면서 그 역사적 전제로서 통일신라기의 운송 문제를 언급한 연구가 주목된다. 專論이라고 할 수는 없지만 역사적 맥락

---

3 井上秀雄,「新羅王畿の構成」,『新羅史基礎研究』(東京 : 東出版, 1974) ; 서영일,『신라 육상교통로 연구』(서울 : 학연문화사, 1999) ; 조법종,「高句麗의 郵驛制와 交通路-國內城시기를 중심으로」,『韓國古代史研究』63 (韓國古代史學會, 2011) ; 정요근,「통일신라시기의 간선교통로-王京과 州治·小京 간 연결을 중심으로」,『韓國古代史研究』63 (韓國古代史學會, 2011).

4 金昌錫,「신라 倉庫制의 성립과 租稅 運送」,『韓國古代史研究』22 (韓國古代史學會, 2001).

5 전덕재,「함안 성산산성 목간의 내용과 중고기 신라의 수취체계」,『역사와 현실』65 (한국역사연구회, 2007) ; 동,「中古期 新羅의 租稅收取와 力役動員」,『韓國古代史研究』98 (韓國古代史學會, 2020) ; 이수훈,「城山山城 木簡의 '城下麥'과 輸送體系」,『지역과 역사』30 (부경역사연구소, 2012).

에서 고대의 운송체계를 파악한 견해라고 할 수 있기 때문이다. 이에 의하면, 慶州 지역이 盆地 지형이어서 내륙 하천을 이용하기 힘든 여건이었고, 고려 이후와 같은 漕倉制는 물론 국가의 漕運制度가 시행되지 못했다고 보았다.[6]

이 글에서는 이러한 연구 상황을 고려하여 고대 수취품의 운송 문제를 다시 한 번 검토해보고자 한다. 납부된 수취품이 어떤 방법으로 수납처까지 이동되었는지, 그 운송의 부담, 즉 輸役은 누가 졌는지, 그리고 운송의 수단으로서 뱃길을 이용한 水運과 漕運制의 시행 여부에 대해서 살펴보려고 한다.

수취품에 대한 輸役에 관해서는 『三國志』 이래의 문헌사료에 단편적인 기록이 남아 있다. 이를 통해 운송 방식의 추이와 운송체계를 살펴볼 것이다. 그간 보고된 土偶, 船體 유물과 水運과 관련된 유적,[7] 川前里 암각화 등 고고학, 미술사 자료를 보조로 활용할 것이다. 그리고 경기도 하남시 船洞 출토 銘文瓦를 분석하여 신라 중·하대 漕運制度의 실마리를 찾아보고자 한다.[8]

미개척 분야이고 영성한 자료를 통해 재구성을 시도하는 작업인 만큼 비약과 억측이 많으리라 예상한다. 제현의 지적을 받아 수정, 보완할 것을 약속한다.

---

6   한정훈, 『고려시대 교통운수사 연구』 (서울 : 혜안, 2013), pp.36~81.
    이러한 주장은 문경호, 『고려시대 조운제도 연구』 (서울 : 혜안, 2014)에서도 확인된다.

7   고석규 외, 『장보고시대의 포구조사』 (서울 : (재)해상왕장보고기념사업회, 2005)가 남한 지역에서 강원도를 제외한 대부분 지역의 항·포구 현황과 관련 자료를 집성하여 참고가 된다.

8   이상의 자료에 대한 보고서와 기왕의 연구는 본론에서 소개한다.

II 수취품 輸役과 운송체계

1. 輸役의 부담자와 성격

남북국시기 이전에 수취품이 어떻게 운송되었고, 누가 그것을 날랐으며, 운송의 책임은 누가 졌는지를 전해주는 자료는 드물다. 그 가운데 신라 하대의 기록을 살펴보자.

> (8월) 갑술일에 …… 大宰府가 이르기를, "신라 사람 金巴兄, 金乘弟, 金小巴 등 3인이 아뢰기를, '작년 우리 縣의 곡물을 운송하기 위해 차출되었는데[被差本縣運穀] 바다에서 도적을 만났다. 같이 가던 무리들[同伴]은 모두 물에 빠져 죽었고, 오직 우리만이 다행히 하늘의 도움을 입어 드디어 신성한 나라에 닿았습니다. 비록 어진 은혜를 입었지만[雖沐仁渙] (고향)을 그리는 마음이 없지 않습니다. 이제 들건대, '鄕人이 표류해오면 놓아 돌아갈 수 있도록 한다.'고 했으니, 엎드려 바라건대 같은 배를 타고 함께 本鄕으로 돌아가기를 바랍니다.'라고 합니다." 하니, (이를) 허락했다.[9]

헌덕왕 2년(810) 어떤 현의 곡식을 海上으로 운반하던 신라인들이 해적을 만나 피해를 입고, 그 가운데 세 사람만이 일본에 표착했다. 이들의 정체가 궁금한데, 현의 곡물을 운반하기 위해 차출되었고 '김'이라는 姓을 갖고 있음이 주목된다. 이름에 '兄',[10] '弟', '小' 등 작위적인 글자가 들어 있어 정확한

---

9 『日本後紀』卷21, 嵯峨天皇 弘仁 2年.
10 다른 판본에는 '只'라고 기록되었다고 한다(黑板伸夫·森田悌 編, 『譯注 日本後紀』

성명 표기로 보기는 어렵다. 다만 王姓인 김씨 성을 표방한 인물이 현에 존재했던 것이고, 따라서 이들은 일반 민보다는 높은 지위에 있었다고 보인다. 현에 파견된 지방관 또는 村主와 같은 유력자로서 곡물 운송의 책임을 맡았을 것이다.[11] '被差'는 '특정 임무를 수행할 책임을 맡게 되었다.'는 의미라고 보인다.

여기서 '穀'은 어떤 성격의 곡물일까? 8세기 후반 이후 민간상인의 교역활동이 활발해지므로 상업용 물품일 가능성이 있다. 그런데 '本縣'의 곡물이라고 하여 지방행정 단위를 명시하고 있어서 상품이라기보다는 公的인 성격의 물품이라고 여겨진다. 이와 관련하여 竹旨郞 條의 기록이 주목된다.

> 죽지랑이 富山城에 가서 떡과 술을 먹이고 益宣에게 휴가를 請하여 得烏와 같이 돌아오려고 했으나, 익선은 완고하게 이를 허락하지 않았다. 이 때 使吏 侃珍이 推火郡의 能節租 30석을 管收하여 城中으로 수송하고 있었다. 그는 郞이 士를 귀중히 여기는 풍모를 아름답다 하고 익선의 어둡고 꽉 막힌 처사를 비루하게 여겨, 수송하던 30석을 익선에게 주어 도와주기를 청했으나 여전히 허락하지 않았다. 다시 珍節 舍知의 騎馬 鞍具를 주니 이에 허락했다. …… 대왕이 이를 듣고 모량리 사람으로서 관직에 있는 자는 모두 내쫓고, 다시 공직에 나아가지 못하도록 했으며, 승려가 될 수 없게 했다. 이미 승려가 된 자는 범종과 법고가 있는 절에 출입하지 못하게 했다.[12]

득오의 倉職 차출을 둘러싸고 벌어진 이 사건은 眞平王 대에 일어났다고

(東京 : 集英社, 2003), p.576).
11 김창석, 『삼국과 통일신라의 유통체계 연구』 (서울 : 일조각, 2004), p.152.
12 『三國遺事』卷2, 紀異2 孝昭王代 竹旨郞.

보인다.[13] 이때 使吏 간진이 부산성으로 수송하던 能節租 30석이 어떤 성격의 곡물일까? 管見이지만 우리의 자료나 중국, 일본에서 능절조의 유례를 찾을 수 없었다.

능절조의 실체에 관해 몇 가지를 상정할 수 있는데, 하나는 推火郡이 지금의 경남 밀양이므로[14] 능절이 그 관하의 지역명이라는 것이다.[15] 그렇다면 능절은 縣級의 지역이었을 터인데,『삼국사기』지리지에는 추화군 관하의 지명 가운데 '능절'과 비슷한 이름을 가진 것이 없다. 良州 관내의 다른 郡 예하에서도 유사한 縣名을 찾을 수 없다.

그렇다면 '능절'은 삼국시기 신라에서 재배하던 작물의 품종명이라고 추정된다. '租'가 토지세의 의미와 함께 稻穀, 즉 껍질을 벗기지 않은 벼를 가리키므로[16] 벼 품종의 하나일 것이다. 節을 '마디'라고 새겨서 쉽게[能] 이삭이 패는 벼라고 보면 朝生種의 벼가 될 수 있고, '기쁜'이라고 새기면 다수확 품종의 벼라고 볼 수 있지 않을까 한다. 삼국시기에 벼의 품종 분화가 있었던 것은 부여 구아리 출토 '赤米二石'명 목간을[17] 통해 분명히 알 수 있다. 추화군

---

13 三品彰英 著·李元浩 譯,『新羅花郎의 硏究』(서울 : 集文堂, 1995), pp.54~55 ; 金哲埈,「新羅 貴族勢力의 基盤」,『韓國古代社會硏究』(서울 : 知識産業社, 1975), pp.330~334.

14 『三國史記』卷34, 雜志3 地理1 "密城郡 本推火郡 景德王改名 今因之 領縣五".

15 姜鳳龍,「統一期 新羅의 土地 分給制度의 整備」,『國史館論叢』69 (國史編纂委員會, 1996), p.284.

16 李弘稙,「三國史記의 '租'의 用法」,『韓國古代史의 硏究』(서울 : 新丘文化社, 1987).

17 심상육·이미현·이효중,「부여 '중앙성결교회유적' 및 '뒷개유적' 출토 목간 보고」,『木簡과 文字』7 (韓國木簡學會, 2011). 한편 일본 고대의 赤米는 耐寒力이 강한 야생종의 벼라고 알려져 있다(松尾 光「地方政治と郡司」,『古文書の語る日本史 1-飛鳥·奈良』(東京 : 筑摩書房, 1990), p.173).

능절조는 '추화군에서 걷은 능절 품종의 벼'라고 이해하고자 한다.

능절조 30석은 어떤 성격의 곡물일까? 국왕이 이 사건에 개입한 것으로 보아 조세로서 수취했거나 왕실 직속지에서 걷은 곡물이라고 여겨진다. 그 수송처가 국가 시설물인 富山城의 창고였다는 점도 이를 방증한다. 그 수송 책임을 맡은 사람이 使吏 侃珍이었다. 다른 자료에서 '使吏'의 용례는 보이지 않지만, 유사한 용어로 '使人'이 있다. 사인은 상급자의 명령을 받아 어떤 일을 처리하는 존재를 가리키는 役名이다.[18] 使吏도 같은 의미로 사용되었고, 다만 官人 신분임을 강조하기 위해 '吏'를 붙였다고 보인다.

간진은 중앙의 관리로서 임시로 능절조 수송 임무를 맡았던 것이다. 益宣은 阿干이라는 5등의 경위를 갖고 있었다. 간진의 관등은 밝혀져 있지 않으나 경위를 가진 익선의 행태를 문제 삼고 있으므로 간진 역시 王京 출신의 인물이라고 보인다. 珍節은 舍知였는데, 경위 13등의 舍知이거나 중앙 관부의 하위직인 사지를 가리킬 것이다. 따라서 진절도 왕경인이었다 당시 진절이 使吏 간진을 수행하고 있었기 때문에 간진이 자신의 수행원인 진절의 鞍裝을 익선에게 줄 수 있었을 것이다. 진절이 수행원이 아니었을지라도, 간진이 진절과 같은 왕경 출신자의 귀중품을 처분한 사실은 간진을 지방 촌주급이라고 볼 수 없게 한다. 그리고 능절조 30석이 公的 수취품이었으므로 이것을 익선에게 주었다면 그만큼의 분량을 간진이 뒤에 보전해야 했을 것이다. 이 정도의 재력과 재량권을 갖고 있었다면 간진을 왕경인이라고 보는 것이 합리적이다.

앞서 『일본후기』에 실린 헌덕왕대의 사례에서는 縣에 파견된 지방관 또는 이 지역의 村主와 같은 몇 명의 유력자가 곡물 운송의 책임을 맡았다. 진평왕 때라서 시기 차이가 있으나, 능절조를 왕경으로 나를 때 使吏 侃珍이 운송의 책임자였고 珍節 舍知가 그를 수행한 것으로 보여, 운송을 통솔·관리하는 데 복

---

18 李文基,「포항 中城里新羅碑의 발견과 그 의의-冷水里碑의 자음미를 겸하여」,『韓國古代史研究』56 (韓國古代史學會, 2009), pp.19~20.

수의 인물이 참여하는 양상이 공통된다.[19] 이로써 비춰보더라도 헌덕왕 때 현 단위로 걷어 해상으로 운송하던 곡물 역시 국가의 수취물이라고 판단된다.

운송의 책임을 중앙의 관리나 지방관, 현지의 촌주가 맡았다면 수취품을 목적지까지 실제로 옮기는 작업은 누가 담당하고 어떻게 이뤄졌을까?

有敵 諸加自戰 下戶俱擔糧 飮食之[20]

其國中大家不佃作 坐食者萬餘口 下戶遠擔米糧魚鹽 供給之[21]

國小 迫于大國之間 遂臣屬句麗 句麗復置其中大人爲使者 使相主領 又使大加 統責其租稅貊布·魚·鹽·海中食物 千里擔負致之 又送其美女 以爲婢妾 遇之如奴僕[22]

3세기 중엽 이전 부여와 고구려에서는 王都의 諸加와 부유층이 생산노동을 하지 않고, 전쟁이 나면 스스로 武裝을 갖추고 출전했다. 일반 민에 해당하는 下戶層은 전시의 군량을 조달할 뿐 아니라 평시에 諸加와 부유층이 먹을

19　함안 성산산성에서 출토된 가야2640 목간은 상부 양쪽에 홈이 있고, "□皂(冠)村 / 此負刀寧負盜人有"라고 기록되었다. 운반 도중 도난이 일어났고, 그 경위를 적은 목간을 작성하여 내용물이 사라진 빈 짐꾸러미 혹은 운송 책임자가 도난당한 것을 보전하여 짐꾸러미에 매달았다고 보인다. 따라서 이 목간은 납부자 또는 운송자가 아니라 운송단을 인솔하던 인물이 작성한 것이다. 이를 통해서도 수취품 운송 책임자 및 書記와 같은 수행원의 존재를 추정할 수 있다.

20　『三國志』卷30, 魏書30 東夷傳 夫餘.

21　위의 책, 東夷傳 高句麗.

22　같은 책, 東夷傳 東沃沮.

곡물과 해산물을 공급했다. '擔'자는 담당한다, 맡는다는 뜻과 함께 '어디에 매단다[繫].'는 뜻이 있다.23 부여전의 경우 諸加가 참전하는 것과 대비해서, 하호가 '擔糧'한다는 것을 그들이 군량 보급을 담당한다는 추상적인 의미로 볼 수도 있다. 그러나 고구려전의 '遠擔'은 '멀리서 (물자를) 운반한다.'고 새겨야 하므로 擔은 물품을 어깨에 메거나 등에 짊어지는 구체적인 운반 방식을 묘사한 글자라고 여겨진다. 동옥저전의 "千里擔負致之" 구절이 이를 보다 분명히 보여준다.24

하호층이 거리를 불문하고 물품을 날라 오는 방식을 일반적인 수취품 운송 방법이라고 할 수 있을까? 부여는 전시라는 비상 상황이고, 고구려는 국가 차원의 수취가 아니라 부유층이 직속 읍락과 그 주민으로부터 생활물자를 조달받는 것이다. 동옥저는 고구려에 복속되어 있었는데, 그 首長인 大人과 고구려 國內城의 大加가 수취와 운송을 책임졌고, 실제 운송 노동은 동옥저의 주민들이 천 리나 떨어진 원거리를 이동하며 수행했다. 위의 기록에서 정작 부여나 고구려 국내의 일반적인 수취 양상은 전하지 않는 것이다. 그러나 『삼국지』가 전하는 바 下戶層이 직접 운송을 담당하는 방식은 이후 삼국시기 조세 운송의 기초가 되었을 것이다.

(1월에) 왕이 庚信, 仁問, 良圖 등 아홉 장군에게 명령하여 수레 2천여 대에 쌀 4천 석과 租 2만 2천여 석을 싣고 平壤으로 가도록 명령하였다. (1월) 18일 風樹村에서 묵었다. 얼음이 미끄럽고 길이 험하여 수레가 나아갈 수 없게 되니 (군량을) 소와 말에 나눠 실었다. 23일에 七重河를 건너 蒜壤에 이

---

23   『漢語大詞典』(디지털판), 擔 항목.
24   『漢書』卷58, 兒寬傳에도 "大家牛車 小家擔負 輸租繈屬不絕"이라고 하여, 세곡을 운반할 때 '牛車'와 '擔負'가 대비되고 있다.

르렀다.²⁵

문무왕 2년(662) 金庾信이 이끄는 신라 군사가 唐軍이 요청한 군량을 平壤城까지 날라 전달했다. 이 군량은 신라가 661년 가을에 백제 故地에서 수취한 곡물과 그해 9월 甕山城·雨述城의 백제부흥군을 격파하고²⁶ 얻은 전리품으로 마련했을 것이다. 대량의 물품을 수송하기 위해 수레 2,000여 량과 牛, 馬, 선박이²⁷ 동원되었다. 그리고 김유신 이하 9명의 장수가 이끄는 병졸이 인력을 제공했다. 일반 주민은 동원되지 않았다.

그러나 전시에도 상황에 따라서는 일반 민이 군수품을 운송하는 모습이 확인된다. 문무왕 11년(671)에 薛仁貴에게 보낸 서신을 보면, 福信이 이끄는 백제부흥군이 661년에 熊津都督府城을 포위하자 신라가 "건장한 남자들을 모집하여 몰래 소금을 보내[募律(健)兒 偸道送]" 당군을 구원했다고 한다. 또 12월에 "늙고 약한 자를 뽑아 보내 웅진으로 양식을 나르게 하고, 강건하고 날랜 군사들은 평양으로 향하도록[差遣老弱 運送熊津 强健精兵 擬向平壤]" 했다.²⁸ 1차로 웅진성에 소금을 공급하기 위해 보낸 健兒들은 실체가 불분명하지만 '모집'했다고 한 것으로 보아 병졸이 아니라 일반 민에서 차출된 자일 가능성이 있다. 2차의 경우는 평양으로 파견한 '정병'과²⁹ 웅진으로 파견한 '노약'이 대비되어 있으므로 일반 민 가운데 동원된 노약자라고 여겨진다.

---

25 『三國史記』卷6, 新羅本紀6 文武王 2年.

26 위의 책, 同王 元年 및 卷42, 列傳2 金庾信 中.

27 같은 책, 卷42, 列傳2 金庾信 中 "壬戌正月二十三日 至七重河 人皆恐懼 不敢先登 庾信曰 諸君若怕死 豈合來此 遂先自上舩而濟 諸將卒相隨渡河".

28 같은 책, 卷7, 新羅本紀7 文武王 11年.

29 이 精兵이 앞서 인용한 바 문무왕 2년 1월에 김유신이 통솔하여 평양성으로 군량을 나른 병력이다.

문무왕 5년(665)에는 명확하게 일반 민을 동원하여 군수품을 수송한 예가 보인다.

> 겨울에 一善과 居列 2州의 民으로써 軍資를 河西州로 날랐다.[30]

군대에 보급하는 물자인 '군자'를 운송한 이들은 일선주(현재의 경북 선산)와 거열주(현재의 경남 거창) 지역에 사는 주민이었다. 군자에는 식료와 더불어 布帛 등의 衣料, 무기 제작을 위한 재료, 약재 등이 포함되었을 터인데, 이 물자는 어떻게 마련되었을까? 왕경에 비축된 물자일 가능성이 있으나, 그렇게 보면 선산, 거창에서 동원된 인력이 경주로 이동하여 다시 짐을 싣고 하서주(지금의 강릉)로 가야 하므로 이동 거리나, 물자 운송의 경제성, 재정 운용의 면에서 비효율적이다. 그 해에 일선과 거열 지역에서 수취한 물품 혹은 이 지역의 州倉에 비축된 물자의 일부를 주민들이 경주를 거치지 않고 강릉으로 날랐을 것이다.[31]

軍資의 원천은 백성으로부터 걷은 수취품이다. 그렇다면 군수품의 보급은 전시라는 특수한 여건이 영향을 미치지만, 기본적으로는 평상시의 수취품 운송체계와 방식을 따랐을 것이다. 일선주와 거열주를 단위로 해서 輸役이 징발되고 그 물자가 하서주로 이송된 것은 군수품이라고 하더라도 그 취합과 운송, 그리고 운송된 물품을 접수하는 과정에서 州의 행정력이 작용했음을 보여준다. 행정단위별 창고의 출납, 官道 시설의 이용, 지방관 또는 촌주의 운송 관리와 책임, 州 사이의 협조체계 등을 상정할 수 있다.

---

30 『三國史記』 卷6, 新羅本紀6 文武王 5年.
31 김창석, 「7세기 신라 州의 성격 변화와 수취-溟州와 朔州를 중심으로」, 『百濟文化』 56 (公州大學校 百濟文化硏究所, 2017), pp.10~11.

그렇다면 수취품의 운송 방식은 위의 일선주, 거열주의 사례처럼 일반 주민, 즉 피수취자가 맡는 방식이 일반적이었다고 여겨진다. 戰時와 같은 비상 상황이 되면 조건에 맞게 適宜 운용하게 되고, 상대편 진영을 돌파해야 하는 지역에서는 정예 병력을 활용하기도 했다. 문무왕 2년(662) 평양성에 날랜 군사로써 군량을 보급한 것이 그 예이다. 하지만 전시에도 군수품 운송의 기본은 일반 민이 맡는 것이었다. 문무왕 11년(671)에 薛仁貴가 보낸 서신에서 唐과 전쟁을 벌이는 신라에 대해 "집집마다 군사를 징발하고 해마다 무기를 드니 부녀자가 곡식 수레를 끌고[孀姬輓粟] 어린 아이가 밭을 지킨다."고 하여 비난한 것은 과장이 섞인 언사이지만 여성으로 상징되는 일반 주민이 군량을 운반하던 현실이 반영된 것이다. 앞의 『日本後紀』 기록을 다시 보면, 살아남은 세 사람 외에 '同伴'이 있었다. 이들이 누구인지 언급되어 있지 않지만 뱃사공이나 수취품을 운송하던 인원이 포함되어 있었을 것이다.

함안 성산산성 목간에 신라의 稅穀 운송을 보여주는 것이 있다(**그림 1**).

가야2026 甘文城下□米十一□石□□村卜只次持去□

가야5595 甘文城下麥十五石甘文本波
　　　　　伊次只去之

이 목간은 서로 유사한 형식을 갖추고 있다. 즉 〈감문성 + 下 + 곡물, 분량 + 지명 + 인명〉이 공통되고, 말미에 持去□, 去之가 각기 붙어 있다. '持去□'를 '가지고 감'이라고 새겨 卜只次가 이 곡물을 수송했다는 견해가 있다.[32]

---

[32] 이수훈, 「城山山城 木簡의 '城下麥'과 輸送體系」, 『지역과 역사』 30 (부경역사연구소, 2012).

그림 1 　왼쪽부터 가야2026의 앞면, 가야5595의 앞·뒷면 적외선 사진
국립가야문화재 연구소, 『韓國의 古代木簡Ⅱ』(서울 : 예맥, 2017)

이것은 가야5595의[33] 말미를 '伊次只가 가져갔다.'고 하여, 이차지를 세곡의 납부자가 아니라 운반자로 보는 해석과[34] 통한다. 두 목간의 相似性을 고려하면 가야2026의 '持去□'의 불명자는 '之'라고 할 수 있고,[35] 가야 5595의 '去

---

[33] 이하 함안 성산산성 목간의 유물번호는 국립가야문화재연구소, 『韓國의 古代木簡Ⅱ』(서울: 예맥, 2017)의 것을 따른다.

[34] 전덕재, 「7세기 백제·신라 지배체제와 수취제도의 변동」, 『新羅史學報』 42 (新羅史學會, 2018), p.69.

[35] 홍승우, 「함안 성산산성 목간의 물품 기재방식과 성하목간의 서식」, 『木簡과 文字』

之'는 원래 '持去之'를 약식으로 표기한 것이라고 보인다. 따라서 두 목간은 書式에 따라 "감문성의 곡물(□米, 麥) 얼마만큼을 어느 곳에 사는 누가 가져갔다."는 정보를 기록한 것이다.

감문성의 곡물은 수송의 대상물이고, 卜只次와 伊次只는 운송을 한 사람이다. 다만 이들이 세곡 납부자의 일원인지, 이와 별도로 운송을 위해 징발된 사람인지는 알 수 없다. 후자라고 하더라도 복지차, 이차지가 徭役에 동원되어 감문성 지역의 수취품 운송에 참여했다고 보인다. 요역의 형태로 타인의 수역을 대신한 것이지만, 자신의 수역은 또 다른 요역자가 지게 되므로 결국 납세자는 수역의 부담으로부터 벗어날 수 없었던 셈이 된다.

이와 같이 수역은 크게 보면 요역 노동의 한 役種으로 이해할 수 있다. 일반 민이 輸役을 지는 체제는 신라 하대까지 지속되었다고 보인다. 高麗時期에 田租는 국가의 漕運制度를 통해 중앙으로 운반되었는데, 각 郡縣의 전조를 漕倉까지 운반하는 일이나 조운 후 중앙의 각종 창고로 운반하는 일은 모두 일반 민의 요역 징발을 통해 이뤄졌다. 貢物의 운송은 전조에 비해 소량이었으므로 육상교통을 이용하였으나, 이 경우에도 운반의 의무는 그 군현의 민에게 있었다. 공물 운반의 실무를 맡은 鄕吏들이 민을 짐꾼으로 징발하여 공물을 중앙으로 날랐다고 한다.[36]

조세 부담자가 수취품의 輸役까지 지는 방식은 삼국 중기 이래 적어도 고려시기까지 기본적으로 이어지고 있었다고 보인다. 夫餘와 초기 高句麗의 하호, 東沃沮의 하호가 생산품을 貢納으로 바칠 때 원거리를 직접 운송하던 방식이 그 역사적 연원이었다. 다만 삼국 중기 이후가 되면 수취와 운송의 책임자가 舊來의 首長이 아니라 지방관, 촌주이고, 납부처가 중앙의 諸加 등 유

---

21 (韓國木簡學會, 2018), p.92.

36 박종진, 『고려시기 재정운영과 조세제도』 (서울 : 서울대학교출판부, 2000), pp.101~140.

력 개인이나 집단이 아니라 공공 창고 및 수취 담당 관부와 같은 정부기구라는 점이 달라진 면모였다.

2. 운송의 방식과 체계

문무왕 2년(662) 신라 군사가 唐軍에게 군량을 보급했을 때처럼 물자 수송에 대량의 수레, 牛, 馬, 선박이 동원되는 경우가 있었다. 그러나 平時의 일반적인 수송 형태는 주민들이 수취품을 넣은 용기, 包袋 등을 직접 운반하는 방식이었다고 보인다. 앞서 지적했듯이, 『삼국지』고구려전의 '遠擔'이나 동옥저전의 "千里擔負致之"는 물품을 어깨에 메거나 등에 짊어지는 형태를 전해준다. 같은 책, 韓傳에 小國에서 축성 작업 등이 벌어지면 "건장한 젊은이들이 등의 가죽을 뚫고, 큰 밧줄을 꿰어 그곳에 한 길[丈]쯤 되는 나무막대를 꽂고" 일 한다는 기록이 있다. 이에 관해서 지게 사용을 묘사한 것이라는 견해가 있는데,[37] 여하튼 당시는 돌, 흙더미 등을 나를 때 수레, 가축 등을 쓰지 않고 직접 人力으로 운반하는 것이 기본이었다.

신라 土偶 가운데 이를 표현한 유물이 있어 주목된다(**그림 2**).

좌측 사진의 유물은 인물이 등에 지게를 지고 큰 항아리를 얹어 띠로 고정시킨 모습이다.[38] 우측의 세 점은 짐을 메는 여러 가지 방식을 보여준다. 첫째는 긴 원통형의 포대를 양 어깨에 둘러메고 양 팔로 좌우 끝 부분을 잡아 지지했다. 둘째는 좌우 길이가 짧은 짐을 등에 지고 떨어지지 않도록 끈으로 고정하여 양 어깨에 걸쳤다. 셋째는 상하로 긴 배낭 모양의 짐 꾸러미를 등에 지

---

[37] 李丙燾, 「三韓의 社會相」, 『韓國古代史研究』 (서울 : 博英社, 1985), pp.291~292.
[38] 이난영, 『토우』 (서울 : 대원사, 1991), p.101.

그림 2　짐을 나르는 인물 토우. 좌는 경주 황남동 출토(국립중앙박물관, 『새천년 특별전-겨레와 함께 한 쌀』(서울 : 통천문화사, 2000), p.78), 우 3점은 출토지 미상(이난영, 『토우』(서울 : 대원사, 1991), p.109)

고 허리를 앞으로 구부린 자세인데, 짐을 등에 어떻게 고정했는지는 사진 상으로 확인되지 않는다.

　사람이 직접 신체의 힘을 이용해서 물품을 나르는 모습이 토우에 이처럼 사실적으로 표현될 정도였다면 이런 방식의 운송이 신라에서 일반적이었다고 보아야 할 것이다. 고구려 舞踊塚 벽화의 牛車, 경주 계림로 출토 수레형 토기, 가야의 수레형 토기 등으로 미루어 운반용 수레가 분명히 사용되고 있었다. 하지만 납세자의 대부분을 차지하는 일반 민이 이를 제작, 소유했다고 보기 어렵다. 牛·馬도 마찬가지였을 것이다. 국가가 보유하는 수레, 牛馬가 수취품 운송에 사용되는 경우는 1차 납부처에 수합된 수취품을 다음 장소로 대량 수송할 때 또는 文武王代의 예에서 보듯이 위급한 군수용으로 이용되었다.[39] 인

39　『三國史記』卷3, 新羅本紀3 訥祇麻立干 22年 조에 "教民牛車之法"했다고 한다. 이때 '민'은 6부의 주민을 가리킨다고 보이고, 우거의 법이 수레 제작법인지, 조종법인지 분명하지 않다는 점에서 이를 근거로 삼아 수레 사용이 보편화되었다고 주장하기는 어렵다. 다만 당시 소가 끄는 수레가 국가 차원에서 운용되고 장려되었다고 할 수 있다. 이후 진평왕 6년(584) 乘府令을 두어 車乘을 관장하게 했다(同, 卷4, 新羅本紀4 眞平王 6年).

력을 이용한 1차 운송이 2차 운송 단계에서는 畜力 및 수레, 선박과 같은 대량 운반도구를 이용한 수송과 결합하는 것이다. 이것은 다시 荷役과 入庫 과정(3차 운송)에서 인력 운반과 재결합한다.

이처럼 수취품이 이송되는 과정을 1·2·3차 운송이란 단계로 추상화해 볼 수 있다고 생각한다. 지방으로부터 都城으로 보내는 경우를 예로 들면, 1차 운송은 주민의 거처로부터 각 지역 단위의 정해진 행정 治所까지, 2차는 이 치소로부터 도성의 경계까지, 3차는 경계 지점으로부터 최종 보관처까지이다. 대단히 단순화시킨 것이어서 최종 수납처가 해당 지역의 치소에 그치거나 인근의 山城일 수 있고, 도성으로 가는 도중에 중간 물류집하처가 있을 수도 있다.

산성의 경우 성내의 石壁建物이 창고용으로 이해되고,[40] 治所城의 경우 관내의 수취물을 성내로 운반하는 데 수레를 사용하기 위해 성문의 하나를 수레가 출입할 수 있는 능선 쪽에 두었다고 한다.[41] 車輨이나 車軸轄과 같은 車興具가 산성에서 발견되고, 특히 경기도 양주 대모산성에서 출토된 차축할은 머리 부분이 통일신라기 冠帽 형태를 표현하고 있어, 이 수레를 국가가 제작하여 보급했으리라고 추정한 견해는[42] 수레의 제작 및 운용 주체와 관련하여 시사하는 바가 크다.

수취품을 운송하는 과정에서 피수취인이 최종 수납처까지 수역을 담당했는지, 지역을 이동할 때 타 행정구역을 통과하면 그곳으로 수역을 이관시켰

---

40 조원창·방기영, 「통일신라기 석벽건물의 건축고고학적 검토」, 『한국성곽학보』 1 (한국성곽학회, 2006) ; 서정석, 「산성에서 발견된 石壁建物의 성격에 대한 試考」, 『百濟文化』 42 (公州大學校 百濟文化硏究所, 2010).

41 서정석, 「한국 고대의 지방 郡縣과 治所城-牙山 鶴城山城을 중심으로」, 『百濟文化』 54 (公州大學校 百濟文化硏究所, 2016).

42 김길식, 「6~7세기 경기북부지역 신라 성곽의 철기 수급체계」, 『百濟文化』 54 (公州大學校 百濟文化硏究所, 2016), pp.224~225.

는지 미상이다. 즉 중간 이동 구간에서 대량 수송수단이 제공되었을 경우 그 운송을 담당한 이들이 원 수역자와 다를 수 있다는 점을 염두에 두어야 한다. 수송 책임자 역시 행정구역을 경유하면서 바뀌었을 가능성이 있다. 竹旨郞 條의 운송 책임자가 추화군 관리가 아니라 왕경인인 것이 이를 보여준다. 推火郡이 있던 밀양은 富山城이 위치한 乾川 지역과 교통로 상으로 연결된다. 밀양-청도-대천-의곡-건천으로 이어지는 육로가 그것이다.[43] 진평왕대 추화군 지역의 행정구역이 어떠했는지 알 수 없으나 '추화군 능절조'라고 했으므로 추화군 치소로 수합된 곡물은 郡에 파견된 지방관의 책임 하에 왕경의 외곽까지 운송되었을 것이다.

왕경으로부터 밀양, 청도 방면으로 나가는 경계 지점에 건천이 있고 왕경 방어 부대인 六畿停 가운데 西畿停이 이곳에 주둔했다고 보인다.[44] 능절조의 운송에서 추화군치와 건천 지역이 왕경(혹은 부산성)까지 도달하는 노정의 중간 결절점을 이루고 있다. 따라서 추화군 관하의 성·촌의 수취와 郡治까지의 운송[1차] 책임은 각 村主 또는 道使가 맡고, 군치로부터 건천 지역(서기정)까지의 운송[2차] 책임은 추화군의 지방관이, 그리고 侃珍이 사자로서 건천에 파견되어 수취 내역을 점검하고 부산성의 창고로 이를 운송하여[3차] 납입했을 것이다. 두 번에 걸쳐 운송 책임의 이관이 이뤄졌으나, 왕경의 경계 지점에서 수취물의 내용, 분량 등에 대한 適否 여부가 판정되었다고 보이므로 수취와 운송의 책임은 기본적으로 수취 대상 지역의 최고 행정 담당자, 즉 이 경우는 추화군의 지방관에게 있었다고 여겨진다.

---

43 김창석, 앞의 책 (2004), pp.148~149.

44 李文基, 『新羅兵制史硏究』 (서울 : 一潮閣, 1997), pp.387~390.

III 고대의 수운과 漕運制

1. 水運의 양상

밀양으로부터 건천 지역까지는 육로 외에 水路를 통해서도 이동이 가능하다. 밀양강과 東倉川을 이용하면 건천 인근 지역까지 접근할 수 있다.[45] 密城郡의 영현 중 密津縣이 있고, 원래 이름이 推浦縣이었으므로[46] 추포 혹은 밀진이라고 불린 포구가 밀양 지역에 있었음을 알 수 있다. 추화군의 능절조가 육로와 수로 가운데 어느 쪽을 통해 郡治로부터 건천 지역까지 왔는지는 알 수 없다. 그러나『日本後紀』의 810년 조 기사는 분명히 신라에서 수취품을 海上으로 운반하던 사실을 전한다. 아래서는 810년 전에 이뤄진 해상 또는 하천의 수로를 이용한 운송 가능성을 타진해보고자 한다.

함안 성산산성 목간을 활용하여 신라 중고기의 漕運의 문제가 제기된 바 있다. 이를 따르면, 가야51 목간을 "大村主舡主人"이라고 판독하고, 대촌주가 舡主人으로

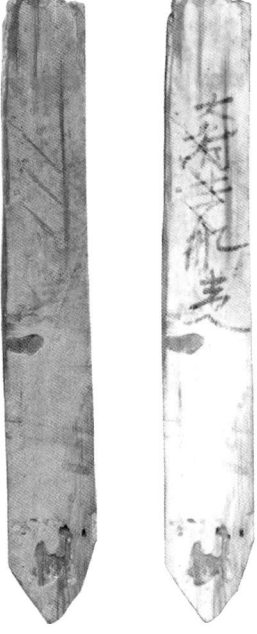

그림 3 가야51 목간의 앞면 컬러(좌), 적외선(우) 사진 (국립가야문화재연구소,『韓國의 古代木簡Ⅱ』(서울 : 예맥, 2017), p.88)

---

45 李基東,「新羅 中古期 淸道 山西지방의 戰略的 중요성-西畿停의 起源문제에 부쳐서」,『新羅社會史硏究』(서울 : 一潮閣, 1997), p.48.

46 『三國史記』卷34, 雜志3 地理 新羅 密城郡.

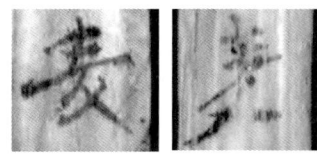

그림 4 함안 성산산성 목간의
'麥'자 사례

서 漕船을 통괄하고 조운을 감독한 것을 기록했다고 한다.[47]

그러나 '主人'이라고 판독한 부분은 '麥'자로 보인다. 그림 4로 제시한 성산산성 목간의 다른 '麥'자와[48] 비교하면, '主'자 형태의 상반부는 비슷하다. 그런데 하반부가 가야51의 경우는 '父'이고, 그림 4는 '夂' 모양이어서 차이가 있다. 두 글자가 서로 다르다고 볼 여지가 있는 것이다.

하지만 성산산성 목간 중 大村이 표기된 사례가 있다. 김해1286이 "大村伊息知一伐"이라고 판독되고, 가야1590 목간에 甘文城 소속의 大村이 기록되어 있다. 가야51의 '大村' 역시 뒤의 '主'자를 붙여서 대촌주라고 읽을 것이 아니고, 어떤 촌락을 가리킨다고 보인다. 그리고 성산산성 목간 가운데 '村主'가 기록된 것이 있다. 가야5598에 '眞乃滅村主', 가야2645에 "… □成□邦村主…"라고 되어 있어 〈지명 + 촌주〉의 형식으로 표기되었고, 대촌주라는 용어는 보이지 않는다. 촌주의 계층화는 신라 하대에 본격화되는 현상이다.[49] 중고기에 이렇게 계층화된 촌주의 명칭이 나타나지 않는 것도 가야51 목간을 '대촌주'라고 끊어 읽을 수 없게 하는 방증이 되겠다.

따라서 이 목간의 앞면은 "大村主缸麥"이라고 판독해서 "大村(에 사는) 主缸의 보리"라고 새기는 것이 합리적이다. '麥'의 판독이 확실하지 않으나 성

---

47 李成市, 「城山山城木簡にみられる漕運資料」, 21世紀COEプログラム關聯シンポジウム 韓國出土木簡の世界Ⅱ (東京 : 2005), pp.1~2.

48 國立加耶文化財研究所, 『韓國 木簡字典』 (서울 : 예맥, 2011), p.224.

49 興德王 9년(834)의 사치 금지 교서에 眞村主, 次村主가, 文聖王 18년(856)에 주성된 「竅興寺鐘銘」에 上村主, 第二村主, 第三村主가 등장한다. 眞平王 13년(591)에 세워진 「南山新城碑」의 제1비에 郡上村主가 나오지만 여기서 '上'은 상위의 의미가 아니라, 촌주가 郡에서 역임을 맡고 있음을 표시하는 글자라고 여겨진다.

산산성 목간의 類例를 참고하면, 이 글자의 위치에 수취품이 와야 하므로 '맥'으로 추독하고자 한다. 그렇다면 主舡은 이 맥을 납부한 피수취인의 이름이 된다.

성산산성 목간을 통해서 大村主와 舡主人을 상정하기는 어렵지만, 이때 조운을 통해서 물자가 함안까지 이송된 사실까지 부정될 수는 없다. 기왕의 여러 연구에서 지적되었듯이, 목간에 보이는 많은 지명이 낙동강 상류 일원에 분포하고 있어서 이곳에서 수취된 물품이 낙동강의 지류와 본류를 타고 함안까지 옮겨졌다고 보이기 때문이다.

고구려의 경우, 乙弗이 즉위하기 전에 再牟란 사람과 함께 압록강을 오르내리며 소금을 매매했다는 전승이 있다.[50] 美川王이 겪은 고난을 과장하기 위해 설화적으로 윤색한 면이 보이지만, 3세기 말 압록강 유역을 중심으로 전개된 소금 상업의 일단을 반영한 자료이다. 당시 압록강과 비류하(渾江 및 富爾江) 유역에는 水上 교통을 이용하여 소금 상인들이 활동하고 있었던 것이다. 이곳은 고구려 초기의 王都가 자리 잡아 5部人을 중심으로 한 지배집단이 집주하고 있었는데, 압록강 수로가 이들에게 생활 물자를 공급하는 주요 통로가 되었다.[51] 소금과 같은 필수 식품뿐 아니라 전국 각지에서 생산된 주요 물자가 수취되어 왕도로 수송될 때도 이러한 하천 교통이 활용되었을 것이다. 중국 고대에 배는 수레보다 약 12배 많은 화물을 수송할 수 있었다고 한다.[52] 고대 국가의 王權과 정부가 이러한 수상 운송의 효율성을 간과했다고 보기 어렵다.

---

50 『三國史記』卷17, 高句麗本紀5 美川王 元年.

51 김창석, 앞의 책 (2004), pp.196~198.
한편 당군이 고구려를 공략할 때 男建이 이끄는 방어군이 鴨綠津에 주둔했다고 하여(『三國史記』卷22, 高句麗本紀10 寶藏王 26年) 압록강에 津이 설치되어 있었음이 확인된다.

52 劉和惠,『楚文化的東漸』(湖北敎育出版社, 1995), pp.130~139.

제주도에 해당하는 州胡는 "乘船往來 市買韓中"이라고 하여[53] 3세기 중엽까지 배를 타고 馬韓을 왕래하며 물자를 교역했음을 전해준다. 섬의 경우 어업과 대외 교류를 위해 일찍이 배를 만드는 기술과 항해술이 발달했음에 틀림없다. 그러나 내륙 지역에서도 선박 관련 유물과 유적이 발견되고 있다. 경남 창녕군의 비봉리 패총에서 신석기시대의 4~5인승 통나무배 2척이 출토되었고,[54] 신석기시대~청동기시대에 제작되었다고 알려진 울산 반구대 암각화에는 10여 명이 노를 젓고 배 앞 쪽의 이물 부분에서 한 사람이 작살을 던지는 모습이 묘사되어 있다.

압록강 중·상류 일대의 고구려 城은 대부분 돌로 쌓은 山城으로, 주로 하천이나 계곡 연안 교통로상의 전략적 요충지에 자리 잡고 있다. 그 가운데 通化市의 自安山城은 서남쪽 정문으로 통하는 골짜기에 판석을 깔아 渾江 수로로 통하는 길로 이용하였고, 臨江市의 東馬鹿村古城은 남문 터 아래쪽에 압록강으로 나가는 돌계단 통로가 있어 수상 교통의 거점으로 추정된다.[55] 이를

그림 5 비봉리 패총 출토 木船 (國立金海博物館·昌寧郡, 『飛鳳里』(2008))
그림 6 울산 반구대 암각화의 포경 장면 (전호태, 『울산 반구대암각화 연구』(서울 : 한림출판사, 2013)).

53 『三國志』卷30, 魏書30 東夷傳 韓.
54 國立金海博物館·昌寧郡, 『飛鳳里』(2008).
55 余昊奎, 『高句麗 城Ⅰ-鴨綠江 中上流篇』(서울 : 國防軍史研究所, 1998), pp.195~245.

포함하여 압록강 상류와 하류의 고구려 성곽은 대부분 군사 방어의 목적과 함께 水路를 관리하거나 水運上의 역참과 같은 역할을 수행했으며, 이를 기반으로 삼아 지방통치가 이뤄졌다. 압록강 수로는 다시 동쪽으로 마천령산맥의 산간 교통로와 함경북도의 해안로를 경유하여 두만강 하류 일대까지 연결되었다고 한다.[56]

충남 연기군 나성리 유적(현재의 세종특별자치시 나성동 소재)은 錦江으로 유입되는 2개의 支川 사이에 자리 잡고 있으며, 4세기 말~한성기 말까지 이어지는 백제 지방의 상위 취락 유적이다. 주변의 다른 유적에 비해 주거지 수는 적고, 다락식 창고와 같은 저장시설이 많다. 그리고 수공업장, 氷庫, 祭壇, 土城, 묘역을 갖추고 있다. 토성은 군사용은 물론 지방 행정치소의 성격을 갖고 있어 나성리 취락은 이 시기 백제의 지방지배 거점의 하나로서 일종의 지방도시였다고 이해된다.[57] **그림 7**을 보면, 금강 본류와 지류가 합류하는 지점에 수공업 작업장과 빙고가 있는데, 이곳이 그 생산품 혹은 저장품이 河流를 통해 들어오고 나가는 關門 역할을 했음을 시사한다.[58] 나성리 취락의 입지 자체가 수운의 편리성을 고려한 결과라고 여겨지므로 이곳을 거점으로 삼아 권역내 교역 및 수취품의 집하와 운송이 이뤄졌을 것이다.[59]

---

56 余昊奎, 「鴨綠江 중상류 연안의 高句麗 성곽과 東海路」, 『역사문화연구』 29 (韓國外國語大學校 歷史文化研究所, 2008).

57 박순발, 「백제 한성기의 지방도시」, 『백제의 왕권은 어떻게 강화되었나 - 한성백제의 중앙과 지방』 (서울 : 한성백제박물관, 2014), pp.194~199.

58 李弘鍾·許義行, 「漢城百濟期 據點都市의 構造와 機能-羅城里遺蹟을 中心으로」, 『百濟研究』 60 (忠南大學校 百濟研究所, 2014), p.96. 이를 따르면, 나성리 유적에서는 간선과 지선 도로 11기가 확인되었는데, 도로를 중심으로 시설물을 배치하는 계획도시의 면모가 보인다. 또 간선도로는 금강 변을 종착지로 하여 하안의 선착장과 연결되었으리라 보았다.

59 백제가 지방 지배와 물자유통의 거점으로서 재지의 전통적인 취락 양상과 다른 새

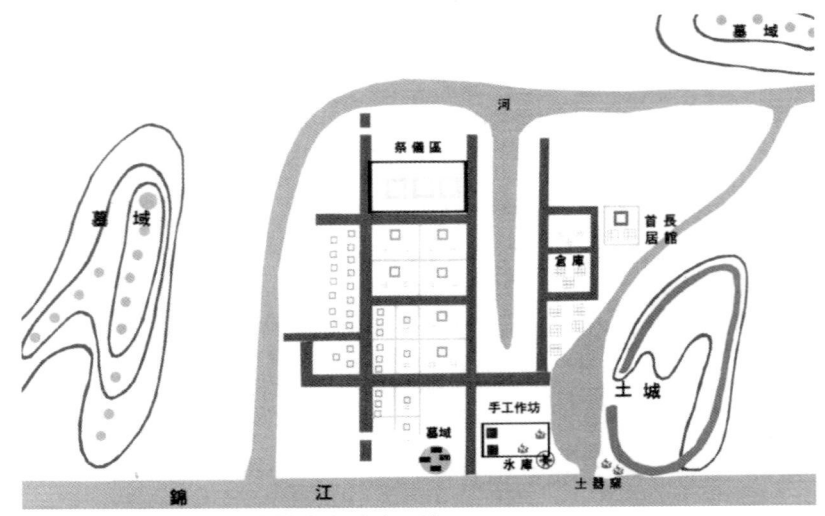

그림 7　충남 연기군 나성리 취락 유적의 모식도
박순발,「백제 한성기의 지방도시」,『백제의 왕권은 어떻게 강화되었나 – 한성백제의 중앙과 지방』(서울 : 한성백제박물관, 2014), p.195

　　대전광역시 유성구 원신흥동 유적은 甲川을 비롯한 소하천 주위에 발달한 충적대지에 이루어져 있다. 여기서는 청동기시대의 주거지와 羅末麗初期의 생산 유구(건물지, 가마 등), 주거지, 수레바퀴흔 등이 조사되었다. 이 중 수레바퀴 자국은 유적의 전면에서 총 37기가 확인되었는데, 바퀴의 주축 방향이 대체로 유적의 서쪽 구릉부에서 갑천 쪽으로 형성된 동–서 방향, 그리고 갑천의 유수 방향과 나란한 남–북 방향으로 나 있다. 그리고 4호 건물지내 20호 소성관련 유구에서는 철제 車輨 2점이 출토되었다.[60] 이곳에서 나말여초

　　로운 유형의 지방도시를 건설해가는 모습은 5세기 중엽 榮山江 유역의 광주 동림동, 산정동, 나주 랑동·다시들 유적, 무안 양장리 유적에서도 확인된다고 한다(이영철,「백제 地方都市의 성립과 전개 – 영산강유역을 중심으로」,『韓國古代史研究』81 (韓國古代史學會, 2016)).

60　정상훈 외,『대전 원신흥동 유적』(부여 : 백제문화재연구원, 2011).

시기에 가마 등이 운영되었고, 생산된 물자가 수레에 실려 갑천으로 옮겨지고 다시 갑천의 수로를 이용하여 운송되었다고 생각된다.

경남 김해시 일원에서는 加耶 때의 항구 시설이 발굴되었다. 봉황동 466-4번지 유적은 낙동강 하류에서 봉황대로 이어지는 海畔川의 천변에 있으며, 봉황대의 서쪽 해안에 해당한다. 이 유적의 연대는 4~5세기 경으로 추정되며, 창고용의 굴립주 건물지와 石列 유구, 土樓 등이 발견되어 선박의 접안을 위한 항구시설이 있었을 것이라고 한다.[61] 또 長有面 官洞 유적이 있는데, 계획적으로 배치된 건물지와 창고 시설, 포장도로, 그리고 선착장으로 추정되는 棧橋가 삼국시기 문화층에서 발견되었다. 이곳에 津·關 등의 공공시설이 있었을 것이다.[62] 이들 항구는 변한 시기의 良東里 집단 및 전기가야연맹 시기 大成洞 세력의 성쇠에 따라 內港과 대외교역항으로서 역할의 변화가 있었으나,[63] 내항으로 활용될 때는 수취품의 수합처, 軍港의 기능이 주요한 것이었다. 『삼국유사』에 전하는 駕洛國記에는 渡頭村, 主浦, 別浦, 津頭 등 항·포구 및 나루와 관련된 명칭이 나온다.

이밖에 가야와 신라를 잇는 낙동강 수로를 따라 여러 港·浦口가 개설되었을 터이다. 이 가운데 黃山津은 현재의 경남 양산시 물금읍 물금리에, 伽耶津은 낙동강 하류의 부산광역시, 창녕군 등에 비정된다. 이들 포구의 개설 혹은 장악은 3세기 후반 이후 신라가 낙동강 수로를 둘러싸고 금관가야와 벌인

---

61 慶南發展研究院 歷史文化센터, 『金海 가야인 생활체험촌 조성부지내 유적 2차 發掘調査 약보고서』 (2003).

62 三江文化財硏究院, 『金海 官洞里 三國時代 津址-김해 율하택지사업구간 내 발굴조사 보고』 (2009) ; 蘇培慶, 「金海 官洞里遺蹟과 加耶의 항구-金海 官洞里 三國時代 津址를 중심으로」, 『가야의 포구와 해상활동』 (김해 : 인제대학교 가야문화연구소, 2011).

63 김창석, 『한국 고대 대외교역의 형성과 전개』 (서울 : 서울대학교출판문화원, 2013), pp.85~89.

쟁탈전의 결과이다.[64] 가야 세력을 제압한 결과 신라는 낙동강 수운을 활용하여 남해안 방면의 함안 성산산성까지 수취품을 수송할 수 있었다.

전국에서 운송된 수취품의 최대 집결지는 都城이었다. 따라서 도성 주변의 水系와 교통 상황을 통해서도 漕運의 양상을 엿볼 수 있다. 고구려의 경우 주지하듯이 卒本城과 紇升骨城이 渾江을 끼고 있고, 국내성과 환도산성은 압록강과 通溝河를, 長安城과 대성산성은 대동강과 보통강을 곁에 두고 있었다. 이는 자연해자로서의 군사적 목적과 함께 지방으로부터 수취품이 오고 가며, 대외교역용 물자가 이동하는 데 활용되었다.

백제 한성기의 도성인 風納土城이 한강 본류와 성내천의 합류 지점에 자리 잡고 있다. 경당 196호 수혈에서 백제토기 대옹과 중국제 施釉陶器가 다수 발견되었는데, 특히 서편에 놓인 토기에서 복어와 참돔의 뼈가 발견되었다. 이 어류는 젓갈 형태로 가공되어 중국과 백제의 지방으로부터 한성으로 반입되었으리라 추정된다.[65] 경당 206호 유구는 보호시설을 갖춘 고급 우물인데, 내부에서 우물이 폐기된 후 매납된 280점을 넘는 壺와 甁類가 발견되었다. 이들은 대부분 저장용기로서 중앙 양식과 함께 충청, 전북 지역, 영산강 유역 등 지방산이 다수라고 한다.[66] 병이나 항아리에 어떤 물품을 넣어 육로로 원거리를 수송할 경우 파손의 위험이 크므로 수상 운송이 선호되었으리라 여겨진다.

熊津城, 泗沘城은 금강을 끼고 있다. 웅진은 '곰나루'의 의미이고, 사비성

---

64 전덕재, 「삼국시대 황산진과 가야진에 대한 고찰」, 『韓國古代史研究』 47 (韓國古代史學會, 2007).

65 權五榮, 「한성백제의 물류 거점, 풍납토성의 면모」, 『한신대학교 박물관 20년의 발자취』 (화성 : 한신大學校博物館, 2010), pp.42~45.

66 위의 논문, pp.45~52. 한편 같은 논문, p.39는 옛 송파나루 인근에서 발견된 목재와 나뭇가지를 엇갈리게 덮은 구조물이 한성기의 洑 혹은 배의 접안시설일 가능성을 제기했다.

역시 인근에 北浦 나루가 있었다.[67] 武王이 적극 경영에 나선 전북 익산 지역도 청동기시대 이래 만경강과 금강의 수상 교통을 이용할 수 있는 요지였다. 백제는 6세기 말 이후 사비성으로 통하는 대중국 및 대일 교루의 관문 역할을 기대하여 익산을 개발하기 시작했고, 금강변의 熊浦, 聖堂浦에 당시 항만 시설이 있었으리라 추정된다.[68]

경주 지역을 보면, 토함산으로부터 흘러내린 南川과 北川이 시내를 감싸고, 서편의 兄山江으로 합류하여 북동편 포항 방면을 거쳐 동해로 흘러나간다. 남쪽으로는 남서편으로 앞서 언급한 건천을 거쳐 동창천 - 밀양강이 이어지고, 동남편으로는 東川江이 죽동리 - 입실리 - 외동읍 - 구어리 - 달천 鐵場(울산광역시 중산동)을 따라 흘러서 대형 木柵列이 발견된 울산 반구동에서 太和江에 합류하여 동해로 빠져나간다. 이들 하천에 설치된 浦口는 阿珍浦, 沙道城, 栗浦, 絲浦 등 동해안이나 영일만, 울산만 쪽에 있던 港口와 유기적인 관계를 맺게 되고, 강과 바다를 연결하는 수운체계가 형성되어 갔을 것이다.

삼국 가운데 신라의 경우는 선박 관련 유물과 유적이 발견된 바 있다. 신라와 가야의 舟形土器가 20여 점 현존하는데, 경주 金鈴塚 출토품은 5세기 말~6세기 초에 제작된 것이다. 2점 중 1점은 파도가 넘어오는 것을 막기 위해 선수와 선미에 竪板을 대고 선체 내부에 횡강력을 보강하기 위해 멍에를 설치했다(**그림 8의 우측**). 그러나 2점 모두 기본 구조는 통나무배[獨木舟]이다.

그림 8 **경북 경주시 금령총 출토 주형토기**
이난영, 『토우』 (서울 : 대원사, 1991), p.31

---

67 『三國史記』 卷27, 百濟本紀5 武王 37年 "春三月 王率左右臣寮 遊燕於泗沘河北浦 …… 時人謂其地爲大王浦".

68 李炳鎬, 「百濟 泗沘期 益山 開發 時期와 그 背景」, 『百濟硏究』 61 (忠南大學校 百濟硏究所, 2015), pp.91~96.

그림 9   대구광역시 달성군 평촌리 출토 주형토기의 측면(좌)과 평면(우)
김찬영 외, 『달성 평촌리·예현리 유적 – 사진』 (영천 : 경상북도문화재연구원, 2010), p.224

    4세기 후반~5세기 전반으로 편년되는 대구광역시 달성군 평촌리 유적의 수혈유구에서 출토된 주형토기(그림 9)는 하부의 통나무 구조에 상부의 波浪막이 구조를 결합한 2단 형식의 준구조선이다.[69] 통나무배는 너비가 좁을 수밖에 없어 사람이 타거나 화물을 실을 때 제한이 크고 복원성이 낮다. 이를 극복하기 위해서는 통나무 선체를 둘로 쪼개고 그 사이에 판재를 삽입하여 선저부를 넓히고, 선체의 깊이를 보완하기 위해 양쪽 측면인 舷에 판재를 올리게 된다. 이러한 구조의 변화를 통해 통나무배가 준구조선, 나아가 구조선으로 발달한다. 달성군 평촌리 유적은 낙동강의 지류인 車川 인근이어서 4~5세기 무렵 이 하천을 왕래하던 신라의 배를 떠올리게 한다.

    경주 月池에서 발견된 통일신라기의 배(그림 10)는 전체 길이가 5.9m인데, L자 모양으로 된 兩舷의 목재 사이에 1편의 목재를 추가하여 3개의 소나무 목재 편으로 되어 있다. 이는 초기 단계의 준구조선에 속하며, 獨木舟式 준구조선이다.[70]

    인천 옹진군 영흥도에서 발견된 8~9세기의 배는 길이 6m, 너비 1.4m,

---

69   김찬영 외, 『달성 평촌리·예현리 유적』 (영천 : 경상북도문화재연구원, 2010), p.252.

70   김재근, 『우리의 배』 (서울 : 서울대학교출판부, 1996), pp.57~59.

그림 10 경주시 월지 출토 배
경상북도, 『통일신라 시기Ⅲ-자료집7』(영천 : 경상북도문화재연구원, 2016), p.297

깊이 0.3m 가량이며, 중앙 저판으로 추정되는 것과 만곡부종통재 2점을 합해서 모두 3편의 선체가 확인되었다. ㅛ자형으로 가공된 중앙 저판재와 단면 L자형의 만곡부종통재를 보면, 길이가 긴 나무못이나 쐐기를 박는 등의 결구방식이 고려시기의 초기 선박과 공통된다. 그리고 이 배에서 발견된 파도무늬 陶器甁에 들어 있던 내용물이 黃漆임이 밝혀져, 이 배가 통일신라의 당항포로부터 중국 산동반도로 향하던 교역선일 가능성이 크다고 한다.[71] 영흥도선는 황해를 횡단하는 원양 항해를 해야 하므로 신라 국내에서 수취품을 운송하던 배보다 대형이었을 것이다. 그러나 화물을 운송한다는 점에서 기본 구조는 유사했으리라고 추정된다.

신라 국내에서 물품을 수송하던 배의 모습은 울산광역시 두동면의 川前里 刻石에서 그 실마리를 찾을 수 있다. 바위 면을 상하로 나눠 보면, 윗부분에는 쪼아파기와 갈기 수법으로 표현된 동물상, 인물상, 기하학적 문양이 있고, 아랫부분에는 가는 線刻의 銘文과 추상적 도형, 그리고 기마행렬도 등이

---

71 강원춘, 「발굴유물을 통해 본 통일신라의 배」, 『신라의 海門, 울산 반구동』 (울산 : 울산박물관, 2020), pp.116~118.

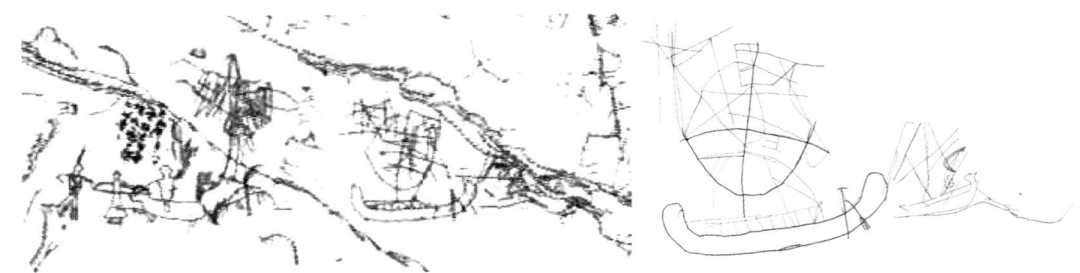

그림 11　울산광역시 두동면 천전리 각석의 하단부 좌측 細線刻畵 일부와 선박 부분의 모사도
좌: 전호태, 『울산 반구대암각화 연구』(서울 : 한림출판사, 2013), p.184
우: 黃壽永·文明大, 『盤龜臺岩壁彫刻』(서울 : 東國大學校 出版部, 1984), p.184

새겨져 있다.[72]

　　하반부의 왼편에 새겨진 그림 가운데 배 2척이 보인다. 이 細線刻畵의 제작 시기가 문제인데, **그림 11**을 보면 배 그림의 왼편에 기마행렬도가 있다. 양자는 모두 날카로운 금속제 도구로 윤곽선만을 드러내도록 하는 기법과 묘사 방식을 보여주어 제작 시기가 같다고 보인다.[73] 기마행렬도의 바로 상부에 새겨진 銘文에 '癸亥年'이 있어 행렬도를 제작한 시기가 眞興王 4년(543)일 가능성이 있다.[74] 그러나 천전리 각석의 명문이, 이런 세선화가 옆에 없는 경우에도 대부분 "언제 누가 (무슨 이유로 와서 무엇을 하고) 다녀갔다."는 내용이거나 人名을 기록한 것이어서 계해년명을 꼭 이 기마행렬도와 연결 지을 수는 없다. 어쨌든 기마행렬도는 인물 표현 방식과 服式이 삼국시기 신라의 인물형

72　임세권, 『한국의 암각화』(서울 : 대원사, 1999), pp.74~75.

73　전호태, 「울주 대곡리·천전리 암각화」, 『한국의 암각화』(서울 : 한길사, 1996), pp.62~64.

74　강종훈, 「울주 천전리 각석 명문의 새로운 판독과 해석」, 『韓國岩刻畵研究』 14 (한국암각화학회, 2014), pp.31~32를 따르면 "癸亥年二月八日 沙喙□凌智小舍 婦兆德刀遊行時 書"라고 판독된다.

土偶와 비슷하여 같은 시기에 제작되었다고 보아 무리가 없다고 여겨진다. 따라서 행렬도와 같은 기법의 배 암각화 역시 신라 中古期 이전에 제작되었을 것이다.

배 그림을 자세히 살펴보면, 왼쪽의 배가 보다 대형이지만 두 척 모두 돛을 달고 있는 듯하다. 오른쪽 소형 선박은 삼각 돛을 달고 그물을 내려 고기를 잡는 모습을 표현했다고 보인다.[75] 그물 부분이 파도처럼 보이기도 하지만 천전리 암각화 어디에도 파도를 표현한 곳은 없다. 이 부분은 그물이고 뱃머리와 연결된 선은 배를 고정하기 위해 닻을 내린 모습을 표현한 듯하다. 이 漁船과 대비되는 것이 왼편의 대형 선박이다. 이 배는 타원형의 돛을 달았고 선체의 2/3 가량에 짐을 실었다. 각각의 짐은 균일한 분량으로 포장되어 나란히 실려 있는 모습을 정교하게 표현했다. 따라서 이 배는 오른 편의 어선과 대비되는 화물선이라고 생각된다.

이 화물선이 외국의 交易商이나 사절이 타고온 外洋의 범선이라는 견해가 있으나[76] 어선과 함께 묘사된 것을 감안하면 교역선이라기 보다는 신라의 국내산 물자를 실어 나르던 선박이라고 여겨진다. 어업을 통해 해산물을 채취한 뒤 이를 선적하여 운송하는 일련의 장면을 표현하려던 것이라고 짐작된다. 왼편의 기마행렬도까지 연결시키면 이를 왕경으로 수송하는 장면이라고 할 수도 있으나, 행렬도는 위쪽의 계해년 명문과 연결될 여지가 있고 장식성이 강하여 배 그림과 별개일 가능성이 있다.

---

75 김호석, 『한국의 바위그림』 (서울 : 문학동네, 2008), p.188.

76 장명수, 「한국 암각화의 편년」, 『한국의 암각화』 (서울 : 한길사, 1996), pp.222~223.

2. 신라의 漕運制 성립과 '船家'

斯盧國이 이른 시기에 포항 방면의 安康, 興海 지역과 태화강 유역으로 진출할 수 있었던 배경에는 수상 교통에 편리한 지리적 조건과 더불어 일찍이 선박을 운용하고 그 구조를 발달시켜온 신라인의 경험이 자리 잡고 있었다. 신라의 선박 제조기술을 보여주는 자료가 있다.

> 이때를 당하여 신라의 調使가 武庫에 함께 머물고 있었다. 그런데 新羅停에서 갑자기 불이 나, 모아 둔 배에 옮겨 붙고 많은 배가 불에 탔다. 이로 인해 신라 사람을 책망하니 신라의 왕이 이를 듣고 두려워하고 크게 놀라 유능한 匠人을 보냈다. 이것이 猪名部 등의 시조이다.[77]

신라가 倭에 파견한 선박 만드는 장인이 뒤에 야마토 정권의 목공기술 전문 집단이었던 猪名部(이나베)의 시조가 되었다는 것이다. 이 기사는 대략 5세기 초 무렵 신라의 造船術이 왜에 전해진 사실을 뒷받침한다.[78]

흥해 지역의 경우 경주 세력을 위한 배후 생산기지가 되었다고 여겨지는데,[79] 이곳에서 수취된 물자가 曲江川, 초곡천 혹은 육로를 이용하여 형산강의 포구까지 수송된 후 형산강 수로를 통해 경주로 이동했으리라 보인다. 이후 助賁·沾解尼師今 때 永川과 대구 방면을 복속시키면서[80] 낙동강 본류와

---

77 『日本書紀』 卷10, 應神天皇 31年 秋8月.

78 朴九秉,「韓國漁業技術史」,『韓國文化史大系 3: 科學·技術史』(서울: 高麗大 民族文化硏究所, 1968).

79 金昌錫,「포항 중성리비의 '宮'과 상고기 신라의 地域支配」,『韓國古代史硏究』 96 (韓國古代史學會, 2019), pp.150~151.

80 『三國史記』 卷2, 新羅本紀2 助賁尼師今 7年 "春二月 骨伐國王阿音夫率衆來降 賜第

바로 맞닿게 되어 낙동강 수로를 통해 경북 북부의 여러 소국 및 가야와 교류가 가능하게 되었다. 6세기 중반 이후 한강 하류역과 강원 영서지역을 장악하게 되면 新州를 설치하여 남한강과 북한강 수계를 활용할 수 있는 여건이 마련된다. 이로써 삼국시기 신라는 上州와 下州의 지방행정기구를 통해 낙동강 수계를, 그리고 新州의 기구를 통해 한강 수계를 이용할 수 있게 되어 국가 제도로서의 漕運을 실시하기 위한 기본적인 수운의 조건이 마련되었다고 보인다.

수취품을 조운을 통해 州郡과 같은 지방 治所나 주요한 방어용 城까지 이송하는 체계는 자료가 남아 있지 않아 상세히 알 수 없다. 그러나 지방에서 이뤄지는 수취의 경우 그 행정기구가 중심 역할을 했음이 분명하다. 도성까지 운송되는 수취품은 중앙 행정기구가 간여했을 터인데, 調府, 倉部, 兵部, 乘府, 船府 등을 상정할 수 있다. 조운과 관련해서는 특히 병부, 선부가 주목된다.

夏五月 聞倭兵至 理舟楫 繕甲兵[81]

冬十一月 始命所司藏氷 又制舟楫之利[82]

유례니사금 때 倭兵이 침략해 오자 배와 노[舟楫]를 수리하고 병기를 고쳤다고 한다. 국가가 운용하는 선박이 있었고, 軍船으로 활용되었음을 알 수 있다. 지증왕대의 기사는 '얼음을 보관하고 舟楫의 이익'을 얻도록 관부에 명령을 내렸다고 한다. 이때 주즙을 군사적 의미로 볼 수는 없다. 水運을 통해

宅·田莊安之 以其地爲郡".
同, 沾解尼師今 15年 "春二月 築達伐城 以奈麻克宗爲城主".

81 『三國史記』卷2, 新羅本紀2, 儒禮尼師今 6年.
82 위의 책, 卷4, 新羅本紀4, 智證麻立干 6年.

물자를 유통시킴으로써 발생하는 편리함과 경제적 이익을 가리킬 것이다. 특히 藏氷과 함께 수운이 언급된 것은 백제 한성기의 나성리 유적에서 氷庫가 수공업장과 함께 금강 변에 자리 잡고 있었음을 떠올리게 한다. 빙고는 얼음뿐 아니라 이곳에서 생산되었거나 외부에서 유입된 물자를 일시 저장하는 데 사용되었을 것이다. 지증왕 6년의 조치는 이처럼 물자유통에서 밀접히 연관되어 있는 얼음 보관과 수운의 문제를 국가 차원에서 관리하려는 의도에서 나왔다고 본다.[83]

국가로서는 전국에서 王京으로 집중되어 오는 수취품의 원활한 수송이 가장 주요한 '舟楫之利'였다. 따라서 신라에서는 초기에 선박을 군사용으로 동원, 운용하다가[84] 그 경제적 효용성을 발견하면서 수취품 운송에도 활용하게 되었다고 여겨진다. 국가 운용 선박을 수취용으로 轉用할 수 있도록 제도화 한 것이 지증왕 6년의 조치였다. 이후에도 물론 평상시에 화물 운송에 쓰이던 선박이 전시에는 군선으로 동원되었을 것이다.[85] 이러한 양상은 다음 기사에서 재확인된다.

船府 舊以兵部大監·弟監 掌舟楫之事 文武王十八年別置 景德王改爲利濟府

[83] 『三國遺事』卷1, 紀異1 第三 弩禮王 조를 보면, 藏氷庫를 이때 처음 만들었다고 한다. 이를 사실로 인정한다면, 사로국의 국읍에 있던 장빙 시설이었을 것이다. 『三國史記』卷39, 雜志8 職官 中에 나오는 氷庫典은 이러한 왕실 소속의 장빙고를 관리하는 업무를 맡았다고 보인다. 사로국 시기에 핵심 집단의 藏氷 시설이 있었고, 이를 지방에 확산시키려는 조치가 智證王 6년에 내려졌다고 보인다.

[84] 신라가 탈해니사금 때 가야와 전쟁을 벌여 黃山津을 확보하고(『三國史記』卷1, 新羅本紀1 脫解尼師今 21年), 善德王 13년(644) 백제의 加兮城을 빼앗아 이곳에 津을 개설한 것은(同, 卷41, 列傳1 金庾信 上) 군사적 목적으로 포구를 확보한 예이다.

[85] 지증왕 13년(512) 異斯夫는 '戰船'을 이끌고 于山國을 복속시켰다(『三國史記』卷4, 新羅本紀4 智證麻立干 13年).

惠恭王復故[86]

　　선부는 '舟楫之事'를 관장하고 문무왕 18년(678)에 설립되었다. 그런데 그 전에 兵部의 관리인 大監과 弟監이 이를 맡고 있었다고 한다. 『삼국사기』 직관지에 의하면, 병부에 대감이 설치된 것이 진평왕 45년(623)이고, 제감은 진평왕 11년(589)에 두어졌다. 그러나 同書의 진평왕 5년 조에 "始置船府署 大監·弟監各一員"이라고 했으므로 이때 병부의 屬司로서 船府署가 설립되고 그 책임자로 대감과 제감을 두었다가, 문무왕 18년에 선부서의 장관으로 슈을 두어 船府로 승격시키고 기존의 대감과 제감을 각기 卿과 大舍로 개칭했다고 보인다.[87]

　　지증왕 때 수운 업무가 제도화 되었고, 법흥왕 4년(517)에 兵部가 설립될 때 그 전부터 수운은 軍事와 직결되어 있었으므로 수운의 업무를 병부가 관장하게 되었을 것이다. 진평왕 때 병부에 선부서가 두어지면서 그 소속의 대감과 제감이 이를 전담하다가, 문무왕이 선부서를 船府로 격상시키고 독립관부로 출범시켰다.

　　선부가 병부로부터 分置된 것은 河運 및 해운이 원래 군사 분야와 밀접한 관계를 맺고 있었기 때문이다. 선부는 이후에도 병부와 유기적인 협조체제를 유지했을 것이다. 그러나 신라-당 전쟁이 종식된 후 장기간 평화가 유지되면서 선부의 독자적인 업무 비중이 확대되어 갔다고 보인다. 경덕왕 때 船府의 이름을 利濟府라고 개칭한 사실에서 그러한 사정을 엿볼 수 있다. 관부의 이름 전면에 '利'를 내세운 것으로 보아 수취뿐 아니라 국가가 간여하는 대내·외 交易 활동에도 선부가 개입되어 있었던 듯하다. 군사에서 출발한 선

86　『三國史記』卷38, 雜志7 職官 上.
87　전덕재, 「『삼국사기』 직관지의 원전과 찬술에 대한 고찰-중앙행정관부 기록을 중심으로」, 『韓國史研究』 183 (韓國史研究會, 2018), p.222.

박·수운 업무가 수취품 운송, 나아가서는 교역까지 확대되는 추세를 읽을 수 있다.

漕運 활동은 수취품의 운송과 재분배에 한정된다고 볼 수 있으므로 그것이 국가 차원에서 체계화 된 시점은 문무왕 18년이 유력하다. 이때 선부를 설립함으로써 비로소 명목상 軍事와 분리된 舟楫의 업무를 전담하는 관부가 탄생했기 때문이다. 지증왕 때 빙고를 짓고 수운의 편리함을 활용하도록 함으로써 국가의 조운 활동이 시작되었고, 진평왕 때 船府署를 두어 병부 내에서 수운이라는 職掌을 특화시킴으로써 조운제도의 기초가 놓였다. 그 위에서 문무왕이 독립 관부로서 선부를 설치함으로써 국가의 조운활동이 체계적인 제도로서 성립되었다고 보는 것이다. 神文王 9년(689)에 祿邑을 혁파하고 중앙에서 고위 관료들에게 '逐年賜租'할 수 있었던[88] 배경의 하나로서 문무왕대에 조운제도가 성립되어 지방의 稅穀이 보다 쉽게 왕경으로 수합되게 된 점을 꼽을 수 있다.

5세기 후반~7세기 후반에 사용되었다고 추정되는 월성해자에서[89] 2015년 이후 새로 출토된 4면 문서목간 중에[90] "…阿尺山□舟□至□愼白□□…"가 기록된 것이 있다. 이는 보고 내용의 일부에 해당하는 구절인데, '舟'가 등장한다. 이는 수취품 운송의 사례는 아니지만, 어떤 사건의 보고와 같은 국가의 행정과정에 수상교통이 활용되고 있었음을 보여준다. 교통수단인 배를 굳이 언급한 것은 이 배가 국가의 공식 선박이었음을 시사한다.

漕倉은 水運의 거점으로서 창고와 전용 선박(조운선)을 갖추었고, 일종

---

88 『三國史記』卷8, 新羅本紀8 神文王 9年.

89 李相俊, 「慶州 月城의 變遷過程에 대한 小考」, 『嶺南考古學』 21 (嶺南考古學會, 1997) ; 金洛中, 「新羅 月城의 性格과 變遷」, 『韓國上古史學報』 27 (韓國上古史學會, 1998).

90 박정재, 「경주 월성 해자 조사 성과와 목간」, 『木簡과 文字』 20 (韓國木簡學會, 2018).

의 지방행정구역이기도 했다. 이것이 제도화 된 것은 고려 靖宗~文宗 때였다.[91] 이에 비해 漕運은 수취품 등을 뱃길을 이용하여 王都로, 또는 지방간에 수송하는 것이므로 조창이 설치되기 전부터 실시될 수 있었다. 앞서 제시한 문헌상의 여러 기록과 港·浦口 유적, 선박 관련 자료들이 그 증거이다.

    신라에서 文武王 때 성립된 조운제는 이후 어떻게 전개되었을까?

    경기도 포천군 군내면의 半月山城에서 발견된 銘文瓦를 실마리 삼아 살펴보고자 한다. 그 명문은 "馬忽受蟹口草"라고 판독된다(그림 12).[92] 馬忽이 고구려 때 지명이므로 발견 초기에는 이를 5세기 후반 고구려가 포천 지역을 장악한 후 백제인이 제작하여 공급한 유물이라고 보았으나[93] 관련 자료에 관한 검토가 진전되면서 통일신라기의 기와로 이해되고 있다.

    관련 자료란 일제강점기에 경기도 광주군 船里(지금의 경기도 하남시 船洞. 이하 선동으로 지칭)에서 출토된 명문와이다. 그 가운데 〈지명 + 受 + 蟹口〉를 기본 구성으로 하는 예가 있다. 지명으로는 北漢, 買省, 松岳, 栗木, 丁忽, 買召忽 등이 확인되며, 지명만 있는 명문와 중 開城, 泉口, 馬城, 童城이 나온다. 이 가운데 문헌상으로 확인되는 지명은 대부분 8~9세기의 漢山州 소속 군현으로 확인된다.[94]

---

91 北村秀人,「高麗時代の漕倉制について」,『朝鮮歷史論集 上』(東京 : 龍溪書舍, 1979) ; 金載名,「高麗의 漕運制度와 泗川 通陽倉」,『한국중세사연구』20 (韓國中世史學會, 2006).

92 李道學,「抱川 半月山城 出土 '고구려' 기와 銘文의 再檢討」,『高句麗研究』3 (高句麗研究會, 1997), pp.29~30.

93 徐榮一,「抱川 半月山城 出土 〈馬忽受解空口單〉銘 기와의 考察」,『史學志』29 (檀國大學校, 1996).

94 전덕재,「서울대학교박물관 소장 명문기와 고찰」,『서울대학교박물관 소장 명문기와』(서울 : 서울대학교박물관, 2002).

따라서 포천 반월산성 출토품도 통일신라 때 제작되었다고 보인다. 馬忽, 즉 堅城郡이 한산주 소속이고, 명문의 형식이 선리 출토품과 혹사하기 때문이다. 다만 끝 글자를 일부 논자들이 '單'이라고 읽었으나, (瓦)草가 지붕을 덮는 기와를 뜻하므로 '草'가 맞다.[95] 草, 즉 기와는 공급된 품목을 가리키는데, 일부 개체에는 생략된 경우도 있다. 이 경우 기록자의 입장에서는 명문을 새긴 물품 자체가 그 품목을 보여주기 때문에 굳이 기록할 필요가 없었을 것이다.

이 명문의 해석이 문제이다. 〈지명 + 受 + 蟹口〉를 기본 형식으로 본다면, 受자를 중심으로 앞과 뒤에 각기 지명과 해구가 등장하는데, 과연 이 가운데 기와의 생산처와 소비처는 어디일까? '수'를 일반적인 의미인 '받는다.'고 새기면, "馬忽受蟹口草"는 "馬忽이 받는(을) 蟹口의 기와"라고 해석된다. 마홀은 기와의 소비처이고 蟹口가 생산·공급처가 된다. 그러나 경주시 외동읍 「關門城 石刻」에 '受'가 '할당받은'이라는 의미로 사용되었으므로 마홀은 기와 생산을 할당받은 생산처이고, 이를 해구에 공급하여 해구에서 사용되었다는 해석이[96] 가능하다. 중고기의 비문인 「南山新城碑」에도 '受' 혹은 '受作' 뒤에 축성 거리를 기록하여 각 행정단위가 담당할 축조의 분량을 밝혔다. 그리고 하남 선동 출토 명문와를 앞쪽의 지명을 기준으로 하여 분류해보면, 동일 郡縣의 기와는 명문을 새긴 방법, 문양 등이 1·2가지 유형으로 나뉘는 정도로 일정하지만, 다른 군현의 기와와는 상대적으로 차이가 크다는 점이 드러난다.[97]

---

95 李炳鎬,「扶餘 定林寺址 出土 塑造像의 製作時期와 系統」『美術資料』74 (國立中央博物館, 2006), p.51 ; 박성현,「신라 城址 출토 문자 자료의 현황과 분류」『木簡과 文字』2 (韓國木簡學會, 2008), pp.119~120.

96 田中俊明,「廣州船里出土文字瓦銘文の解釋と意義」『古代文化』56-11 (日本 古代學協會, 2004), pp.46~47.

97 박성현,「신라 통일기 한주(漢州)의 물자 이동과 조운(漕運)-하남 선동 출토 명문기와를 중심으로」『역사와 현실』121 (한국역사연구회, 2021).

그렇다면 이 기와들은 한주 소속의 군현에서 분담, 제작하여 해구로 보냈다고 보아야 하겠다. 포천 반월산성에서 출토된 '마홀'명 기와는 견성군(마홀)에 할당되어 생산된 기와 중 일부가 반월산성에서 사용된 사례라고 여겨진다.

그렇다면 '蟹口'는 어디이고, 그 의미가 무엇일까 궁금하다. 蟹가 갑각류인 게를 가리키므로, 게의 모양처럼 주 성곽 좌우에 방어시설을 배치한 백제의 거점 중 하천변에 있던 것,[98] 또는 게와 유사한 지형을 가진 하남시 船洞 부근의 지명이고 여기에 國營의 瓦窯가 있었다고 보았다.[99] 구체적으로는 현재의 고덕천이 蟹川[게내]이라고 불렸고, 기와 발견지가 고덕천과 왕숙천이 한강으로 합류하는 지점이므로 이곳의 지명이 蟹口였으리라는 견해,[100] 開城(지금의 황해북도 개풍)에 비정하는 견해가[101] 있었다.

이 문제를 검토하는 데 참고가 되는 자료가 지금의 서울시 암사동 부근에서 발견된 바 있다(**그림 13**). 이 기와는 1925년 대홍수 때 발견되었으므로 하남시 선동으로부터 流入되었을 가능성이 크다. 명문은 "北漢受國蟹口舩…"으로 판독된다. 그런데 하남시 선동 출토품 중에 "…□家□"이라고 판독되는 기와 편이 있다(**그림 14**). 앞쪽의 불명자는 오른편 획이 公이 분명하고, 왼편의 남

---

98 李道學, 앞의 논문 (1997), p.35.

99 전덕재, 앞의 논문 (2002), p.30.
일찍이 李丙燾, 「慰禮考」 『韓國古代史研究』 (서울 : 博英社, 1987), p.497에서 蟹口를 암사동, 店村 부근에 있던 渡津의 이름이라고 보았고, 徐五善, 「韓國平瓦紋樣의 時代的 變遷에 對한 研究」 (忠南大學校 史學科 碩士學位論文, 1985), pp.58~60은 하남시 선동 지역에 瓦窯가 있었으리라 추정한 바 있다.

100 김규동·성재현, 「船里 銘文瓦 考察」 『考古學誌』 17 (국립중앙박물관, 2011), pp. 569~570.

101 金昌鎬, 「廣州 船里遺蹟에서 出土된 蟹口기와의 生産과 流通」 『文化史學』 52 (한국문화사학회, 2019), p.12.

그림 12 경기도 포천군 반월산성 출토 명문와
단국대학교 문과대학 사학과, 『포천 반월산성 1차 발굴조사보고서』 (1996)

그림 13 서울시 암사동 출토 명문와
李丙燾, 『韓國古代史研究』 (서울 : 博英社, 1987), p.496

그림 14 경기도 하남시 船洞 출토 명문와 탁본과 실측도
임상택 외, 『서울대학교박물관 소장 명문기와』 (서울 : 서울대학교박물관, 2002), p.39

은 획이 舟자의 우하부라고 판단된다. 따라서 이 글자를 舩(船과 同字)으로 읽고자 한다. 그렇다면 **그림 13**의 "北漢受國蟹口船…" 명문 뒤에 '家'자가 오고, **그림 14**의 '舩家' 앞에는 '蟹口'가 올 가능성이 크다.

선동 출토 기와는 이화여자대학교 박물관과 국립중앙박물관에도 수장되어 있다.[102] 전자에 '船家' 명문이 확인되는 것이 있다고 하고,[103] 후자에는

---

[102] 吉井秀夫, 「銘文瓦を通してみた9~10世紀韓・日平瓦の生産・供給體制」『고려 태조 진전사원 봉업사의 역사적 가치와 보존방안』 (한국고대학회, 2017), p.199에 의하면, 일본의 關西大學 박물관, 京都大學 考古學硏究室에도 선리 출토 명문와가 소장되어 있다고 한다.

[103] 梨花女子大學校 博物館, 『博物館 所藏品目錄』 (1987), pp.152~154 ; 田中俊明,

蟹口와 함께 '舩家'와 '舩宇'가 보인다.104 따라서 蟹口와 船家는 밀접하게 연관되어 있는 존재라고 할 수 있다. 船家는 배와 관련된 일을 하는 家를 가리키므로, 蟹口는 선가가 활동하는 어떤 장소, 지점을 의미한다고 보인다. 여기서 蟹가 가리키는 '게'의 발음을 중시하여 '게'가 '개'와 통한다고 보면, 해구를 浦口라는 일반명사로 볼 여지도 있다. 개는 '강이나 내에 바닷물이 드나드는 곳'을 뜻하고105 이 글자에 해당하는 한자가 '浦'이기 때문이다. 그러나 '개'를 한자로 표기하려고 하면, 皆, 介, 開 등 획이 간단한 한자의 음을 빌려 썼을 것이다. 굳이 蟹와 같이 복잡한 글자를 쓴 것은 게라는 '뜻'을 나타내기 위한 것이고, 따라서 현재로서는 명문와가 발견된 하남시 선동 근처의 옛 지명이라고 보는 것이 합리적이다.

주목되는 것은 **그림 13**의 명문에 "北漢受國蟹口舩(家)…"라고 되어 있어, 해구 앞에 國자를 붙인 점이다. 國자 없이 蟹口 혹은 蟹만 기록된 것이 다수이지만 이들이 모두 같은 곳, 즉 하남시 선동으로 공급되었다고 보이므로, 원래는 '국해구…'였으나 國자를 생략하기도 했다고 보아야겠다. 해구가 지명이므로 그 앞에 붙인 國은 해구를 한정한다고 볼 수 없다. 해구가 신라의 한 지역이므로 그 앞에 國자를 붙일 이유가 없는 것이다. 그러므로 '국'은 해구 뒤에 나오는 내용에 걸리는 글자라고 생각된다. 즉 해구에 있는 '舩家'가 국가의 통제 아래 있었다는 의미이다.

선가 또는 선우의 활동에 국가 권력이 간여하고 있었다. 船家에 대해서는 선착장 또는 조선소를 의미한다는 견해가 있었다.106 한국 고대 금석문에

앞의 논문 (2004).

104 김규동·성재현, 앞의 논문 (2011), pp.564~567.

105 국립국어원 표준국어대사전의 개 항목(https://stdict.korean.go.kr/search/searchView.do) 참조.

106 田中俊明, 앞의 논문 (2004), p.47.

서 '家'의 용례를 찾아보면, 어떤 家戶 또는 家門의 의미가 대부분이다. 그런데 다량의 기와가 한주 소속의 여러 군현으로부터 제작, 공급되어 선가에서 사용되었다면 이것은 개인의 가호가 아니라 어떤 공적 시설물을 가리킬 것이다. 船家를 船宇라고도 표기한 것이 이와 관련된다. '宇'는 사회적 단위로서의 가호가 아니라 물리적 건물을 뜻하기 때문이다.

문제는 船家의 기능이다. 이 시설물에는 배와 이를 운용할 선원이 있었을 것이다. 이들이 漢州 소속 군현으로부터 필요 물자를 공급받고 있었으므로 州 차원의 시설이며 기구였음이 분명하다. 그렇다면 선가는 한주 관내의 수운을 담당했다고 보아야 한다. 보유 선박이 國用을 이용해서 만들어졌는지, 어떤 家戶의 소유 선박을 징발하여 사용한 것인지 불명이다. 하지만 국가가 조직하여 운영한 한주의 수운 기구가 蟹口에 있었고 그 기구 혹은 건물이 船家 또는 船宇였던 사실은 인정할 수 있을 것이다.[107]

선가를 국가가 관리한 것은 분명한 사실이고, 이러한 점에서 선가가 자리 잡고 있던 蟹口 지역의 浦口는 국가적 용도가 있을 때 활용될 수 있었다고 보인다. 이곳으로 한주의 물자가 취합되었고, 역으로 여기 集荷된 물자가 船家의 배에 실려 한산주 관내의 여러 군현과 관방시설로 보급되었을 것이다. 蟹口에 있던 포구와 선가의 기능은 수취품의 漕運에도 활용될 수 있다. 신라 중·하대에 한산주의 州治가 지금의 경기도 하남시에 있었으므로 선동에 있던 포구의 인근이다. 치소에 취합된 수취품은 陸運으로 선동의 포구로 옮겨진 다음 船家의 배에 실려 남한강 상류역으로, 다시 육운을 통해 낙동강 상류로 이동한 다음 수운과 육운을 이용하여 경주 지역까지 운송될 수 있었다. 선가의

---

107 중국은 戰國·秦漢 시기에 국가는 수운을 위해 船嗇夫-船師-船人-徒로 구성된 官營 조직을 운영하다가 점차 민간 운송업자를 고용하게 되었다고 한다(金秉駿, 「中國古代南方地域の水運」『東アジア出土資料と情報傳達』(東京: 汲古書院, 2011)). 신라 船家의 기능과 성격 변화를 이해하는 데 참고가 된다.

배가 곧 漕運船의 역할을 하는 것이다.

　이러한 조운 체제는 지증왕이 舟楫의 편리성을 추구하고, 진평왕 대에 船府署를 두고 문무왕 때 船府를 독립시키면서 신라 국가가 '舟楫之事'를 정비해 간 일련의 국가 정책의 산물이었다. 따라서 수운상 주요 지점의 항·포구를 물류의 거점으로 삼고, 그곳에 船家를 설치하여 운송을 책임지게 하는 방식은 한산주뿐 아니라 통일신라기의 廣域州 내에서 보편적으로 이뤄졌으리라 추정된다. 州 단위의 선가는 해당 州治의 통제를 받을 뿐 아니라 중앙의 船府(利濟府)의 하부 기구로서 운용되고 지원을 받았다고 보인다.

　신라 전역에 분포하고 있었을 수운의 거점은 고려 成宗代의 60개 浦口를 통해 그 양상과 기능을 엿볼 수 있다. 성종 11년(992) 전국 漕運船의 輸京價를 규정한 기사에 60개의 포구가 열거되어 있다.[108] 이 포구들은 羅末麗初에 성립되어 지방세력에게 장악되어 있다가 성종의 지방제도 개혁을 거쳐 文宗代에 13개 漕倉으로 발전했다고 보인다.[109] 전국의 포구가 60개로 정비된 것은 성종대라고 하더라도, 이상의 고찰로 미루어 볼 때 그 가운데 일부 포구의 원형은 신라 문무왕 18년 이전으로 거슬러 올라가 찾아볼 수 있다. 60개의 포구 중 경기도의 한강 연안에 비정되는 것이 23개에 이르므로[110] 이 중 하남시 선동의 포구가 들어있었을 가능성이 있다.

　한국 고대에 漕倉의 존재를 직접 전하는 자료는 전하지 않는다. 다만 나성리 유적에서 氷庫가 확인되었고, 『삼국사기』 지증왕기에 藏氷과 주즙의 이익이 함께 거론되었다. 蟹口와 같은 물류의 거점이라면 당연히 창고시설이 있

108　『高麗史』卷79, 食貨志2 漕運.

109　北村秀人, 「高麗初期の漕運についての一考察-『高麗史』食貨志漕運の條所收成宗十一年の輸京價制定記事を中心に」『古代東アジア史論集 上』(東京 : 吉川弘文館, 1978).

110　위의 논문, pp.339~348.

었을 것이다. 그것이 정기적인 수취품의 취합과 보관을 위한 것이었는지, 이 항·포구가 고유한 收稅區域을 가졌는지, 그리고 행정구역의 역할을 하였는지 불분명하다는 점에서 고려시기의 조창에는 미치지 못했다고 보인다. 그러나 신라 중·하대 蟹口 지역은 船家의 水運을 통해 州 단위에서 국가적 물류 체계의 결절점으로서의 기능을 수행하고 있었다. 조창제로 발전하기 전 조운제도 시행의 일면을 여기서 엿볼 수 있다.

IV 맺음말

경기도 하남시 船洞에서 발견된 명문와를 통해서, 신라 중·하대에 국가의 통제 아래 水運이 이뤄지고 있었음을 알게 되었다. 이곳에 蟹口라는 포구가 있었고, 漢州가 설치한 船家로 물자가 취합되고, 다시 王京이나 관내의 郡縣으로 배에 실려 운송되었다고 보인다. 이는 漕運制度가 시행되고 있었음을 의미한다. 신라에서 수취품을 水運을 이용하여 운송하는 양상은 문헌상으로 中古期 이전부터 확인되는데, 船府가 설립된 문무왕 18년(678)을 조운제 성립의 획기로 잡을 수 있다.

咸安 城山山城 木簡 중에는 甘文城의 稅穀을 어떤 인물이 운송했다는 내용이 있다. 이 인물이 세곡의 납부자인지, 운송만을 맡은 인물인지 알 수 없으나 일반 민의 徭役으로서 운송이 이뤄졌다고 보인다. 즉 수취품을 납부처까지 운송해야 하는 輸役은 납부자가 요역의 일부로서 감당해야 했다. 다만 요역 징발의 시기, 운송경로 상 다른 행정구역으로 진입하거나 수레, 배를 이용할 경우 납부자와 운송자는 달라질 수 있었다. 수취품이 이송되는 과정은 몇

단계로 나눠볼 수 있다. 지방으로부터 都城으로 보내는 경우를 예로 들면, 1차 운송은 주민의 거처로부터 각 지역 단위의 정해진 행정 治所까지, 2차는 이 치소로부터 도성의 경계까지, 3차는 경계 지점으로부터 도성의 최종 보관처까지이다.

이러한 운송체계의 기본은 일반 주민의 요역노동이었고, 이것이 수레, 牛馬를 이용한 陸運 및 水運과 결합하였다. 수레나 선박을 이용한 대규모 수송은 국가 차원에서 지원이 이뤄졌고 지방의 행정력이 이를 보조했다. 人力으로 짐을 나르는 모습과 방식은 신라의 土偶에 구체적으로 표현되어 있다. 선박 유물은 신석기시대의 통나무배로부터 신라의 准構造船까지 출토되었으며, 울산광역시 川前里 刻石에서는 수취품으로 보이는 물건을 일정한 분량씩 포장한 화물을 실은 帆船이 확인된다. 이러한 造船術과 항해술의 발전이 조운제 성립의 초석이 되었다.

자료가 남아 있는 신라의 경우만 놓고 볼 때 수취품을 水運하기 위한 국가 차원의 조운 시스템이 작동하고 있었다. 나성리 유적에서 보듯이 수운상의 물류 거점은 이미 삼국 중기부터 형성되고 있었고, 이를 기초로 하여 수취품 운송의 중간 기지가 되는 港·浦口가 등장했다. 하남시 선동 출토 명문와에 보이는 蟹口가 그러한 예이다. 이들이 羅末麗初의 변동을 거쳐 고려 成宗代에 60개의 포구로 확대·정비되고, 다시 그 후 13개의 漕倉을 중심으로 개편되었다고 이해된다.

참고문헌

『三國史記』『三國遺事』『高麗史』「南山新城碑」「竅興寺鐘銘」
『漢書』『三國志』
『日本書紀』『日本後紀』
黑板伸夫·森田悌 編,『譯注 日本後紀』, 東京 : 集英社, 2003.

『漢語大詞典』(디지털판)
국립국어원 표준국어대사전의 개 항목(https://stdict.korean.go.kr/search/search-View.do)
慶南發展研究院 歷史文化센터,『金海 가야인 생활체험촌 조성부지내 유적 2차 發掘調査 약보고서』, 2003.
梨花女子大學校 博物館,『博物館 所藏品目錄』, 1987.
고석규 외,『장보고시대의 포구조사』, 서울 : (재)해상왕장보고기념사업회, 2005.
國立加耶文化財研究所,『韓國 木簡字典』, 서울 : 예맥, 2011.
국립가야문화재연구소,『韓國의 古代木簡 Ⅱ』, 서울 : 예맥, 2017.
國立金海博物館·昌寧郡,『飛鳳里』, 2008.
김찬영 외,『달성 평촌리·예현리 유적』, 영천 : 경상북도문화재연구원, 2010.
三江文化財研究院,『金海 官洞里 三國時代 津址-김해 율하택지사업구간 내 발굴조사 보고』, 2009.
정상훈 외,『대전 원신흥동 유적』, 부여 : 백제문화재연구원, 2011.

金琪燮,『韓國 古代·中世 戶等制 研究』, 서울 : 혜안, 2007.
김기흥,『삼국 및 통일신라 세제의 연구』, 서울 : 역사비평사, 1991.
김재근,『우리의 배』, 서울대학교출판부, 서울 : 1996.
김창석,『삼국과 통일신라의 유통체계 연구』, 서울 : 일조각, 2004.
_____,『한국 고대 대외교역의 형성과 전개』, 서울 : 서울대학교출판문화원, 2013.

김호석, 『한국의 바위그림』, 서울 : 문학동네, 2008.
문경호, 『고려시대 조운제도 연구』, 서울 : 혜안, 2014.
박종진, 『고려시기 재정운영과 조세제도』, 서울 : 서울대학교출판부, 2000.
서영일, 『신라 육상교통로 연구』, 서울 : 학연문화사, 1999.
余昊奎, 『高句麗 城Ⅰ-鴨綠江 中上流篇』, 서울 : 國防軍史硏究所, 1998.
이난영, 『토우』, 서울 : 대원사, 1991.
李文基, 『新羅兵制史硏究』, 서울 : 一潮閣, 1997.
임세권, 『한국의 암각화』, 서울 : 대원사, 1999.
전덕재, 『한국고대사회경제사』, 서울 : 태학사, 2006.
한정훈, 『고려시대 교통운수사 연구』, 서울 : 혜안, 2013.
三品彰英 著·李元浩 譯, 『新羅花郎의 硏究』, 서울 : 集文堂, 1995.

劉和惠, 『楚文化的東漸』, 湖北敎育出版社, 1995.

姜鳳龍, 「統一期 新羅의 土地 分給制度의 整備」, 『國史館論叢』 69, 國史編纂委員會, 1996.
강원춘, 「발굴유물을 통해 본 통일신라의 배」, 『신라의 海門, 울산 반구동』, 울산박물관, 2020.
강종훈, 「울주 천전리 각석 명문의 새로운 판독과 해석」, 『韓國岩刻畵硏究』 14, 한국암각화학회, 2014.
權五榮, 「한성백제의 물류 거점, 풍납토성의 면모」, 『한신대학교 박물관 20년의 발자취』, 한신 大學校博物館, 2010.
김규동·성재현, 「船里 銘文瓦 考察」, 『考古學誌』 17, 국립중앙박물관, 2011.
김길식, 「6~7세기 경기북부지역 신라 성곽의 철기 수급체계」, 『百濟文化』 54, 忠南大學校 百濟硏究所 2016.
金洛中, 「新羅 月城의 性格과 變遷」, 『韓國上古史學報』 27, 韓國上古史學會, 1998.
金載名, 「高麗의 漕運制度와 泗川 通陽倉」, 『한국중세사연구』 20, 韓國中世史學會, 2006.
金哲埈, 「新羅 貴族勢力의 基盤」, 『韓國古代社會硏究』, 知識産業社, 1975.

金昌錫, 「신라 倉庫制의 성립과 租稅 運送」, 『韓國古代史硏究』 22, 韓國古代史學會, 2001.

_____, 「7세기 신라 州의 성격 변화와 수취-溟州와 朔州를 중심으로」, 『百濟文化』 56, 公州大學校 百濟文化硏究所, 2017.

_____, 「포항 중성리비의 '宮'과 상고기 신라의 地域支配」, 『韓國古代史硏究』 96, 韓國古代史學會, 2019.

金昌鎬, 「廣州 船里遺蹟에서 出土된 蟹口기와의 生産과 流通」, 『文化史學』 52, 한국문화사학회, 2019.

朴九秉, 「韓國漁業技術史」, 『韓國文化史大系 3: 科學·技術史』, 高麗大 民族文化硏究所, 1968.

박성현, 「신라 城址 출토 문자 자료의 현황과 분류」, 『木簡과 文字』 2, 韓國木簡學會, 2008.

_____, 「신라 통일기 한주(漢州)의 물자 이동과 조운(漕運)-하남 선동 출토 명문 기와를 중심으로」, 『역사와 현실』 121, 한국역사연구회, 2021.

박순발, 「백제 한성기의 지방도시」, 『백제의 왕권은 어떻게 강화되었나 – 한성백제의 중앙과 지방』, 한성백제박물관, 2014.

박정재, 「경주 월성 해자 조사 성과와 목간」, 『木簡과 文字』 20, 韓國木簡學會, 2018.

徐榮一, 「抱川 半月山城 出土〈馬忽受解空口單〉銘 기와의 考察」, 『史學志』 29, 檀國大學校, 1996.

徐五善, 「韓國平瓦紋樣의 時代的 變遷에 對한 硏究」, 忠南大學校 史學科 碩士學位論文, 1985.

서정석, 「산성에서 발견된 石壁建物의 성격에 대한 試考」, 『百濟文化』 42, 公州大學校 百濟文化硏究所, 2010.

_____, 「한국 고대의 지방 郡縣과 治所城-牙山 鶴城山城을 중심으로」, 『百濟文化』 54, 公州大學校 百濟文化硏究所, 2016.

蘇培慶, 「金海 官洞里遺蹟과 加耶의 항구-金海 官洞里 三國時代 津址를 중심으로」, 『가야의 포구와 해상활동』, 김해시·인제대학교 가야문화연구소, 2011.

심상육·이미현·이효중, 「부여 '중앙성결교회유적' 및 '뒷개유적' 출토 목간 보고」, 『木簡과 文字』 7, 韓國木簡學會, 2011.

余昊奎, 「鴨綠江 중상류 연안의 高句麗 성곽과 東海路」, 『역사문화연구』29, 韓國外國語大學校, 歷史文化硏究所, 2008.

李基東, 「新羅 中古期 淸道 山西지방의 戰略的 중요성-西畿停의 起源문제에 부쳐서」, 『新羅社會史硏究』, 一潮閣, 1997.

李道學, 「抱川 半月山城 出土 '고구려' 기와 銘文의 再檢討」, 『高句麗硏究』3, 高句麗硏究會, 1997.

李文基, 「포항 中城里新羅碑의 발견과 그 의의-冷水里碑의 재음미를 겸하여」, 『韓國古代史硏究』56, 韓國古代史學會, 2009.

李丙燾, 「三韓의 社會相」, 『韓國古代史硏究』, 博英社, 1985.

_____, 「慰禮考」, 『韓國古代史硏究』, 博英社, 1987.

李炳鎬, 「扶餘 定林寺址 出土 塑造像의 製作時期와 系統」, 『美術資料』74, 국립중앙박물관, 2006.

_____, 「百濟 泗沘期 益山 開發 時期와 그 背景」, 『百濟硏究』61, 忠南大學校 百濟硏究所, 2015.

李相俊, 「慶州 月城의 變遷過程에 대한 小考」, 『嶺南考古學』21, 嶺南考古學會, 1997.

이수훈, 「城山山城 木簡의 '城下麥'과 輸送體系」, 『지역과 역사』30, 부경역사연구소, 2012.

이영철, 「백제 地方都市의 성립과 전개 - 영산강유역을 중심으로」, 『韓國古代史硏究』81, 韓國古代史學會 2016.

李弘鍾·許義行, 「漢城百濟期 據點都市의 構造와 機能-羅城里遺蹟을 中心으로」, 『百濟硏究』60, 忠南大學校 百濟硏究所, 2014.

李弘稙, 「三國史記의 '租'의 用法」, 『韓國古代史의 硏究』, 新丘文化社 1987.

장명수, 「한국 암각화의 편년」, 『한국의 암각화』, 한길사, 1996.

전덕재, 「서울대학교박물관 소장 명문기와 고찰」, 『서울대학교박물관 소장 명문기와』, 서울대학교박물관, 2002.

_____, 「삼국시대 황산진과 가야진에 대한 고찰」, 『韓國古代史硏究』47, 韓國古代史學會, 2007.

_____, 「함안 성산산성 목간의 내용과 중고기 신라의 수취체계」, 『역사와 현실』65, 한국역사연구회, 2007.

_____, 「『삼국사기』 직관지의 원전과 찬술에 대한 고찰-중앙행정관부 기록을 중심으로」, 『韓國史研究』 183, 韓國史研究會, 2018.

_____, 「7세기 백제·신라 지배체제와 수취제도의 변동」, 『新羅史學報』 42, 新羅史學會, 2018.

_____, 「中古期 新羅의 租稅收取와 力役動員」, 『韓國古代史研究』 98, 韓國古代史學會, 2020.

전호태, 「울주 대곡리·천전리 암각화」, 『한국의 암각화』, 한길사, 1996.

정요근, 「통일신라시기의 간선교통로-王京과 州治·小京 간 연결을 중심으로」, 『韓國古代史 研究』 63, 韓國古代史學會, 2011.

조법종, 「高句麗의 郵驛制와 交通路-國內城시기를 중심으로」, 『韓國古代史研究』 63, 韓國 古代史學會, 2011.

조원창·방기영, 「통일신라기 석벽건물의 건축고고학적 검토」, 『한국성곽학보』 10, 한국 성곽 학회, 2006.

홍승우, 「함안 성산산성 목간의 물품 기재방식과 성하목간의 서식」, 『木簡과 文字』 21, 韓國 木簡學會, 2018.

吉井秀夫, 「銘文瓦を通してみた9~10世紀韓·日平瓦の生産·供給體制」, 『고려 태조 진전 사원 봉업사의 역사적 가치와 보존방안』, 한국고대학회, 2017.

金秉駿, 「中國古代南方地域의 水運」, 『東アジア出土資料と情報傳達』, 汲古書院, 2011.

北村秀人, 「高麗初期の漕運についての一考察-『高麗史』食貨志漕運の條所收成宗十一年 の輸京價制定記事を中心に」, 『古代東アジア史論集 上』, 吉川弘文館, 1978.

_____, 「高麗時代の漕倉制について」, 『朝鮮歷史論集 上』, 龍溪書舍, 1979.

李成市, 「城山山城木簡にみられる漕運資料」, 21世紀COEプログラム關聯シンポジウム 韓國出 土木簡の世界Ⅱ, 2005.

田中俊明, 「廣州船里出土文字瓦銘文の解釋と意義」, 『古代文化』 56-11, 日本 古代學協 會, 2004.

井上秀雄, 「新羅王畿の構成」, 『新羅史基礎研究』, 東出版, 1974.

2부
중국 고대 물자 유통과 관리

#05

漢簡에 보이는 물자 관리에서 木楬과 封檢의 역할

●

리쥔밍(李均明)

(中國 淸華大學出土文獻硏究與保護中心 硏究員)

漢簡에는 형태가 각기 다른 대량의 木楬과 封檢이 보존되어 있는데, 이것들은 당시의 문서와 물자 관리에 큰 역할을 하였다. 여기서는 이들의 물자 관리에서의 역할을 한두 가지 정도로 간략하게 소개하고자 한다. 표식문서인 木楬 및 封緘 문서인 封檢을 구별하기 위해, 본문에서는 실물을 표시하는 木楬을 "실물楬"이라고 부르고, 실물을 봉함하는 封檢을 "실물檢'이라고 칭하고자 한다.

I 실물楬의 형태와 역할

楬은 꼬리표로《周禮·職金》에 "그 물건들의 좋고 나쁜 품질과 그 수량을 판별하여 이를 푯말에 새겨서 도장을 찍어 확인한다.(辨其物之媺惡與其數量 楬而璽之)"라 하였고, 鄭玄의 주에 "楬에 그 수량을 쓰고, 또 도장으로 이를 봉한다. …… 오늘날 글에 표식이 있는 것을 楬橥라고 한다.(既楬書楬其數量, 又以印封之. ……今時之書有所表識, 謂之楬橥.)"라 하였다.《周禮·職幣》에 "모두 그 물건을 구별하고 그 녹봉을 정하여 楬에 쓰고, 왕이나 총재가 소소하게 하사품으로 사용한 것도 모두 아뢴다.(皆辨其物而奠其錄, 以書楬之, 以詔上之小用賜予.)"라 하였다.《廣雅》에 "楬은 말뚝(橜)이다."라 하였다. 秦律에는 木楬을 적용하는 조항이 있는데,《睡虎地秦墓竹簡·秦律十八種·金布律》에 "물건을 매매함에 있어서, 그 가격을 표시한 籤을 물건에 각각 매어두어야 한다. 작은 물건으로서 가격이 1전에 미치지 못하는 것은 籤을 매어두지 않아도 된다.(有買及買(賣)殹(也), 各嬰其賈(價); 小物不能各一錢者, 勿嬰.)"라 하였고, 정리소조의 주에서 "嬰은 系(묶다)이다. 嬰其賈(價)는 물건에 가격을 기입한 籤을 매단다는 뜻이다.《周禮·典婦功》에는 '작고 큰 것을 비교하여 물건 값을 결정하고, 물건의 수량을 楬에 쓴다.(比其小大而價之, 物書而楬之)', '그 價楬은 籤으로 한다.(以其價楬而籤之)' 등의 조문이 있는데, 이는 모두 木籤을 사용하여 가격을 기록한 것이다."[1]라고 하였다.

오늘날 보이는 木楬은 일반적으로 비교적 짧고 너비가 같지 않은데, 楬의 머리 모양으로는 사각형·반원형이 흔히 보이며, 사다리꼴 등도 있다. 楬의 상단은 공백이거나 검게 칠하거나 격자무늬를 그렸고(각종 변형을 포함), 줄로

1　睡虎地秦墓竹簡 整理小組:《睡虎地秦墓竹簡》, 文物出版社, 1990.

묶는 방식이거나 상단에 구멍 한두 개를 뚫거나 상단 양쪽에 틈을 두어 줄을 묶었다. 설명도는 다음과 같다.

상술한 여러 형식의 木楬 중에서 楬 머리에 격자무늬를 그린 것이 가장 눈에 띄기 때문에, 중요한 문서와 물자를 표시하는 데 많이 사용되었다. 예를 들어 물자를 표시한 것으로 아래와 같은 간들이 있다.

(1) ▨甲渠鄣六石具弩一, 完.《居延新簡》EPT5.63[2]

(2) ▨六石具弩一, 完.《居延新簡》EPT51.166

(3) ▨槀矢銅鍭千.《居延新簡》EPT54.12

(4) ▨六石弩糸承弦一, 完.《敦煌漢簡》2241[3]

(5) ▨六石糸長弦三.《敦煌漢簡》385

(6) ▨第十六隧服一, 完.《甲乙編》166.6

(7) ▨破胡止姦隧弩韇一, 完.《敦煌漢簡》2259

(8) ▨玉門却適亭《敦煌漢簡》1154A

　　　有方一, 完.《敦煌漢簡》1154B

(9) ▨萬歲顯武隧革甲、鞮瞀各一、完.《敦煌漢簡》2148

(10) ▨玉門千秋隧《敦煌漢簡》32A

2　감숙성문물고고연구소·감숙성박물관·중국문물연구소·중국사회과학원역사연구소,《居延新簡--甲渠候官·甲渠塞第四隧》, 中華書局, 1994. 본문에서는《居延新簡》으로 약칭함.

3　감숙성문물고고연구소,《敦煌漢簡》, 中華書局, 1991.

　　　　　▨靳干、幡各一.《敦煌漢簡》32B

(11) ▨第卅五隧烽索長三丈, 一, 完, 元延二年造.《甲乙編》393.9[4]

(12) ▨羊頭石百.《居延新簡》ESC.25

(13) ▨轉射《居延新簡》ES(T132)1A

　　　　槍十《居延新簡》ES(T132)1B

(14) ▨羊皮冒箄一.《居延新簡》EPT56.74

　　이상의 열 네가지는 모두 西北漢簡에 보이는데, (1)번부터 (9)번 예는 개인에게 지급되는 병기와 그 부품을 나타낸다. 그 중에서 弩는 당시 가장 선진적인 병기였고, 한편으로는 長兵器였다. (10)번에서 (14)번 예는 守城 및 순찰에 항상 쓰이는 단체용 守御기구를 표시한다. 이들은 모두 중요한 기자재로, 이러한 기자재에 일부러 격자무늬를 그려넣은 꼬리표를 달아 그 중요성을 부각시켰다. 간문에 따르면 표시된 대부분이 통계 확인을 거쳤음을 알 수 있는데, 예를 들어 (1)번 예 "甲渠鄣六石具弩一, 完."은 표시 내용에 대상의 소유자(甲渠鄣)·대상의 질량 및 수량(六石具弩一)·完損 여부(完은 완정하여 파손이 없는 것을 가리킴)를 포함한다. 심지어 (11)번 예에 보이는 "元延二年造"처럼 제조 시기를 포함하는 경우도 있다. (13)번 예의 "轉射"는 사격 창구에 상감된 사격 구멍으로, 이 예는 예비품으로 보인다. 槍은 투창으로 성 위에서 아래로 적을 타격할 때 쓰이며, "槍十"은 어딘가에 쌓여 있는 창의 수량을 가리킨다. (12)번 예 "羊頭石百"도 어딘가에 쌓여 있는 수량을 가리킨다. 상술한 쌓여 있는 수량마다 규정된 수량이 있으므로, 木楬에 일부러 표기하였다.《甲乙編》506·1에는 어떤 塢에서 사용하는 완전한 守御器簿가 보이는데, 법률

4　중국사회과학원고고연구소,《居延漢簡甲乙編》, 中華書局, 1980. 본문에서는《甲乙編》으로 약칭함. 석문은 謝桂華 등,《居延漢簡釋文合校》(上·下册), 文物出版社, 1987을 참고하였다.

에 따라 守御 기구를 배치해야 했다. 그 중 "羊頭石五百"이 보이는데, 위 글에서 100개마다 쌓았던 것에 따르면 다섯 무더기로 나누어야 한다. 또 "槍四十"이 보이는데, 10자루씩 나누어 네 곳에 쌓아 두어야 한다. 이렇게 쌓아 두는 것은 각각 필요한 방면을 고려한 것으로 매우 합리적이다.

다음으로 楬 머리에 검은 칠을 한 것도 눈에 띄는데, 그물 무늬를 그린 것과 대체로 비슷하며, 물자를 표시한 것은 다음과 같다.

(15) ■步偷隧六石具弩一, 完.《敦煌漢簡》1256
(16) ■六石具弩一.《居延新簡》EPT52.372
(17) ■槀矢銅鍭百, 完. 少四.《居延新簡》EPT51.150
(18) ■第四隧弩槀矢銅鍭百, 其卌二完, 五十六干斥呼左下編.《居延新簡》S4T2.46
(19) ■大煎都厭胡隧《敦煌漢簡》1818A
　　　■陷堅虿矢銅鍭五十, 完.《敦煌漢簡》1818B
(20) ■服一, 完.《居延新簡》EPT51.146
(21) ■鉼庭隧卒靳干一, 完.《居延新簡》EPT51.179
(22) ■卅井次東隧烽承索一, 長四丈.《居延新簡》ESC.26
(23) ■集台肉笥《散見簡牘》1062[5]
(24) ■金錢笥《散見簡牘》1065
(25) ■脯修腊笥《散見簡牘》1067
(26) ■大食笥《散見簡牘》1075
(27) ■大集笥《散見簡牘》1076

---

[5] 李均明·何雙全,《散見簡牘合輯》, 文物出版社, 1990, 본문에서는 《散見簡牘》으로 약칭함.

(28) ■觚笋一笱《散見簡牘》1077

(29) ■熬鷄笱《散見簡牘》1061435

(30) ■金二千, 一笱.《散見簡牘》1455

(31) ■文犀角·象齒笱.《散見簡牘》1457

이상 (15)번 예부터 (22)번 예까지는 西北漢簡에 보이며, 표시 원리는 앞의 격자무늬를 그린 것과 비슷하다. (17)번 예 "■槀矢銅鍭百, 完. 少四."의 "少四"라는 글자는 앞의 글자와 글자체가 다른데, 두 번째 대조 확인할 때에 쓴 것으로, 처음 담았을 때에 비해 4건이 적은 것을 가리킨다. (23)번에서 (25)번 예는 江蘇 邗江 胡場 5호 漢墓에서 출토한 것이고, (26)번에서 (28)번 예는 江蘇 揚州 平山 양식장 3호 漢墓에서 출토한 것이며, (29)번에서 (31)번 예는 湖南 長沙 馬王堆 1호 漢墓에서 출토한 것이다. 남쪽 묘장에서는 竹笱에 담긴 물품을 표시하는 木楬이 출토되었고, 楬머리를 검게 칠한 형태를 많이 채용하였는데, 마왕퇴 1호 漢墓에서 나온 49매의 木楬은 모두 구멍 2개를 뚫어 끈을 묶는 방식을 사용하였다.

수량이 훨씬 더 많은 것은 楬 머리가 공백인 것이며, 이러한 木楬은 길이가 같지 않을 뿐만 아니라 묶는 방식도 다르며 표시 내용도 훨씬 번잡하다.

(32) 箕山隧六石具弩一.《甲乙編》30.12

(33) 第卅一隧長王孟: 三石承弩一, 傷一淵, 循一敝. 二年兵.《居延新簡》EPT53.78

(34) 第四隧有方一.《居延新簡》EPT52.196

(35) 槀䖝矢銅鍭百, 完. 杜效.《居延新簡》EPT56.335

(36) 步廣候官破虜隧戍卒宋外, 承弦二.《敦煌漢簡》1272

(37) 戍卒閭弘, 弩幡一, 完. 毋繕書.《敦煌漢簡》1041

(38) 甲渠察微隧長周倉斬干一, 完.《居延新簡》EPT51.133

(39) 卅井吞虜隧鼓·枝各一.《居延新簡》ES（T119）.2

(40) 芍一斗.《居延新簡》S4T2.45

(41) □木靡一.《居延新簡》EPC.58

(42) 慈其索一, 大二韋半, 長四丈.《居延新簡》EPT51.310

(43) 司馬卿　宁卿 張卿 馹望 第十

　　　　王卿　　許卿　許卿　伐胡　徐翁孟　率人卄

　　　　趙卿　　李卿　十九　次吞　□□□

　　　　臧卿　　杜卿　駅北　長秋

　　　　□卿　　陳卿　《甲乙編》173.28A

　　　　司馬卿　張卿

　　　　臧卿　　許卿

　　　　榮卿　　陳卿

　　　　張卿　　第三長

　　　　杜卿　　　　　凡九人, 人十一錢.《甲乙編》173.28B

(44) 蔡良買袭一領, 直九百; 布綺一兩, 直四百, 凡千三百.《居延新簡》EPT57.3A

　　　出三百償第八卒鄧外, 今余見千.《居延新簡》EPT57.3B

(45) 　　　　　　王聚卿卄.

　　　朱君長償鷄錢卄. 侯卿卄.

　　　　　　　□卿卄.《居延新簡》EPT51.402

(46) 錢百八十三, 郭中卿錢.

　　　已取卅五.　《居延新簡》EPT56.278

(47) 十月乙亥所留伐胡隧長眾九月錢六百八十. 長☑《居延新簡》EPT53.30

이러한 木楬의 대상은 대체로 앞의 2종류와 동일하며, 형식은 훨씬 자의 적이기 때문에 그 표시의 범위가 훨씬 광범위하고, 명시된 내용도 훨씬 풍부하다. 예를 들어 (39)번부터 (42)번 예에 보이는 각종 잡동사니는 모두 그 표시 범위 내에 있다. 또 (33)번 예를 보면 기물명칭·쇠뇌의 강도·소유자뿐만 아니라 完損의 상태(傷一淵, 循一敝)도 밝히고 있다. "二年兵"이란 어떤 연호 2년에 기록한 병기를 가리킨다. 이 예의 내용은 折傷兵名籍의 양식과 같으며, 《甲乙編》 283·45, 283·56 "却適隧長長壽. 六石具弩, 傷左淵一所."처럼 折傷兵名籍에 보이는 본적 외에도, 같은 내용의 木楬이 折傷병기 원본에 달려 있어 일목요연하게 오용을 피할 수 있음을 알 수 있다. (43)번에서 (47)번 예처럼 돈의 관리에 관한 木楬은 해당되는 錢笥나 錢袋에 묶어야 한다. (43)번 예는 돈의 출납을 열거한 명단으로, 정면은 1인당 평균 20전, 뒷면은 평균 11전으로 보인다. 第十·十九·伐胡·次呑·驛北·第三은 모두 봉수명으로 인명과 병렬되어 있고, 그 좌우에 있는 개인과 할당 비율이 같다. 이러한 木楬도 상응하는 명적과 부합된다. 유사한 出錢名籍은 《尹灣漢墓簡牘》 7A에 보인다.

王季卿二百.	英小君二百.	張稚翁五百.
莊子孝三百.	涂眞卿二百.	王君都五百.
陳子河三百.	淳于子上百.	王都卿三百.
莒子元三百.	戴少平百.	周君兄五百.
陳君兄五百.	睘子眞二百.	陳少平五百.
朱謁公千.	程長孟三百.	朱君房二百.
梁君長二百.	師長儀二百.	劉子嚴三百.
徐子眞二百.	莊少子百.	左初卿二百.
武君實二百.	唐惠卿二百.	俞喬卿三百.
薛幼敖三百.	張泰君五百.	陳紿君五百.

儿君伯二百.　戴長伯千.[6]

　이상의 것은 목독 정면 윗부분 3란 내용에 불과하고 하단의 4란 내용과 뒷면 내용이 생략되어 있어, 비록 贈錢 명적이라 하더라도 그 형식은 돈의 출납을 열거한 것과 같다.

　(44)번 예에 보이는 것은 채무자 蔡良의 돈주머니나 대바구니 위에 묶인 木楬 문자이다. 간문에는 주머니 또는 대바구니 안에 원래 1,300전이 들어 있으며, 옷을 살 돈을 지불하는 데 쓰였던 것이 분명히 드러난다. 매매 과정은 물건을 먼저 받고 나중에 돈을 지불하는 것으로, 賒賣 행위에 해당한다. 木楬에는 이미 鄧外라는 사람에게 300전을 준 것을 썼는데, 鄧外는 蔡良에게 옷을 외상으로 판 채권자 중 한 명이다. 나머지 1,000전은 또 다른 채권자에게 지급해야 한다. 이러한 금전은 아마 官方에서 관리했을 것이다.

　(45)번 예에 보이는 것은 각 사람마다 닭값을 배상한 액수가 같기 때문에, 이것도 분담으로 인한 것에 해당한다.《居延新簡》EPT59.56에 "始建國三年十二月丙辰朔丁丑, 不侵候長茂敢言之. 官檄曰: 部吏九人, 人一雞, 重六斤輸府, 遣候史若祭酒持詣官, 會月二十日. ●謹案: 部吏多貧急毋□"가 보인다. 이러한 지령도 분담의 원인이 될 수 있다.

　(46)번 예에 보이는 것은 개인의 돈주머니에 묶인 木楬 문자로, 간문에는 "已取卅五"라 하여 이미 주머니에서 35전을 꺼내 그것을 제공했음을 나타낸다. 돈주머니는 혹 어떤 기구에도 존재하였다.《甲乙編》264.11 "甲渠候官: 吏奉錢十五萬九百, 私橐二百廿二. 卒閣錢六萬四千. 八月見穀. 卒吏錢已發." 중의 "卒閣錢"은 수졸이 甲渠候官에 맡겨 놓은 돈이다.

6　연운항시 박물관·동해현 박물관·중국사회과학원 간백연구중심·중국문물연구소,《尹灣漢墓簡牘》, 中華書局, 1997.

(47)번 예의 木楬은 伐胡隧長 衆이 당해 10월 乙亥일에 남겨 놓은 "九月錢六百八十"이 돈주머니에 담겨 있는 것을 명시한 것이다. 이른바 "九月錢"은 9월 임금에서 남겨졌을 가능성이 있기 때문에 붙여진 것이다.

이처럼 돈 관리에 관한 木楬은 이미 장부화의 경향을 보이고 있음이 틀림없으며, 어떤 대형 木楬은 양자의 경계를 완전히 허물고 있는데, 예를 들어

(48) 西樓上　　南內中十石甖六枚. 炊內大釜一、十石釜一.
　　　甖三.　　汲車十石甖二枚. 　南內大釜一、堂上大釜一、又一釜一石.
　　　凡甖　　南堂上十石甖三枚. 南堂上五斗釜一、又一在牛卿舍.
　　　百四
　　　枚.　　《悬泉漢簡》Ⅰ90DXT0114①:64A
臥內中甖、　雍大小十九枚, 十小. 南堂上甖完敝廿枚.
炊內中甖廿枚, 六小. 主辦籍甖一, 外三石盆一.
北堂上甖九枚, 其十石慶水都釜一未見. 南內中甖大小卅三枚.《悬泉漢簡(壹)》Ⅰ90DXT0114①:64B[7]

이 예에서 보이는 木楬에는 끈이 남아 있고 木楬 상단의 양쪽에 缺口가 있으나, 전체 木楬 이 어디에 묶여 있었는지는 여전히 알 수 없다. 木楬 정면에는 3란3행으로 문자를 썼고, 뒷면에는 2란3행으로 문자를 썼는데, "西樓上"의 각처에 배치된 甖(罌과 통하는 저장용기) 등의 도기를 기록하였다. 이 예는 형식적으로는 木楬이 틀림없고, 내용적으로는 器物簿나 다름없어 양자를 겸하고 있다고 할 수 있다.

7　감숙 간독박물관·감숙성 문물고고연구소·섬서사범대학 인문사회과학고등연구원·청화대학 출토문헌연구여보호중심,《悬泉漢簡(壹)》, 中西書局, 2019.

II 실물 封檢의 형태와 작용

檢은 封檢이다. 《說文》에 "檢은 書署이다."라고 하였고, 徐鉉의 주에 "書函의 덮개에 3군데 새겨 끈으로 봉한 후에, 진흙을 채워 題書의 위에 인장을 찍은 것이다."라고 하였다. 이른바 "三刻其上"은 봉니 匣凹槽의 아랫부분에 3줄의 얕은 홈을 내어 끈을 매는 데 쓰였고, 봉검과 봉인물을 함께 묶어 봉니를 훨씬 견고하게 붙일 수 있게 하였는데, 이는 고사성어 "三緘其口"의 유래이다. 《釋名·釋書契》에 "檢은 禁이다. 여러 물건을 밀봉하여 밖으로 노출되지 못하도록 하였다."라고 하였다. 《廣韻》에 "書檢이란 것은 印巢封題이며, 印으로 봉하는 것을 檢이라 한다."라고 하였다. 《後漢書·公孫瓚傳》에 "袁紹는 金玉으로 불법 인장을 새겨 마치 國璽처럼 사용하면서 공문서를 보낼 때마다 흑색 주머니에 檢을 달았다."라고 하였고, 李賢의 주에 "檢은 지금의 고리표와 같다."라 하였다. 檢의 주요 기능은 그 위의 인장 문자로서 신용을 표시하는 것이다. 漢律에는 봉검 인장의 사용 권한에 대해 일찍이 엄격한 규정이 있었는데, 예를 들어 《張家山漢簡·二年律令·賊律》에 "문서의 封泥를 훼손하여 기타 완전한 印으로 封印한 경우, 耐爲隸臣妾이다.(毀封, 以它完封印印之, 耐爲隸臣妾.)"[8]라 하였다. 인장에 보이는 신용 주체는 역시 책임자이다.

단순한 封檢은 겨우 封泥匣·印泥 및 印文만 보여도 신용을 표시할 수 있을 정도로 용도가 광범위하다. 전형적인 것은 馬王堆1호 漢墓에 보이는 대바구니에 담긴 물건처럼, 줄로 묶은 것 외에 바구니 덮개 중앙에는 모두 封泥匣이 있고, 封泥 위에는 "軑侯家丞" 印文이 찍혀 있다. 대바구니 덮개 옆에는 재차 담은 물품의 명칭을 표시한 木楬이 묶여 있는데, 현재 "衣笥"·"繒笥"·"牛脯

---

8 張家山247號漢墓竹簡整理小組, 《張家山漢墓竹簡(247號墓)》, 文物出版社, 2001.

筒"·"卵筒" 등 총 48매가 보인다.

　　대부분의 封檢은 木楬 및 기타 文種과 합체된 형태로 존재한다. 이러한 합체 형태는 秦律에 일찍이 묘사가 있었는데, 《睡虎地秦簡·法律答問》에 "무엇을 '璅'이라 하는가? '璅'이라는 것은 玉檢이다. 만일 玉을 잃어버리거나 또는 타인이 玉을 바꿔치기 하였다면, 檢을 보고 玉의 크기를 알 수 있고, 이를 근거로 논죄하며, 아울러 얼마만큼의 재물로 배상하게 할지를 결정한다.(可(何)謂'璅'? '璅'者, 玉檢殹(也). 節(即)亡玉若人貿傷(易)之, 視檢智(知)小大以論及以齎負之.)"라고 하였다. 정리소조 주석에 "檢은 곧 封檢이다. 옛날에는 木片으로 중요한 물품을 봉인하였는데, 이 목편을 檢이라 하였다. 檢 위에는 물품의 정황을 기록하였는데, 이를 署라 하였다."라고 하였다. 어떤 封檢은 또 문자를 썼는데, 사실 封檢과 木楬의 합체이다.

　　현재 보이는 封檢의 합체 형식은 다음과 같다.

　　(49) □五種橐《散見簡牘》1068
　　(50) □粱米橐《散見簡牘》1069
　　(51) □酒米橐《散見簡牘》1072
　　(52) 梧篋　□《居延新簡》EPT50.205
　　(53) 府卿待合周
　　　　　　　□
　　　　奴衣笥, 印封完.《東牌樓東漢簡牘》24[9]
　　(54) □刺史帶笥《悬泉漢簡》Ⅰ90DXT0111②:14
　　(55) ・ 显明隧藥函 □《敦煌漢簡》1823

9　장사시 문물고고연구소·중국문물연구소,《東牌樓東漢簡牘》, 文物出版社, 2006.

상술한 7가지 예는 봉함 주머니·상자·바구니·목함의 封檢에 표시된 물품 명칭이다.

(56) ▫ 畫卑遞六十 《散見簡牘》1466

(57) 官箭二百枚 ▫《居延新簡》EPT49.67

(58) 却胡亭木枓二, 完. ▫《甲乙編》438.1

(59) ▫驛北亭六石具弩一, 完.《甲乙編》51.1

(60) • 第十六隧惊弩青繩卅二, 完. ▫《甲乙編》166.1

(61) 牛肉十斤 ▫《居延新簡》EPT56.174

이상 6가지 예는 물품 명칭을 서사한 것뿐만 아니라 수량이나 完損 상황도 표시하는 경우이다. 이중에서 일부 비밀이 필요한 문자는 왕왕 封泥槽 안에 쓰이는데, 그 예는 다음과 같다.

(62) ▫三石(이 2글자는 封泥槽 안에 쓰임)《敦煌漢簡》881

(63) ▫錢三百(이 3글자는 封泥槽 안에 쓰임) 三塢隧長石隆《居延新簡》EPT6.37

(64) • ▫ 羊韋五件, 直六百, 交錢六百.(이상 문자는 3행으로 나뉘어 封泥槽 안에 쓰임)

　　　中舍囊一, 傳完封

　　　內 • 不侵候長晏傳.《居延新簡》EPT65.118

상술한 封泥槽 안에 쓴 문자는 그 위에 있던 印文 봉니를 뜯어내야 노출되기 때문에, 비밀 유지 역할을 하였다. (64)번 예를 보면, 不侵候長 晏은 수신인이 개봉할 때까지 기다려야만 비로소 진품이 완비되었는지 알 수 있다고 전하였다.

더욱 복잡한 관리 과정을 반영하는 封檢도 적지 않은데, 그중 옷과 돈에 관련된 것들이 특히 전형적이다. 전자의 예로는 다음의 것이 있다.

(65)　　　戍卒南陽郡宛邑
　　　　・□
　　　　臨洞里魏合衆衣橐《居延新簡》EPT51.297

(66)　　　戍卒魏郡梁期
　　　　・□
　　　　長秋里侯宣衣橐《居延新簡》EPT51.330

(67)　　　東郡戍卒東阿靈
　　　　・□
　　　　里袁魯衣橐《甲乙編》100.1

위의 3가지 사례 중 南陽郡·魏郡·東郡은 모두 중원에 위치하였는데, 수졸이 변새에 나가기 전 본적지에서 봉함한 의물 주머니 封檢에 분명히 보이기 때문에, 먼 길을 달려 居延지역에 도착했음에도 어디서 출발하였는지, 누구에게 속하는지 알 수 있었다. 이러한 封檢은 "衣橐檢"라고 칭할 수 있으며,《居延新簡》EPT52.494 "戍卒魏郡鄴都里趙元衣橐檢"에 자칭한 것이 보인다.

(68) 上黨郡五鳳四年戍卒壺關　　　　修成里閭備
　　　　　　　　　　　　　□
庸同縣同里韓眉中　　　　　　　　縣官衣橐　《敦煌漢簡》1068

(65)~(67)번 예에 보이는 주머니에 담긴 물품은 개인이 구비한 의물일

수 있으나, (68)번 예는 정부가 지급한 복장임이 분명하다. 庸은 代戍를 가리킨다.

(69) 梁　　　睢陽戍卒西尉里玉柱
　　・□　□里襲一領.
　　国　　皁布復袍一領.
　　　　　皁布襌衣一領.
　　　　　皁布復絝一兩.
　　　　　枲菲一兩.
　　　　　常韋二兩.《甲乙編》1792

(70) 貴里　　　　　皁布襦.
　　淳于休　□　　枲肥.
　　衣橐　　　　　常韋.
　　　　　　　　　犬絑二.《甲乙編》34.15

이상 2가지 예의 옷 주머니에 담긴 것은 혹 개인이 구비한 의물로, 소유자(籍貫 등을 포함)·의물 명칭 및 수량을 상술한다.

(71)　　　復□襲一領.
　　　　　□復袍一□.
　　　　　□□□□一.
　　　　　□布□衣.
　☑□　　□□一□.
　　　　　右縣官.

　　　　　　　犬絉二兩.

　　　　　　　常韋一兩.

　　　　　　　緹績一□.

　　　　　　　緹行縢二□.　　《居延新簡》EPT51.457

이 예에서 오른쪽 5행은 정부에서 지급하는 의장이기 때문에 "右縣官"이라 하였고, 왼쪽 4행은 개인이 구비한 의물에 해당한다.

(72)　　　　　　□……

　　　　　　　皁布复袍一領. 賫縣官裘一領, 過□□□□.

　　　　　　　皁布韋襌衣一領.　　　　　　取卩

　　　□　　　練复裏襲一領. 卩

　　　　　　　皁布复綺一兩. 卩

　　　　　　　犬絉二兩.

　　　　　　　常韋二兩一. 卩

　　　　　　　枲肥一兩. 車第十《居延新簡》EPF19.12

"過□□□□"는《居延新簡》EPT53.210 "□賫縣官裘一領, 過受都內"처럼 현관에서 裘를 수령하는 기구나 지점을 가리킨다. 이 예의 "車第十"은 이 옷 주머니를 실은 輜重車 및 번호를 가리킨다. 《居延新簡》EPF19.13 封檢文에는 "第八車瓦里呂可, 年廿四衣橐□□□史臨"이 보인다. 內地의 新卒들이 변경에 가서 복역할 때에 모두 輜重車로 물품을 운반해야 하였는데, 예를 들어《甲乙編》25.6에 보이는 "貝丘第五車"·"貝丘第九車"·"貝丘第十一車"·"貝丘第廿車" 등이 모두 이것이다. 복역하러 가는 신졸들은《甲乙編》25.1 "氐北昌里房安山, 年卅五, 第六車"·《甲乙編》28.10 "戍卒邨東里張敞, 第卅車" 등처럼 모두 어떠

한 輜重車에 배치되었다. 매 수레마다 《甲乙編》81.1 "弓館陶筭一車十人"·《居延新簡》EPT53.43 "·右第三車十人"·《居延新簡》EPT53.45 "·右第十一車十人" 등처럼 보통 10명이 따라다닌다. 甲渠候官에는 《居延新簡》EPT53.133 "入二年戍卒牛車十三兩"처럼 어느 해에 戍卒牛車 13대가 들어왔는데, 이는 入役 수졸이 130명에 이르렀다는 것이다.

(73) 皁布章襌衣一領.
　　　戍卒　　皁布复襦一領.
　　　魏郡 □　練复袌袭一領.
　　　□□　　皁布复絝一兩.
　　　　　　　枲肥一兩. 第廿三 《居延新簡》EPT59.676

간문의 "第廿三"은 2가지 가능성이 있는데, 하나는 제23車, 다른 하나는 제23隧 혹은 제23部를 가리키는 것이다. 두 번째 의미일 가능성이 훨씬 더 크다. 현재 보이는 "第廿三" 글자 흔적과 다른 글자는 구별이 있으며, 2차적으로 서사한 것이다. 혹 옷 주머니를 분배받거나 제23隧에 도착했을 때 기록한 것이다.

(74) 戍卒陳留郡平丘　　　羊皮袠一領, 受都內.
　　　□□里趙野　　□　犬袾二兩.
　　　袠絑橐, 封　　　　枲履一兩.
　　　以陳留大守章.　　革緹二兩.
　　　　　　　　　　　　枲紃二兩.　《居延新簡》EPT58.115

통상적으로, 戍邊 士卒의 의장 주머니는 원적지 縣邑의 인장으로 봉한다.

이 예는 "羊皮裘一領, 受都內"였기 때문에 특별히 "封以陳留大守章"라 서명하였다. 이 羊皮裘는 (72)번 예에 보이는 것처럼 "縣官裘"와 같고 이는 官方에서 제공한 것으로, 원래 옷 주머니를 열어 새로운 물건을 담았기 때문에, 다시 봉함해야 했고 "陳遺大守章"은 즉 새로 찍은 印文이다.

해당 의장 주머니는 물건 주인을 따라 목적지에 도착한 후에 점검하여 개봉하는데, 《居延新簡》EPT61.13 "□□里爰未私橐一. 橐、橐衣畢出."에서 옷은 이미 그 주인이 전부 수령한 것이다. 어떤 것은 겨우 일부만 수령되는데, (72)번 예처럼 모든 구문 끝에 "冂" 또는 이미 수령하였음을 쓰고, 쓰지 않았을 경우에는 별도로 처리한다. 수졸의 경우, 수령 받는 의복은 평상시에 자주 입는 것에 해당하고, 자주 사용하지 않는 것은 《居延新簡》EPT56.86 "山陽親陽里魏偃第廿三隧: 爵复襦一, 衣. 皁复襜褕, T閣. 白練絝一, 閣. 布禪衣一, 閣. 劍一枚. 韋舃一閣. 布袭一, 衣. 布幕一, 衣. 布幕一, 衣. 布禪一, 衣."처럼 候官의 저장실인 "閣"에 보관한다. "第廿三隧" 및 "衣""閣"은 이후에 쓴 글자이다. "衣"라 쓰는 것은 착용하는 자가 사용하는 것에 해당하고, "閣"이라 쓰는 것은 저장실에 맡기는 것이다. 무릇 閣에 넣을 때에는 《居延新簡》EPT56.69 "脩武縣寺廷里王平: 皁复袭一領, 封. 錢百, 封. 韋絝一, 封. 布复袭一領, 衣. 布襜褕一領, 衣. 絑一兩, 封."처럼 봉함할 필요가 많으므로, 흔히 "封"이라 칭한다.

상술한 의물 주머니 封檢으로부터 대체적인 관리 맥락을 도출할 수 있다. 의장 주머니는 수졸이 본적지에서 출발할 때 봉함한 것으로, 봉한 것은 입고 있던 옷 외의 의복이다. 그리고 10명씩 조를 짜서 봉함이 잘 된 의복 주머니를 輜重車에 싣고, 목적지에 도착해서야 개인에게 돌려주었다. 이 때문에 변새의 居延지역에는 내지에서 봉함한 의복 주머니가 많이 출현하였다. 부역에 가는 수졸이 봉함된 의장 주머니를 지니고 검문소를 지날 때는 封檢을 신용으로 삼았으며, 검사를 면제받는 대우를 받을 수 있었는데, 《張家山漢簡·二年律令·津關令》"相國·御史請關外人宦爲吏若繇(徭)使, 有事關中, 不幸死, 縣道若屬所官謹視收斂, 勿禁物, 以令若丞印封槥棺, 以印章告關, 關完封出, 勿索(索)."

과 같았다. 같은 이치로, 수졸의 의장 주머니의 봉인도 완전무결하면 검사받지 않을 수 있었다.

돈을 봉함하는 封檢은 우리가 화폐의 흐름과 사용 과정을 이해하는 데 중요한 의의를 가진다.

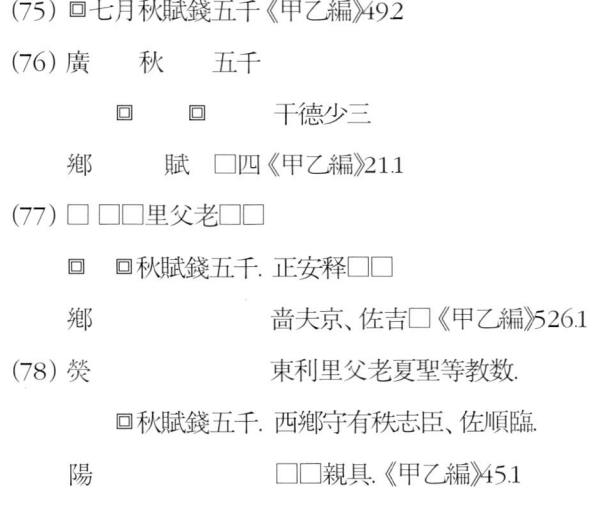

이상의 4가지 예에 보이는 것은 돈주머니(혹은 상자)를 봉함한 封檢題署이다. 漢律에는 돈을 넣고 봉하여 보관하는 규정이 있는데, 《張家山漢簡·二年律令·金布律》에 "官爲作務·市及受租·質錢, 皆爲缿, 封以令·丞印而入, 與參辨券之, 輒入錢缿中, 上中辨其廷."이라고 하였다. 이 규정은 秦律을 계승한 것으로, 《睡虎地秦墓竹簡·秦律十八種·關市》에 "수공업에 종사하고 관부를 위해 생산품을 판매함에, 돈을 받을 때에는 반드시 그 돈을 缿에 곧바로 넣어야 하고, 물건을 사는 사람으로 하여금 돈을 넣는 것을 보도록 해야 하는데, 이 법령을 위반하는 자에게는 1甲의 벌금을 부과한다.(爲作務及官府市, 受錢必輒入其錢缿中, 令市者見其入, 不從令者貲一甲.)"라 하였다. "秋賦錢"은 가을에

징수하는 세금을 가리킨다. 한 예마다 액수는 모두 "5,000"이며, 혹 5,000을 단위로 삼아 자루에 넣었다. 금액의 정량을 넣는 조항은 秦律에서도 나타나는데,《睡虎地秦墓竹簡·秦律十八種·金布律》에 "관청에서 돈을 받아 보관할 때에는, 둥구미 하나당 1천 전을 단위로 담고, 이를 丞·令의 인장을 찍어 봉함한다. 돈의 액수가 1천 전에 못 미칠 경우도 역시 봉인해야 한다. 돈의 품질이 좋은 것이건 좋지 않은 것이건 모두 함께 담아두어야 한다. 돈을 꺼낼 때에는 봉인 상태를 丞·令에게 바쳐서 검사를 받은 연후에 개봉하여 사용하도록 한다.(官府受錢者, 千錢一畚, 以丞·令印印. 不盈千者, 亦封印之. 錢善不善, 雜實之. 出錢, 獻封丞·令, 乃發用之.)"라고 하였다. (78)번 예에 "熒陽"의 縣名이 보이는데, 속향은 "西鄕"이고 屬里는 "東利里"이다. (77)번 예에는 "□鄕"·"□□里"가 보인다. (76)번 예에는 "廣鄕"이 보인다. 秋賦錢을 주머니에 넣고 봉함한 것은 諸鄕이 책임지고 諸里를 나누어 입봉하였음을 알 수 있다. 문자가 비교적 완정한 (78)번 예에 분명히 나타나듯이, 자루에 넣는 과정은 鄕有秩·鄕佐監이 임장하고, 里父老 여러 명이 점검하여 확인하였는데, "□□親具"의 "□□"는 혹 (77)번 예처럼 里正의 어떤 사람을 가리키는 것이고, "親具"는 직접 넣는 것을 가리킨다. 이미 封檢한 돈주머니는 정식으로 국고에 들어가야 하며, 운송 조달 과정에서는 封檢을 다시 뜯을 필요가 없기 때문에, 변새인 居延으로 운반할 때에도 여전히 봉인이 유지되어 많은 중간 단계를 생략하였다. 秋賦錢 封檢은 보통 2개의 封泥槽가 보이는데, 덮개에는 2급 기구의 인장이 있어, 入具 과정으로 보건대 縣·鄕 2급의 인장일 수도 있다.

(79) □潁陽邑元康元年九月□□調三千《甲乙編》183.18

이 예에서 보면 기층에서 조달한 賦錢이 아니라, 潁陽邑에서 직접 돈을 보내왔다. 이외에 다른 용도의 돈주머니는 다음과 같다.

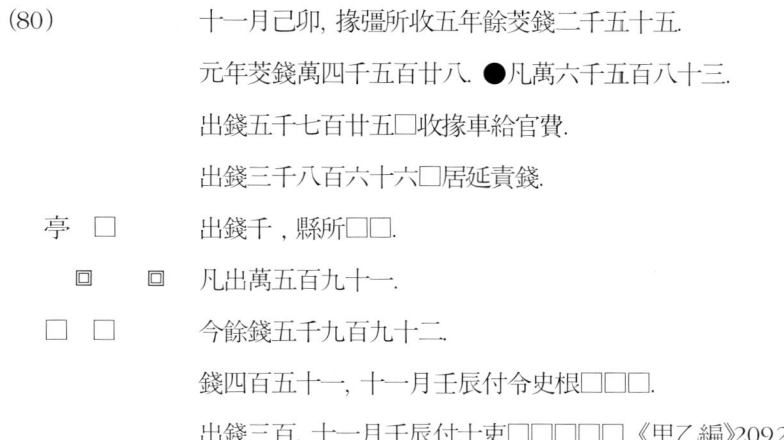

　　이 封檢에서 서사된 것은 돈주머니(혹은 상자)에 담긴 돈을 대상으로 한 錢出入賬이다. 처음에 2건을 기입하였는데, 하나는 "五年餘茭錢二千五十五"이고 다른 하나는 "元年茭錢萬四千五百廿八"이며, "●凡萬六千五百八十三"은 기입한 총액수이다. 중간에 지출된 항목은 3가지로, "出錢五千七百廿五□收掾車給官費"·"出錢三千八百六十六□居延責錢"·"出錢千, 縣所□□"을 포함하고, "凡出萬五百九十一"은 중간에 지출된 총액수이다. "今餘錢五千九百九十二"는 중간 입출금 잔액이다. "出錢四百五十一, 十一月壬辰付令史根□□□"·"出錢三百, 十一月壬辰付士吏□□□□□"는 새로 봉함하기 전 2건의 지출로, 실제 봉인한 돈의 액수는 5,241전에 해당한다. 당시에는 결제가 끝나지 않아, 잔액은 표시되지 않았다. 이 돈주머니(혹은 상자)는 破城子 甲渠候官 유적지에서 출토되었으며, 당시 甲渠候官이 소장·관리하였으므로 담긴 것은 公金임에 틀림없다. 이러한 종류의 큰 돈주머니(혹은 상자) 封檢의 봉인과 제거에 대하여, 응당 일정한 권한 규정이 있었을 것인데, 비록 漢律에는 보이지 않지만,《睡虎地秦簡·效律》"곡물을 창고에 들임에, 1만석을 1積으로 하여 (1積을 단위로) 울타리를 쳐서 분리하고, 창고의 門을 설치하며, 이 사실을 '아무개 창고에 약

간 石의 곡물을 저장하며, (이에 관여한 관리는) 倉嗇夫 아무개, 佐 아무개, 史 아무개, 稟人 아무개이다.'라고 기록해 둔다. 縣에서 곡물을 창고에 들임에, 縣의 嗇夫 혹은 丞과 창고를 주관하는 자 및 鄕에서 곡물 관련 업무를 주관하는 자가 공동으로 창고를 봉인하고, 倉嗇夫 및 鄕에 설치된 창고의 佐로서 식량 발급을 주관하는 자가 각기 창고의 門을 하나씩 맡아 식량을 방출하게 한다. 창고에서 곡물을 방출할 때에도 방출에 관여한 자들의 이름을 명기함에, 곡물을 창고에 들일 때와 동일하게 한다.(入禾, 萬[石一積而]比黎之爲戶, 籍之曰: '廥禾若干石, 倉嗇夫某·佐某·史某·稟人某.' 是縣入之, 縣嗇夫若丞及倉·鄕相雜以封印之, 而遣倉嗇夫及離邑倉佐主稟者各一戶, 以氣(餼)人. 其出禾, 有(又)書其出者, 如入禾然.)"와 같이 秦簡類에 보이는 유사한 조항을 참고할 수 있을 것이다. 이는 곡물을 출납하는 조항으로, 금전의 출납도 비슷하다. (80)번 예를 보면 봉함할 때는 2통의 인장을 찍어 두 기구의 신용으로 보장하였는데, 그 수속이 엄격하다는 것을 잘 알 수 있다.

(81) 　　　士吏武臨.
　　　卷 ▣ 萬九千二百.
　　　□記吏已來六百萬八千六百.《甲乙編》2085

이 문건은 처음 봉함한 액수로 실제 액수는 "萬九千二百"이며, "六百萬八千六百"의 액수가 거대하여 槖笥類에 넣을 수 없어, 단지 기존에 입금한 총 액수에 대한 추가 기록일 수 있다. 臨은 監臨이다. 士吏 武는 돈을 넣는 것을 감독한 사람이다.

(82) ▣□□單卿受償千三百五十.《居延新簡》EPT51330

이 문건은 어떤 隧의 單卿이란 사람이 배상한 돈을 받아 봉함한 것이다.

(83) 鄧□余錢萬七十.《甲乙編》2142

(84) □穰邑固里謝護錢千.《居延新簡》EPT51.167

(85) □李□錢千.《居延新簡》EPT4968

(86) □戍卒貲錢.《居延新簡》EPT51449

(83)~(86)번 예까지 입금한 것은 모두 개인의 돈이다. 비교적 특수한 예로는 입국 貢品을 봉함한 경우가 있는데, 다음과 같다.

(87) 　　降歸義烏孙女子
　　　□　复群獻驢一匹, 騂, 牡,
　　　　　兩抚, 齒二歲, 封頸以
　　　　　敦煌王都尉章.《敦煌漢簡》1906

이는 항복하여 귀순한 烏孙女子 复群이 당나귀를 바친 기록으로, 돈황으로 입국할 경우 관련 수속을 거쳐야 하였다. 檢文에 따르면 이는 검사한 후의 기록으로, 이 封檢은 당나귀 목에 걸렸음을 보여주며, "敦煌王都尉印章"을 찍어 신용을 나타냈다.

이상의 내용을 종합하면 다음과 같다. 木楬 및 封檢의 응용은 매우 광범위했다. 木楬은 꼬리표로, 주로 묶여 있는 물건의 명칭을 나타낸다. 훨씬 더 복잡할 경우에는 수량·품질, 더 나아가 소유자 등까지 표시한다. 간단한 장부를 木楬의 형식으로 보여주기도 한다. 木楬의 사용은 소유자가 물품의 종류와 수량을 편리하게 판별할 수 있도록 하고, 중간 점검 때 물품의 존재 여부 및

完損 상태를 편리하게 확인할 수 있도록 하였다. 漢簡에 보이는 封檢의 종류는 매우 풍부한데, 封泥匣에 진흙을 더하여 인장과 함께 단일체로 현존할 수 있으나, 실제 사용할 때는 왕왕 木楬 및 기타 문서 형식과 합체해 사용하는 경우가 많았다. 통상적으로 한 건에 한 번 봉인을 하였고, 한 건에 2번 봉인, 심지어는 여러 번 봉인한 경우도 보인다. 완전한 封檢은 그 위에 인장을 찍어 신용을 표시하며, 봉인한 덮개가 있는 것은 物權의 확인이나 이전 등을 보장할 수 있는 비밀 유지 작용을 하였다.

(번역: 이계호, 경북대 인문학술원 HK사업단 연구보조원)

참고문헌

甘肅簡牘博物館·甘肅省文物考古硏究所·陝西師範大學人文社會科學高等硏究院·淸華大學出土文獻硏究與保護中心,《悬泉漢簡(壹)》, 中西書局, 2019.

甘肅省文物考古硏究所,《敦煌漢簡》, 中華書局, 1991.

甘肅省文物考古硏究所·甘肅省博物館·中國文物硏究所·中國社會科學院歷史硏究所,《居延新簡--甲渠候官·甲渠塞第四隧》, 中華書局, 1994.

連雲港市博物館·東海縣博物館·中國社會科學院 簡帛硏究中心·中國文物硏究所,《尹灣漢墓簡牘》, 中華書局, 1997.

李均明·何雙全,《散見簡牘合輯》, 文物出版社, 1990.

謝桂華 등,《居延漢簡釋文合校》(上·下册), 文物出版社, 1987.

睡虎地秦墓竹簡 整理小組:《睡虎地秦墓竹簡》, 文物出版社, 1990.

張家山247號漢墓竹簡整理小組,《張家山漢墓竹簡(247號墓)》, 文物出版社, 2001.

長沙市 文物考古硏究所·中國文物硏究所,《東牌樓東漢簡牘》, 文物出版社, 2006.

中國社會科學院考古硏究所,《居延漢簡甲乙編》, 中華書局, 1980.

#06

走馬樓吳簡所見的市(走馬樓吳簡에 브이는 市)

위전보(于振波)

(中國 湖南大學嶽麓書院 敎授)

走馬樓吳簡은 三國時代 孫吳 정권 치하 臨湘縣의 시장 상황을 보여준다. 이미 여러 학자들이 관련 연구를 수행하거나 혹은 그중 한 측면을 집중적으로 고찰하였는데, 예를 들면 "地僦錢"[1] "鹽鐵經營問題"[2] "生口' 매매 문제[3] 등등

---

1   陳榮傑, 「試論走馬樓吳簡中的"僦錢"、"地僦錢"」, 『中國社會經濟史研究』 2014年 1期 ; 李均明, 「走馬樓吳簡"地僦錢"考」, 『簡帛研究』 2004, 廣西師範大學出版社, 2006 ; 沈剛, 「長沙走馬樓竹簡所見"地僦錢"拾遺」, 『中國歷史文物』 2010年 4期 ; 宋超, 「吳簡所見"何黑錢"、"僦錢"與"地僦錢"考」, 『吳簡研究』 第一輯, 崇文書局, 2004 ; 王子今, 「長沙走馬樓竹簡"地僦錢"的市場史考察」, 『吳簡研究』 第二輯, 崇文書局, 2006年.

2   侯旭東, 「三國吳簡中的"鋘錢"」, 『吳簡研究』 第一輯, 崇文書局, 2004 ; 侯旭東, 「三國吳簡所見鹽米初探」, 『吳簡研究』 第一輯, 崇文書局, 2004年 ; 蔣福亞, 「走馬樓吳簡所見鹽鐵官營和酒類專賣」, 『史學月刊』 2011年 12期.

3   熊曲, 「論長沙走馬樓吳簡中"生口"及相關問題」, 『出土文獻研究』 第十二輯, 中西書局,

이 있다. 혹은 보다 종합적으로 당시의 시장과 상품경제를 검토한 연구도 있다.[4] 종합적 연구 중에서는 蔣福亞의 논고가 비교적 계통적이면서도 전면적이다. 1999년 말부터 시작해 지금에 이르기까지 文物出版社는 『長沙走馬樓三國吳簡·竹簡』 제9권을 출판함으로써, 주마루오간의 모든 죽간을 정리해 공표하였다. 이 글은 그중 '市'와 관련된 자료를 새로이 정리하여, 상술한 연구성과를 보완하고자 한다.

I 市租 기록과 臨湘縣의 시장분포 상황

市租는 시장에서 상업에 종사하는 상인들에게 징수하는 세목이다. 走馬樓吳簡에 보이는 상황에 근거해 학계는 이미 대체로 비슷한 관점을 취하고 있는데, 당시의 市租는 月마다 錢 혹은 米를 기준으로 징수하여 '市租錢' 혹은 '市租米'라 불렸다고 한다.[5] 예를 들면 다음과 같다.

2013 ; 凌文超,「走馬樓吳簡中所見的生口買賣-兼談魏晋封建論之奴客相混」,『史學集刊』2014年 4期 ; 沈剛,「長沙走馬樓三國吳簡所見"生口"買賣問題补論」,『烟台大學學报』(社科版) 2016年 2期, pp.87-93.

4 高敏,「從〈長沙走馬樓三國吳簡〉看孫吳時期的商品經濟狀況』,『簡帛研究』 2004, 廣西師範大學出版社, 2006年 ; 蔣福亞,「吳簡所見長沙的市場」,『慶祝寧可先生八十華誕論文集』, 中國社會科學出版社, 2008 ; 黎石生,「走馬樓吳簡所見商貿活動三題》, 『湖南省博物館館刊』第七輯, 岳麓書社, 2011 ; 蔣福亞,『走馬樓吳簡經濟文書研究』, 第三章《竹簡》所見臨湘的商業), 國家圖書出版社, 2012, pp.232-306.

5 沈剛,「〈長沙走馬樓三國吳簡〉語詞彙釋」, 中國社會科學出版社, 2017, pp.67-69, "市

臨湘謹列起四月讫六月卅日收市租米二斛[6] (壹·4407)

承十二月旦簿余嘉禾二年市租錢十萬七千二百 (壹·5242)

몇몇 市租 징수기록에서는 市租의 출처가 언급되기도 한다. 현재 보이는 사례들은 아래와 같다.

- 右都鄉入市租錢九千(壹·1422)

　入□鄉二年市租錢四萬三千八百五十☑(玖·2736)

　入□鄉元年市租錢□□☑(玖·3663)

　入桑鄉市租錢四千八百(玖·6095)

　四千八百元年桑鄉市租錢☑(玖·6384)

　入桑鄉元年市租錢一千八百☑(玖·6394)

　承二月簿余元年桑鄉市租錢三千☑(玖·6426)

- 右平鄉入六年市租米☑(玖·7403)

臨湘縣 관할 십여 개의 鄉 중[7], 市租기록에서 명확히 언급되는 鄉名은 都鄉·桑鄉·平鄉 뿐이다.[8] 몇몇 市租 기록은 단지 "鄉"이라 기록하였을 뿐이다.

租"·"市租米"·"市租錢" 3개 단어를 참고하라.

6　역자 주석 : "四月" 아래에 "一日" 2글자가 빠진 듯하다.

7　楊振紅의 고증에 근거하면, 당시 臨湘縣은 대략 11~12개의 鄉을 관할하고 있었다. 楊振紅, 「長沙吳簡所見臨湘侯國屬鄉的數量與名稱」, 『簡帛研究』 2010, 廣西師範大學出版社, 2012, pp.139-144.

8　蔣福亞는 『長沙走馬樓三國吳簡(壹)』 簡5157("☑三月十一日北鄉市掾潘邦白")에 근거하여 北鄉에 긴 시간동안 존재한 市場이 있었음을 논증하였으며, 또한 都鄉·桑鄉·北鄉·中鄉·西鄉·模鄉 모두 市가 있었다고 지적하였다.(蔣福亞, 『走馬樓吳簡經

예를 들면 아래와 같다.

  承六月簿余嘉禾二年鄕市租錢三千二百(陸·4952)
  右新入鄕市租錢一千四百☐(玖·1996)
  承七月簿余元年鄕市租錢四千八百(玖·2538)
  承闰月簿余元年鄕市租錢四千八百(玖·4741)
  承十月簿余元年鄕市租錢四千八百☐(玖·6221)
  承四月簿余元年鄕市租錢四千八百☐(玖·6370)

  주마루오간에 보존된 市租 징수기록은 100여 枚 뿐인데 殘簡이 과반을 점하고 있어, 정보는 상당히 한정된다. 그러나 일반 민중(주로 小農民)이 스스로 생산할 수 있는 상품은 매우 한정적이어서 시장에서의 물물교환을 통해 일상적 수요를 만족시킨 것과 吳簡에서 官府가 布·麻 등의 물품을 구매하였다는 기록 및 鋘·鹽 경영 기록에 근거하면[9], 우리는 당시 臨湘縣의 市가 설치되어 있는 鄕은 아마도 앞서 언급한 몇몇 鄕에 한정되지 않음을 유추할 수 있다. 한편, 이름이 명기되지 않은 鄕의 市租 기록은 市租 액수가 비교적 많지 않다. 만약 이러한 기록들이 市가 설치된 鄕에서 징수한 市租의 총계라면, 市가 설치된 鄕의 숫자는 아마 많지 않았거나 혹은 市가 설치된 鄕은 비록 많았으나

  濟文書硏究』, p.236.) 凌文超는 이 簡을 다시금 석독하여, "北鄕市掾潘邦"은 "都鄕市掾潘㪚"으로 읽어야 한다고 판단하였다.(凌文超,「走馬樓吳簡私學簿整理與硏究-兼論孫吳的占募」,『文史』2014年 第2輯, p.51.) 이 당시 臨湘縣 내부 北鄕의 존재 유무는 현재 단정할 수 없기 때문이다.(楊振紅,「長沙吳簡所見臨湘侯國屬鄕的數量與名稱」.)

9 侯旭東,「三國吳簡中的"鋘錢"」; 侯旭東,「三國吳簡所見鹽米初探」; 蔣福亞,『走馬樓吳簡經濟文書硏究』, pp.262-275.

규모가 보편적으로 작은 편이었을 것이다. 어느 쪽이 사실인지는 진일보한 고증을 필요로 한다.

吳簡에는 또한 "都市" "邑下市"가 언급되기도 한다.

都市史唐玉叩头死罪白 : 被曹勅, 条列起嘉禾六年正月一日訖三月卅日吏民所私賣買生口者, 收責估錢, 言. 案文書, 輒部会郭客料实. 今客辞 : 男子唐謙、雷逆(?)、郡吏張橋各私買生口合三人, 直錢十九萬, 收中外估具錢一萬九千, 謹列言. 尽力部客收責, 送調等錢傳送詣庫, 复言. 玉誠惶誠恐, 叩头死罪死罪.

詣 金 曹

四月七日白(肆·1763(1))

- 右生口五人合直錢十一萬七千□□在邑下市□□(陸·2509)

　☑□□賊曹□于都市行七人……事 八月十二日兼獄掾鄭湯史陳水白(柒·1211)

簡肆·1763(1)은 都市史가 金曹에 제출한 보고문서이다. 都市史 唐玉은 金曹의 명령을 받은 후, 시중 生口의 매매 상황을 조사하고 "估錢"을 독촉하여 징수하였으며, 관련 상황을 金曹에 보고하였다. 簡陸·2509는 邑下市 生口의 매매기록(結計簡)인데, 簡文에 殘缺이 있어 그 상황을 명확히 알 수 없다. 簡柒·1211은 공문서의 초고이다.[10] 그 내용은 都市에서 범죄자 7명을 처벌하였다는 것으로 보인다.

앞서 언급하였듯이, 都鄕은 市租 징수 기록이 있어 市가 있었음을 알 수 있다. 그렇다면, 여기서의 "都市"·"邑下市"와 都鄕의 市는 어떤 관계가 있을까? 다른 이름이지만 같은 것을 가리키는 것인가? 그것이 아니라면 서로 다

10　李均明, 「走馬樓吳簡"草刺"考校」, 『史學月刊』 2008年 6期.

른 존재인가? 臨湘縣의 治所는 都鄕에 존재하였고 臨湘縣城은 長沙郡의 치소이기도 하였으니, 郡의 중심부(수도)에 해당하여 인구가 비교적 많고 그 정치적·경제적 지위도 비교적 중요하였을 것이다. 따라서 臨湘縣城의 市는 한 곳에만 존재하지는 않았을 것이라 추측된다.

II 官府의 구매기록

명목이 잡다하게 많은 각종 租稅를 제외하면, 走馬樓吳簡에는 官府가 각종 물품을 구매하였다는 기록도 있다. 구매한 물품 중에서는 布가 가장 많다. 市吏 潘羑는 관부에서 포목을 구매하였다는 기록 중에 비교적 종종 보인다. 예를 들면 아래와 같다.

☐入市吏潘羑所市布一百六十四匹(?)(貳·4212)

入市吏潘羑所市布一百六十☐匹(肆·1323)

入市吏潘羑☐☐所市布☐☐☐百卅七匹七尺　　中[11](肆·1360)

其五百卌匹吏潘羑所市布(肆·1367)

其四百卅二匹二丈潘羑所市☐(肆·5214)

其一千七百卅一匹七尺吏潘羑所市 其四百五十匹三丈爲品市布(伍·89)

・其八百六匹吏潘羑所市布　　☐(伍·3992)

☐・右市掾番羑所市布一千一百卅二匹☐☐☐(伍·6800)

11　역자 주석 : "中"은 붉은 색 글자이다.

潘羜는 때때로 "都市掾"(簡肆·4550(1))이라 불리기도 하고 "市掾"(簡參·8396)이라 불리기도 하는데, 응당 都市를 관리하는 長官일 것이다. 시장을 관리하는 관리들이 官府의 물품을 구매하는 만큼, 응당 그의 직무상 우위를 충분히 발휘할 수 있었을 것이다. 앞서 열거한 簡文 중에서 潘羜가 포목을 구매하였다고 하는데, 가장 많은 숫자는 1700여 필에 이른다.

布 4필을 구매하였다는 기록에서는 李珠도 비교적 자주 보인다.

入吏李珠(?)所市布一百卌匹☐☐(貳·4106)
☒李珠市嘉禾二年所調布得八百卌匹其七百匹直☒(叄·6435)
入李珠所市布一百匹(肆·5360)

李珠는 때때로 "金曹史"(簡五·6633)로 불리기도 하며, "兼金曹史"(簡伍·4763) 혹은 "金曹掾"(簡捌·4950甲)으로 불리기도 한다. 앞서 인용한 簡肆·4550(1)에서 보이듯, 市는 행정상 金曹가 직접 관리하였다. 李珠는 金曹의 官吏이므로, 혼자서 布 4필을 구입하는 것을 책임졌거나 혹은 潘羜와 함께 책임졌던 것으로 보인다.

• 右吏潘羜李珠所市布一百一十三匹二丈(Á·455)

아래의 사례들은 포목을 구매하였다는 기록인데, 책임자는 '陳通'이다.

☒錢十萬三千嘉禾☐年七月十日☐☐☐史陳通市布(?)(叄·7269)
出行錢廿六萬七千五百六錢嘉禾四年六月廿八日七月三日付吏陳通市布(玖·4896)

陳通의 신분 정보는 비교적 복잡하다. 서로 다른 簡에서 각각 "司虞☐

史"(簡貳·6816) "經用曹史"(簡參·253)·"尉曹史"(簡陸·4809) 등의 직무로 연칭되어, 동일인인지 알 수 없을 뿐만 아니라 陳通과 함께 포목을 구매할 때에 어떤 직책이었는지도 확정할 수 없다.

 市理 潘玗는 官府를 위해 布 4필을 구매할 때, "募"의 형식을 채용하였다.

  潘玗募市所調布余未毕絞促有入复言書　詣封曹(陸·4762)

 "募"는 '널리 모집하다'의 의미로 사용된다. 『說文解字』力部에서 "募, 廣求也."라 하였다. "絞促"은 '강제'의 의미를 가지고 있다. "募"가 市中에 한정되었는지, 아니면 이미 市外까지 확장되어 있었는지에 관해서는 아직 분명치 않다. 전술하였듯이, 官府를 위해 포목을 구입하였다는 기록이 비교적 많아서 구매를 담당한 관리 모두가 "募"의 형식을 채용하였는지도 확정할 수 없다.

 사실, 臨湘縣은 대량으로 포목을 구매하기 위해 관련 官吏들을 운용하였을 뿐만 아니라 일반 민중까지 고용하여 포목 구매인력을 분산시켜서, 그 영향력이 시장 바깥까지 확대되었다.

  中倉吏吳敦謹列所領□□出雇史民市布賈种領人名鄉別簿[12](伍·1640)
  右出米合三百卅五斛六斗雇昌鄉民廿人□市布賈掾區能主(肆·3903)
  ・右出米合卅七斛八斗雇都鄉民十人所市布賈掾劉欽主(伍·1800)

 吳簡 중에서도 이와 관련된 자료는 매우 적은 편이다. 이와 관련해 등장하는 劉欽의 신분 정보는 비교적 복잡하다. 서로 다른 簡에서 각각 "從掾

---

[12] "吳敦"의 원 釋文은 "吳郭"이었다. 이 簡의 중간 부분이 갈라져 있어서 일부 문자의 흔적이 殘缺되었다. 簡伍·1985에 근거하여 釋文을 고쳤다.

位"(簡肆·3904(1) 및 伍·3066) "都鄕掾"(簡伍·1810 및 伍·3448) · "都掾"(簡伍·3082) "郭浦倉吏"(簡伍·1853) "縣吏"(簡伍·5122) 등의 직무로 연칭되고 있어, 동일인인지 알 수 없다. 다만 우리는 포목 구매를 담당한 관리가 市吏 혹은 金曹 소속 官吏에 한정되지 않았다는 것을 알 수 있다.

簡伍·1640은 中倉에서 지출한 양식을 사용해 吏民을 고용하여 官府에서 사용할 포목을 구매했음을 보여주는데, 鄕을 단위로 업무 담당자를 안배하여 등기부를 만들었다. 簡肆·3903은 掾 區能이 昌鄕의 民 20명의 고용업무를 담당했음을 보여준다. 이와 같이, 簡伍·1800은 掾 劉欽이 都鄕의 民 10명의 고용업무를 담당했음을 보여준다. 아래 열거한 각 簡들은 이러한 簿籍의 구체적 내용일 것이지만, 현재로서는 어느 鄕의 簿籍인지 알 수 없다.

　　出米五斛四斗雇男子潭元布賈(肆·1405)
　　出米二斛七斗雇男子程玏布賈(肆·1506)
　　出米五斛雇男子沅香布賈(肆·3196)
　　出米八斛一斗雇男子程□布賈(肆·3438)
　　出米卅三斛三斗雇魁□陵布賈(肆·3473)
　　☐出米卅三斛雇魁吳鹿布賈(肆·3474)
　　出米五十九斛四斗雇監吳句布賈(肆·3728)
　　出米五斛雇男子李和布賈(肆·3904)
　　•出米二斛六斗雇男子沅破布賈(伍·1816)
　　出米五斛一斗雇男子羅增布賈(伍·1827)
　　出米五斛二斗雇男子周雒布賈(伍·1837)
　　出米十斛四斗雇男子曹奴布賈(伍·1840)
　　出米五斛一斗雇男子黃□布賈(伍·1852)
　　出米二斛五斗雇付男子陳米布賈(伍·1978)

　　　　出米二斛九斗雇男子李晧布賈(伍·2319)
　　　•出米一百廿三斛雇魁蔡爰布賈(伍·3088)
　　　•出米五斛三斗雇男子陳山布賈(伍·3095)
　　　　出米二斛五斗雇男子定廷布賈(伍·3101)
　　　　出米五斛一斗雇師李先布賈(伍·3119)
　　　　出米一百斛雇監修长布賈(伍·3387)
　　　　出米八斛一斗雇男子程綏布賈(伍·5388)
　　　　出米十七斛七斗雇男子文春布賈(柒·4435)
　　　　出米七斛六斗雇男子區決布賈(柒·4449)
　　　　出米二斛六斗雇男子區農布賈(柒·4456)

　　위에 열거한 簡文 중 "出米"의 최소치는 "二斛五斗"(伍·1978 및 伍·3101), "二斛六斗"(伍·1816), "二斛七斗"(肆·1506) 정도이며, 피고용자의 신분은 전부 "男子"이다. 그런데 "出米"의 수량이 비교적 많은 경우는 "二百六十七斛"(肆·3242), "一百廿三斛"(伍·3088), "一百斛"(伍·33874), "五十九斛"(肆·3728), "十三斛"(肆·3473 및 肆·3474)이며, 피고용자의 신분은 "監" 혹은 "魁"이다.

　　嘉禾吏民田家莂을 보면, 布와 米의 환산 비율은 嘉禾 4년과 嘉禾 5년 간 차이가 있다. 嘉禾 4년은 일반적으로 布 1필이 米 2斛으로 환산되었으며, 嘉禾 5년은 일반적으로 布 1필이 米 2.4~2.5斛으로 환산되었다.[13] 이에 근거하면, 상술한 2.5~2.9斛을 "出米"한 경우는 대개 당시의 布 1필의 가격보다 약간

---

[13] 長沙市文物考古研究所、中國文物研究所, 北京大學歷史學系, 『長沙走馬樓三國吳簡·嘉禾吏民田家莂』, 文物出版社, 1999, pp.71-72,《嘉禾四年吏民田家莂解題》; p.165, 「嘉禾五年吏民田家莂解題」 참고.

높다고 추정할 수 있다. 簡文의 "雇某某布賈" 혹은 "雇某某布賈"는 아마 포목 가격과 고용 비용을 포함한 기록으로 보인다. 이러한 추측이 옳은지는 진일보한 고증을 필요로 한다.

이렇게 모집된 吏民들은 市場에 가서 물품을 구매한 것이 아니라, 民間에서 직접 물품을 구매하였다.

入都鄉恋中丘大男陳泪市布三丈 九 尺㐅 嘉禾元年八月四日關丞　　付庫叓殷連受(伍·1828)

入廣成鄉弦丘男子唐宜所賈布二匹㐅 嘉禾元年八月六日關丞□□付庫吏殷☒(伍·1860)

入南鄉官所市廖金布一匹㐅 嘉禾元年 七月廿九日關丞祁付庫吏殷連受(陸·4913)

入模鄉所市布三匹㐅 嘉禾元年七月廿八日三州丘男子□□付庫吏殷連受(陸·5636)

위에 열거한 簡文 모두 鄉名·丘名·人名·"市布"의 수량 등을 기록하고 있는데, 관리의 손을 거친 기록에서는 "關丞某付庫理某受" 혹은 "付庫吏某受"란 문장이 많다. 즉, 구매한 포목을 어떤 鄉 어떤 丘의 어떤 사람이 庫로 송달하였다는 의미인데, 이 문장에서는 "市布"와 市場 간에 어떤 관계가 있는지 드러나지 않는다. 이러한 기록들은 응당 鄉을 단위로 한 簿冊일 것이다.

集凡二年戶市布合二千一十四匹　　已出(伍·1482)

領受新茨 鄉戶 市布八百□一匹　□(伍·1967)

・右三鄉入二年 戶 市布合一千九百廿五匹(伍·1971)

領受都鄉戶市布五百一十□匹(伍·1983)

・倉史吳敦謹列二年戶市布鄉別簿　　☒(伍·1985)

領受 昌 鄉 戶市布……☒(伍·1989)

"戶市布"는 戶別로 구매하였다는 의미일 것이다. 상술한 簡文에서 열거하는 수치를 보면, 吏民이 市의 범위를 벗어나 吏民을 동원해 직접 民間에서 구매하는 방법으로 거둔 성과는 매우 현저한 것이었다.

지적해두어야 할 점은 앞서 인용한 簡文 속 都鄕·廣成鄕·南鄕·模鄕 등은 모두 臨湘縣에 속하지만, 昌鄕(肆·3903)·新茨鄕(伍·1967) 등은 응당 臨湘縣이 아닌 주변의 다른 縣 소속일 것이란 점이다. 이를 통해, 臨湘縣 官府는 심지어 주변의 각 縣에서도 물품을 구매했음을 알 수 있다.

아래 열거할 簡文에 따르면, 당시 官府가 시장에서 구매한 물품의 종류는 여전히 정말 많았다. 이는 官府의 시장에 대한 의존도가 비교적 높았음을 보여준다.

  錢合卅五萬三千五百給雇二年所市麻一千四☒(叁·7005)
  ☒☒☒☒雇市麻二千一百五十三斤☒六百卌斤直三百七十(陸·1842)
  出其年 麻千斤與郡所市麻九千八百五十一斤 合一萬八千五十一斤嘉禾二年二月廿日付☒(玖·1291)
  ☒……所市☒卌三匹祠祖所用(陸·1981)
  出錢十四萬市男任☒訨吳牡牛二头直☒萬送牛付郡吏(陸·3638)
  其四萬六百市麦种廿斛三斗(陸·4682)
  ☒年更口筭錢一千二百留所市羊一头直☒千羊一头直千六百酒二千(捌·0217)
  出元年更口筭錢三萬五千五十雇所市羊二头其所余直八千五百一头直九(捌·0636)
  ☒☒市槃二双 直錢九百☒☒(捌·4695)

III 結論

상술한 바를 종합한 본문의 결론은 다음과 같다.

1. 삼국시대 孫吳 정권 통치 하 臨湘縣에는 縣治所 뿐만 아니라 관할 하의 여러 鄕에도 市가 설치되어 있었다.

2. 市는 일반 백성의 일상적 교역을 만족시킨 장소일 뿐 아니라, 관부가 어떤 상품을 대량으로 구매하는 방편이기도 하였다. 臨湘縣은 상품의 대량구매 효율을 높이기 위해 심지어 市를 둘러싼 담장을 돌파하여, 吏民을 모집하여 民間에서 물품을 구매하도록 하였다. 이는 坊市의 구조 붕괴가 갑자기 발생한 것이 아니라, 점진적으로 이루어진 결과임을 보여준다.

3. 당시 사회생활에서 화폐의 역할을 과소평가해서는 안 된다.

(번역: 유창연, 경북대학교 인문학술원 HK사업단 연구보조원)

참고문헌

長沙市文物考古研究所˙中國文物研究所, 北京大學歷史學系, 『長沙走馬樓三國吳簡·嘉禾吏民田家莂』, 文物出版社, 1999.

高敏, 「從〈長沙走馬樓三國吳簡〉看孫吳時期的商品經濟狀況》」, 『簡帛研究』 2004, 廣西師範大學出版社, 2006.

黎石生, 「走馬樓吳簡所見商貿活動三題》, 『湖南省博物館館刊』第七輯, 嶽麓書社, 2011 ;

凌文超, 「走馬樓吳簡私學簿整理與研究 - 兼論孫吳的佔募」, 『文史』 2014年 第2輯.

凌文超, 「走馬樓吳簡中所見的生口買賣 - 兼談魏晉封建論之奴客相混」, 『史學集刊』 2014.

李均明, 「走馬樓吳簡"地僦錢"考」, 『簡帛研究』 2004, 廣西師範大學出版社, 2006.

李均明, 「走馬樓吳簡"草刺"考校」, 『史學月刊』 2008.

宋超, 「吳簡所見"何黑錢""僦錢"與"地僦錢"考」, 『吳簡研究』第一輯, 崇文書局, 2004.

楊振紅, 「長沙吳簡所見臨湘侯國屬鄉的數量與名稱」, 『簡帛研究』, 廣西師範大學出版社, 2010.

王子今, 「長沙走馬樓竹簡"地僦錢"的市場史考察」, 『吳簡研究』第二輯, 崇文書局, 2006.

熊曲, 「論長沙走馬樓吳簡中"生口"及相關問題」, 『出土文獻研究』第十二輯, 中西書局, 2013.

蔣福亞, 「吳簡所見長沙的市場」, 『慶祝寧可先生八十華誕論文集』, 中國社會科學出版社, 2008.

蔣福亞, 「走馬樓吳簡所見鹽鐵官營和酒類專賣」, 『史學月刊』 2011.

蔣福亞, 『走馬樓吳簡經濟文書研究』, 第三章《竹簡》所見臨湘的商業), 國家圖書館出版社, 2012.

陳榮傑, 「試論走馬樓吳簡中的"僦錢", "地僦錢"」, 『中國社會經濟史研究』 2014.

沈剛, 「長沙走馬樓三國吳簡所見"生口"買賣問題補論」, 『煙臺大學學報』(社科版) 2016.

沈剛, 「長沙走馬樓竹簡所見"地僦錢"拾遺」, 『中國歷史文物』 2010

沈剛, 『〈長沙走馬樓三國吳簡〉語詞詞彙釋』, 中國社會科學出版社, 2017.

侯旭東, 「三國吳簡所見鹽米初探」, 『吳簡研究』 第一輯, 崇文書局, 2004.

侯旭東. 「三國吳簡中的"鋘錢"」, 『吳簡研究』 第一輯, 崇文書局, 2004.

#07

長沙 走馬樓吳簡에 보이는 俸祿 지급과 관리[1]

다이웨이홍(戴衛紅)

(中國社會科學院古代史硏究所 硏究員、
"古文字與中華文明傳承發展工程"協同攻關創新平臺 硏究員)

孫吳 시기 관리의 봉록에 관해 傳世文獻 중의 기록은 분명치 않다. 朱大渭선생은 「兩晉南北朝的官俸」이라는 논문 중에 "三國이 분열되고 割據하는 시기 吳蜀의 관봉을 고증할 수 없다."라고 지적한 바가 있다.[2] 何德章선생은 삼국 시기의 봉록제도를 논술하였을 때 "三國 魏·蜀·吳의 政權은 모두 봉록 등급 기준 관련 자료를 남기지 않았다. 蜀·吳 政權은 九品 제도를 실행하지

---

[1] 이 논문은 國家社會科學基金의 프로젝트인 '秦漢魏晉時期基層吏員研究(批准號 19BZS022)'의 중간 연구 성과이다.

[2] 朱大渭, 「兩晉南北朝的官俸」,『中國經濟史硏究』, 1986年第4期, 後收入朱大渭著《六朝史論》, 中華書局, 1997年, p.246.

않았고 관리의 봉록은 당연히 漢代의 구 秩石制를 계승했을 것이다. 다만 각 등급의 月俸 혹은 年俸의 구체적인 수량은 고증할 수 없다."라고 지적하였다.³ 王素·陳仲安 선생은 "西漢 관리의 月俸은 이론상 錢·糧을 모두 일정한 비율로 지급한 것이며", "東漢 官吏의 月俸은 서한 시기의 배당 원칙을 계승하여 이른바 '錢谷各半'이었다."; "曹魏 시기 官吏 俸祿의 구체적인 상황은 史籍의 기록도 분명치 않고", " 그 당시의 제도로는 아마 곡물만 봉록으로 삼았을 것이다." 孫吳의 俸祿制度에 대해 『吳志·是儀傳』 중에서 是儀의 생활이 어려우므로 孫權이 이를 보고 탄식하면서 바로 "卽增俸賜(즉시 봉과 사를 증가시켰다)"를 실시했다고 기록되었다. 여기에서 역시 '賜'과 '俸'은 연결해서 사용되며 이것은 孫吳와 曹魏가 같은 俸祿制度를 실시하였음을 설명한다.⁴

長沙 走馬樓三國 吳簡 중에 대량의 出米記錄簿書가 출토되었다. 이들 창고에서 출고된 米의 용도는 서로 달랐다. 筆者는 「長沙走馬樓吳簡中軍糧調配問題初探」이란 논문에서 그 중 상당수가 武陵蠻을 공격하는 전방부대에 군량으로 조달되었고, 다른 일부는 月直·廩·俸으로 서로 다른 신분의 사람들에게 지급된 기록을 주목하였다. 예를 들면, 竹簡(貳)의 ' •7337 嘉禾元年十月廿四日丙辰書給右選曹尚書郎貴倩嘉禾元年十月奉'이란 간문의 경우 비록 앞부분의 간문이 잔결되었지만 서식으로 볼 때 잔결된 내용은 '被督軍糧都尉'라는 내용일 가능성이 있다. 또한 해당 간은 군사에게 軍糧을 지급한 것이 아니라 비군사 기구인 尙書省의 관리 右選曹尙書郎에게 지급한 그 달의 봉록이었다.⁵

---

3   黃惠賢·陳鋒, 『中國俸祿制度史』(修訂版), 제3장 「魏晉南北朝時期的俸祿制度」(제1-3장의 저자: 何德章), 武漢大學出版社, 2012年, p.69.

4   王素·陳仲安, 『漢唐職官制度硏究』(修訂版), 中華書局, 2008, p.333·336·337. 日本 학자들의 토론은 (日)宇都宮清言의 「〈續漢志〉百官受奉例考」와 「〈續漢志〉百官受奉例考再論」(『漢代社會經濟史硏究』, 東京 : 宏文堂, 1955, pp.203-217·218-237에 상세하다.

5   戴衛紅, 「長沙走馬樓吳簡中軍糧調配問題初探」, 卜憲群·楊振紅主編, 『簡帛研究

필자는 三國 吳簡 중에 나타난 月直·稟을 고석하는 과정 중, 竹簡貳•7495 "嘉禾元年十一月直其六十九人人二斛八人鼓史人一斛五斗□奉米四斛其□"에서 나타난 '某月直'과 같은 米를 언급한 명사 이외에 "奉(俸)米"라는 기록도 있음을 발견하였다. '直'과 '俸米'를 따로 나열하는 것은 '直'과 '俸米'의 성격이 다르다는 뜻으로 파악할 수 있다.[6] 莊小霞는 走馬樓 吳簡 중에 보이는 '奉鮭錢'을 고찰하여, 해당 용어의 명명과 내용으로 볼 때 "稟"과 다른 점이 있으며, 그 중의 '奉'은 그 특징을, '鮭'는 吳나라 지역의 특산물을 나타내며, 孫吳 관리의 경우 정규 월봉 이외에 지급하는 일종의 雜俸이 있었고, 현대적인 개념으로 해석하자면 일종의 '식품 수당', 구체적으로는 '魚菜金補貼'일 것이지만, 그 외에 모든 식품에 대한 수당이 있었는지는 알 수 없다고 하였다. 莊小霞는 孫吳의 官俸 제도가 큰 범위에서 한나라의 제도를 계승하였고 南朝 官俸 제도에도 영향을 미친 것으로 지적하였다.[7]

長沙 走馬樓 吳簡의 모든 竹簡이 공개 출판되면서 더 많은 三國 孫吳 시기의 俸祿과 관련된 자료들을 찾아볼 수 있게 되었다. 또한, 우리는 학계가 진행해온 吳簡 중의 州中倉의 일부 出米簡의 집성과 편련 복원 연구를 통해 일부 出米簡의 작성 과정·지출된 米의 용도를 더 깊게 이해할 수 있게 되었다.[8] 필자는 선학들 연구의 기초 위에 이미 출판된 三國吳簡 중의 竹簡을 중심으로 孫吳 시기 관리의 俸祿 실상을 깊이 고찰하고자 한다.

二〇〇七』, 廣西師範大學出版社, 2010, pp.204-224.

6   戴衛紅, 「長沙走馬樓吳簡中所見"直"·"稟"簡及相關問題初探」, 卜憲群·楊振紅主編, 『簡帛研究二〇〇八』, 廣西師範大學出版社, 2010, pp.251-267.

7   莊小霞, 「走馬樓吳簡所見"奉鮭錢"試解 ──兼論走馬樓吳簡所反映的孫吳官俸制度」, 卜憲群·楊振紅主編, 『簡帛研究二〇〇八』, 廣西師範大學出版社 2010, pp.268-273.

8   鄔文玲, 「長沙走馬樓三國吳簡·竹簡(捌)所見州中倉出米簿的集成與復原嘗試」, 中國文化遺産研究院編, 『出土文獻研究』, 第16輯, 中西書局, 2017, pp.341-363.

Ⅰ 長沙 走馬樓 三國 吳簡에 보이는 '奉'과 지급 과정

長沙 走馬樓 三國 吳簡의 竹簡 1-9 중에 '奉'과 관련된 簡은 아래 나열된 30매가 있다.

1. 歆二人各一年奉起黃龍(壹·1920)
2. 元年九月奉嘉禾元年九月一日付右倉曹史(壹·1963)
3. □琦左別治兵曹典事袁潘二□事奉起黃龍三年□月□訖嘉禾元年七月人月(壹·2021)
4. 元年五月奉其五月二日付吏……(壹·2197)
5. ☑□奉起黃龍三年二月訖四月月二斛嘉☑(壹·2314)
6. ☑嘉禾元年十月廿四日丙辰書給右選(?)曹尚書郎貴借嘉禾元年十月奉(俸)(貳·7337)
7. 嘉禾元年十一月直其六十九人人二斛八人鼓史人一斛五斗□討奉(俸)米四斛其□☑(貳·7495)
8. ☑……年九月奉嘉禾元年九月一日☑(參·745)
9. 尉高覓嘉禾元年八月奉其□☑(參·2610)
10. 都尉黃龍三年十一月二日庚辰書給都尉三年十一月奉三年十一月三日付吏陳□☑(肆·4163)
11. 軍糧都尉移右節度府黃龍三年八月廿四日□□書給大倉丞張□奉□(肆·4713)
12. 書即黃□奉起二月三日訖八月月六斛三年十一月一日付吏張䩕(?)(肆·4903)
13. 糧都尉移右節度符府黃龍三年八月九日戊申書給□右倉曹典事趙□奉起□□(伍·107)

14. 入守倉曹郎蓋儀(？)嘉禾二年奉米六斛(伍·6089)☐

15. ☐☐二年奉米(伍·6246)

16. 典軍戶曹史章松吳雄集曹史賞立三人各一年奉俱起嘉禾元年八月☐☐(陸·6042)

17. 癸酉給中書典校丁又十一人十一月奉起嘉禾元年……二年十一月八日四斛米小月嘉(柒·76)

18. 直嘉禾二年正月奉其年三月廿九日吏潘喜(柒·2175)

19. ☐奉其年正月一日付右倉曹☐(柒·2776)

20. 元年十二月奉其年十二月廿七日付右倉曹掾烝脩(柒·4191)

21. 禾元年三月奉其年五月一日付左倉曹史區衍(柒·4197)

22. ☐年二月奉其年三月☐(柒·4546)

23. 倩嘉禾二年閏月奉其年閏月十日付倩所將佰史何陽周曼(捌·2996)

24. 匠司馬周圖一年奉起嘉禾二年五月有閏月[9]訖閏三年三月卅日月三斛除小月(捌·3043)

25. 嘉禾二年二月奉其年二月廿日付倩所將佰史胡曼(捌·3148)

26. 月奉其年正月廿日付倩親人謝頡(捌·3208)

27. 書給典軍所主吏繆雒一年奉起嘉禾元年十一月訖嘉禾二年十月月二斛除小月六日(捌·3285)

28. 離襲一年奉起嘉禾元年十一月訖二年九月月三斛除小月嘉禾二年三月廿日付☐(捌·3367)

29. 主吏曹史徐檐一年奉起黃龍二年正月訖十二月月三斛其年二月十二日

---

[9] 整理小組의 주석은 嘉禾2年 閏5月에 대해 五月 뒤에 '有閏月'이라고 메모하였다. 다음의 3048簡도 이와 같다. 그러나 嘉禾3년에는 閏月이 없으므로, 간에서 칭한 '閏三年'의 '閏'자는 衍字(연자. 글 가운데의 쓸데없는 글자)일 가능성이 크다.

付 典軍曹 (捌·3429)

30. 月奉其年四月十二日付倩所將佰史何陽周曼(捌·3455)

상술한 30매 죽간 중의 6매는 '右選曹尚書郎 貴倩'의 '奉'과 관련되며, 2매의 간문 중에는 '(督軍)糧都尉'가 보인다. 해당 죽간의 내용과 서식으로 볼 때, 모두 독립적인 '一事一簡(한 매의 죽간에 한 가지 일만 기록하는 서식)'이 아닌 것으로 판단되며, 그 위 아래 모두에 관련된 簡文이 이어져 있었을 것이다.

鄔文玲은 「長沙走馬樓三國吳簡·竹簡(捌)所見州中倉出米簿的集成與復原嘗試」[10]라는 논문에서 簡文의 내용·서사 필적·간독 자재 형태·編繩 흔적·揭剝圖 위치 등에 의해 17組의 州中倉 일회성 出米記錄簡을 편련, 복원하였다. 그중에 상술한 죽간 중의 捌·2996·捌·3043·捌·3208·捌·3285·捌·3429·捌·3455는 鄔文玲 선생의 복원을 통해 다른 죽간과 編聯할 수 있게 되었다. 그 결과는 다음의 A-F조이다.

A組 : 出倉吏黃諱·潘慮所領嘉禾元年稅吳平斛米五斛七斗六升爲稟斛米六斛, 墾閣右郎中李嵩被督軍糧都尉嘉禾二年閏月七日丙申書, 給右選曹尚書郎貴倩嘉禾二年閏月奉, 其年閏月十日付倩所將佰史何陽·周曼. (捌·3016 + 3015 + 2996)

B組 : 出倉吏黃諱·潘慮所領嘉禾元年稅吳平斛米五斛七斗六升爲稟斛米六斛, 被督軍糧都尉嘉禾二年正月十日辛未書, 給右選曹尚書史貴倩嘉禾二年正月奉, 其年正月廿日付倩親人謝頡. (捌·3245 + 3240 + 3208)

C組 : 出倉吏黃諱·潘慮所領黃龍三年租吳平斛米廿二斛六斗二升爲稟斛米廿

---

10 鄔文玲, 「長沙走馬樓三國吳簡·竹簡(捌)所見州中倉出米簿的集成與復原嘗試」, 中國文化遺産研究院編, 『出土文獻研究』, 第16輯, pp.341-364.

三斛五斗八升,墼閣左郎中郭據被督軍糧都尉移右節度府嘉禾元年十二月十三日甲辰書,給典軍所(領)主吏繆雒一年奉,起嘉禾元年十一月訖嘉禾二年十月,月二斛,除小月六日,其年二月十二日付典軍曹史章松,傍人吳衍·任奴.(捌·3348＋3337＋3285＋3292)

D組：出倉吏黃諱·潘慮所領黃龍三年租吳平斛米卅四斛五斗六升爲稟斛米卅六斛,墼閣左郎中郭據被督軍糧都尉移右節度府嘉禾元年十二月二日癸巳書,給典軍主吏曹史徐櫓一年奉,起黃龍二年正月訖十二月,月三斛,其年二月十二日付典軍曹史章松,傍(人)吳衍·任奴.(捌·3261+3413+3429+3404)

E組：出倉吏黃諱·潘慮所領黃龍三年租吳平斛米五斛七斗六升爲稟斛米六斛,墼閣右郎中李嵩被督軍糧都尉嘉禾二年四月七日丁㢋書,給(右)選曹尚(書)郎貴倩嘉禾二年四月奉,其年四月十二日付倩所將佰史何陽·周曼.(捌•3443+3452+3455)

F組：出倉吏黃諱·潘慮所領嘉禾元年稅吳平斛米卅三斛九斗八升爲稟斛米卅五斛四斗,墼閣右郎中李嵩被督軍糧都尉移右節度府嘉禾二年三月廿九日庚寅書,給監匠司馬周圖一年奉,起嘉禾二年五月有閏月訖〈閏〉三年三月卅日,月三斛,除小月,五月十三日付書史吳齊.(捌•3036+3012+3043+3041)[11]

위 6조의 簡 중, B조(捌·3245＋3240＋3208) 중에만 '邸閣(左)右郎中某'라는 기술이 없고 기타 5조의 서식은 기본적으로 필자가 기존에 고찰한 軍糧 지급의 제1종 서식인 '米數目墼閣左(右)郎中某被督軍糧都尉移右節度府某年

---

[11] 상세한 6조 간의 編聯 복원 상황 鄔文玲,「長沙走馬樓三國吳簡·竹簡(捌)所見州中倉出米簿的集成與復原嘗試」, pp.341-360에 있다.

某月書給某'와 같다.[12]

우리는 편련된 죽간을 통해 해당 간에 기록된 '出米' 과정을 더 상세하게 파악할 수 있다. 그 지급대상이 右選曹尚書郎 貴倩으로 된 A·B·E 3조의 簡 중 지급증빙서류는 '督軍糧都尉某年某月某日書'이며, 업무담당자는 (州中)壓閣右郎中 李嵩이고, 지급된 米는 州中倉 倉吏 黃諱·潘慮가 관리한 米였다. 지급 시간은 督軍糧都尉가 下書한 그 달이고, 교부대상은 봉록을 받는 관리 貴倩 본인이 아니었으며 貴倩이 인솔한 佰史와 倩의 친척인 謝頡이었다.

C·D·F 3조 중에 봉록 지출의 가장 원시적인 증빙서류는 右節度符가 작성한 書이며, 해당 문서는 督軍糧都尉에게 이송되었고, 업무담당자는 州中壓閣 (左)右郎中이었다. 지출한 米는 州中倉 倉吏 黃諱·潘慮가 관리한 米이며, 봉록 지급 대상은 여러 명이고 봉록 지급의 시간 표준은 1년이다. 교부대상은 봉록을 받는 관리 본인이 아니라 해당 수령자와 관련된 인원에게 전달되었다. 이 중에 C와 D조에는 "傍人吳衍·任奴"라는 표현도 보이는데, 이른바 '傍人'의 '傍'은 곧 側·旁(옆)이며, 傍人은 '證人'·旁人의 뜻으로 파생될 수도 있고, 또 다른 가능성으로 '傍'은 '榜'과 상통하며, 노·선박의 뜻으로 傍人은 배를 젓는 사람으로도 간주할 수도 있다.

다음으로 簡1-30 및 鄔文玲 선생이 편련·복원한 6조의 竹簡을 중심으로 이러한 죽간에 언급된 孫吳 관리 봉록의 지급 시간 표준·지급 시간·대상·봉록의 지급 형태 및 봉록의 등급을 보다 심도 있게 고찰하여 三國시기 관리의 봉록 실상을 파악하고자 한다.

12　戴衛紅, 「長沙走馬樓吳簡中軍糧調配問題初探」, 卜憲群·楊振紅主編, 『簡帛研究 二〇〇七』, 廣西師範大學出版社, 2010.

Ⅱ 孫吳 관리 俸祿의 지급 시간 표준과 대상

俸祿의 지급에 있어 漢代의 官俸制度는 月俸制였다. 『周禮·天官·大宰』에서 "四曰祿位." 鄭玄注 : "祿, 若今之月奉也." 賈公彦疏 : "古者祿皆月別給之, 漢之月奉亦月給之."라고 기록하였다. 閻步克 선생은 "漢代의 祿秩은 대체로 月俸이며, 이에 대해 학계는 이미 인식을 같이한다."고 하였다. 孫吳의 官俸制度는 月俸인가 아니면 年俸인가? 앞서 인용한 莊小霞의 논문 중 走馬樓吳簡에 보이는 '俸米' 혹은 '奉鮭錢'의 簡文 기록 서식은 모두 月計의 형식을 취하였기 때문에, 월별로 지급한 것이 분명하다고 지적하였다.[13] 이 의견은 制度 상에서는 대체적으로 성립할 수 있지만, 실제의 지급 과정에서는 아마 여러 요소의 영향을 받았을 것이다.

상술한 30매의 簡으로 볼 때, '月'을 시간 단위로 봉록을 계산한 簡은 簡2 "元年九月奉"·簡4 "元年五月奉"·簡6 "右選(?)曹尚書郎貴倩嘉禾元年十月奉"·簡7 "嘉禾元年十一月直……奉"·簡8 "九月奉"·簡9 "嘉禾元年八月奉"·簡10 "給都尉三年十一月奉"·簡18 "嘉禾二年正月奉"·簡20 "元年十二月奉"·簡21 "禾元年三月奉"·簡22 "年二月奉"·簡23 "倩嘉禾二年閏月奉"·簡25 "嘉禾二年二月奉"까지 포함되며, 鄔文玲의 編聯에 의해 簡26·30 2매의 簡에 언급된 俸祿 역시 '月'로 계산한 것이다. 이 15매 간 중에 俸祿 지급 대상이 분명한 사례는 단지 簡6·23·25·26·30의 '右選曹尚書郎 貴倩'과 簡9의 '尉高覓'과 簡10 중 "都尉"뿐이다.

選曹에 관해 『後漢書』卷26, 「百官志3」중에 "尚書六人……侍郎三十六人,

---

[13] 莊小霞, 「走馬樓吳簡所見"奉鮭錢"試解 ——兼論走馬樓吳簡所反映的孫吳官俸制度」, 卜憲群·楊振紅主編, 『簡帛硏究二〇〇八』, 廣西師範大學出版社, 2010, pp.268-273.

四百石. 本注曰：一曹有六人, 主作文書起草. 令史十八人, 二百石. 本注曰：曹有三, 主書. 後增劇曹三人, 合二十一人."이라고 기록되었다. 李賢의 注에 蔡質의 『漢儀』를 인용해 "典天下歲盡集課事. 三公尙書二人, 典三公文書. 吏曹尙書典選擧齋祀, 屬三公曹. 靈帝末, 梁鵠爲選部尙書."라고 하였다. 『晉書』卷24「職官志」에 列曹 尙書가 기록되며 그중에 "靈帝以侍中梁鵠爲選部尙書, 於此始見曹名. 及魏改選部爲吏部, 主選部事"라고 기록된 바가 있었다. 『三國志』「吳書」와 長沙 走馬樓 吳簡의 내용으로 볼 때, 孫吳 시기에 여전히 '選曹'를 사용하였고 '吏部'로 개칭하지 않았다. 選曹는 "賞錄勳賢, 補擬官爵"[14], 주요직무 책임은 選擧와 감찰이며, 國家 인재 임용 전반을 관리하므로 選曹의 직무는 상당히 중요했고 해당 직책에 임용된 사람은 대부분 孫吳의 권문세가였다. 『三國志』에 보이는 여러 孫吳의 選曹尙書郞 중에 가장 유명한 사람은 選曹尙書郞에서 選曹尙書가 된 暨豔이었다. 『三國志』卷57,「吳書·張溫傳」裴松之의 주는 다음과 같이 인용한 바가 있다.

> 豔字子休, 亦吳郡人也, 溫引致之, 以爲選曹郞, 至尙書. 豔性狷厲, 好爲淸議, 見時郞署混濁淆雜, 多非其人, 欲臧否區別, 賢愚異貫. 彈射百僚, 覈選三署, 率皆貶高就下, 降損數等, 其守故者十未能一, 其居位貪鄙, 志節汙卑者, 皆以爲軍吏, 置營府以處之. 而怨憤之聲積, 浸潤之譖行矣. 競言豔及選曹郞徐彪, 專用私情, 愛憎不由公理, 豔·彪皆坐自殺.

---

[14] 『周書』卷45,「儒林·樂遜傳」, "武成元年六月, 以霖雨經時, 詔百官上封事. 遜陳時宜一十四條, 其五條切於政要. 其三, 明選擧, 曰：選曹賞錄勳賢, 補擬官爵, 必宜與衆共之, 有明揚之授. 使人得盡心, 如睹白日. 其材有升降, 其功有厚薄, 祿秩所加, 無容不審. 卽如州郡選置, 猶集鄕閭, 況天下選曹, 不取物(望. 若方)州(列)郡, 自可內除. 此外付曹銓者, 旣非機事, 何足可密. 人生處世, 以榮祿爲重, 修身履行, 以纂身爲名. 然逢時旣難, 失時爲易. 其選置之日, 宜令衆心明白, 然後呈奏. 使功勤見知, 品物稱悅."

또한 孫權시기에 陸胤은 "始爲御史·尚書選曹郎, 太子和聞其名, 待以殊禮."라는 기록도 있으며,[15] 虞翻의 넷째 아들인 虞汜는 永安(258-264) 초기에 選曹郎에서 散騎中常侍로 오른 사례도 있었다.[16]

選曹尚書는 『三國志』「吳書」 중에서 흔히 보인다. 예를 들면, 嘉禾元年 陸瑁가 "拜議郎·選曹尚書", 그의 아들 陸喜는 孫皓 시기에 選曹尚書로 임용되었다.[17] 또한, 『三國志』 중에는 選曹尚書 李肅[18]·張溫[19]·薛綜[20]도 보이며, 薛綜을 이어 顧譚은 選曹尚書가 되어 임용 업무를 담당하였다.[21] 孫吳 후기에 薛綜의 아들 薛瑩도 選曹尚書로 임용된 적이 있었으며, "孫皓初, 爲左執法, 遷選曹尚書, 及立太子, 又領少傅".[22] 薛瑩을 이어 繆禕가 選曹尚書로 임용되었

---

15 『三國志』卷61,「吳書·陸凱附弟胤傳」.

16 『三國志』卷57,「吳書·虞翻傳」: 翻有十一子, 第四子汜最知名, 永安初, 從選曹郎爲散騎中常侍, 後爲監軍使者, 討扶嚴, 病卒.

17 『三國志』卷57,「吳書·陸瑁傳」.

18 『三國志』卷52,「吳書·步騭傳」裴松之注引『吳書』曰: "(李)肅字偉恭, 南陽人. 少以才聞, 善論議, 臧否得中, 甄奇錄異, 薦跡後進, 題目品藻, 曲有條貫, 衆人以此服之. 權擢以爲[選曹尚書], 選擧號爲得才.

19 『三國志』卷57,「吳書·張溫傳」: 張溫字惠恕, 吳郡吳人也……征到延見, 文辭占對, 觀者傾竦, 權改容加禮……拜議郎·選曹尚書, 徙太子太傅, 甚見言重.

20 『三國志』卷53,「吳書·薛綜傳」: "赤烏三年, 徙選曹尚書. 五年, 爲太子少傅, 領選職如故."

21 『三國志』卷52,「吳書·顧雍附子譚傳」: 顧譚"每省簿書, 未嘗下籌, 徒屈指心計, 盡發疑謬, 下吏以此服之. 加奉車都尉. 薛綜爲選曹尚書, 固讓譚曰: '譚心精體密, 貫道達微, 才照人物, 德允衆望, 誠非愚臣所可越先.' 後遂代綜."同卷裴松之注引「江表傳」曰: "權嫁從女, 女顧氏甥, 故請雍父子及孫譚, 譚時爲選曹尚書, 見任貴重."

22 『三國志』卷53,「吳書·薛綜傳」: "赤烏三年, 徙選曹尚書. 五年, 爲太子少傅, 領選職如故."

다. 그렇지만 傳世文獻의 기록 중에 左·右 選曹의 구분이 없었다. 吳簡 중에 기록된 "右選曹尚書郎"은 역사 기록의 결실을 보충할 수 있다.

簡9 중의 '尉高覓'과 竹簡 捌·5648 중에 '其四斛九斗州吏高覓黃龍二年租[23]米'에 보이는 '高覓'은 같은 인물인지 알 수 없으며, 기타 관련 자료가 없어서 이 簡에 보이는 '尉'와 簡10 중의 '都尉'가 구체적으로 어떤 관직인지는 파악할 수 없다.

'年'을 기준으로 봉록을 계산하는 사례는 簡1 "歆二人各一年奉起黃龍"·簡16 "典軍戶曹史章松吳雄集曹史賞立三人各一年奉俱起嘉禾元年八月"·簡24 "匠司馬周圖一年奉起嘉禾二年五月有閏月訖閏三年三月卅日月三斛除小月"·簡27 "書給典軍所(領)主吏繆雒一年奉起嘉禾元年十一月訖嘉禾二年十月月二斛除小月六日"·簡28 "離襲一年奉起嘉禾元年十一月訖二年九月月三斛除小月"·簡29 "主吏曹史徐簷一年奉起黃龍二年正月訖十二月月三斛"가 있다. 하지만 '年'을 기준으로 이들에게 봉록을 지급하는 것이 定制인지 아니면 양식 운송 등 기타 원인에 의한 것인지 파악하기 어렵다.

鄔文玲 선생의 編聯에 근거해 우리는 '匠司馬 周圖'는 '監匠司馬 周圖'였고, '主吏曹史 徐簷'은 '典軍主吏曹史 徐簷'이었다는 것을 알 수 있다. 그렇다면, 연봉의 지급 대상은 典軍曹史 章松·戶曹史 吳雄·集曹史 賞立·監匠司馬 周圖·典軍所(領)主吏 繆雒·離襲(직책 미상)·典軍主吏曹史 徐簷 등이 포함되었다. 이 중에 '戶曹'는 漢郡府·縣廷 여러 曹 가운데 모두 포함되며 孫吳 시기에 中央과 縣廷의 여러 曹 가운데에도 모두 호조가 있었다. 『三國志·吳書』중에 孫權이 張溫의 죄를 다스릴 때 '又殷禮者, 本占候召, 而溫先後乞將到蜀, 扇揚異國, 爲之譚論. 又禮之還, 當親本職, 而令守尚書戶曹郎, 如此署置, 在溫而已.'라고 언급한 바가 기록되었다.[24] 孫休가 즉위하였을 때 "戶曹尚書前即

---

23 整理小組의 주석: '租'는 마땅히 '限'의 오기이다.

24 『三國志』卷57, 「吳書·張溫傳」.

階下讚奏, 丞相奉璽符"라는 일도 있었다. 長沙 吳簡 捌·310 "☐☐☐事五月 ☐日兼戶曹史☐☐白", 玖·2674 "☑正月廿八日戶曹史尹桓白", 玖·7459 "戶曹 言遣吏☐☐還☐☐☑"에도 戶曹가 있다. '集曹'는 漢郡府·縣廷의 여러 曹 가운데 모두 보이며, 郡府 集曹는 주로 '治縣計, 又當運集穀糧以實倉廩之任' 등 업무를 수행하고 漢 縣廷 集曹는 '公納 수송'을 관리한다.『三國志·吳書』중에는 '集曹'가 보이지 않았다. '集曹史'의 출현은 孫吳 시기의 역사 자료를 보충할 수 있다. 하지만 자료의 부족에 따라 아직 戶曹·集曹가 中央 政府 尙書의 曹인지 아니면 地方 行政 중의 州郡縣에 속한 여러 曹인지를 정확히 파악할 수 없다.

'典軍'과 관련된 것은 典軍曹史·典軍所(領)主吏·典軍主吏曹史가 있었다. '典軍'에 관해 東漢 말기에 典軍校尉가 있었고『三國志』卷1「魏武帝紀」, 裴松之注에서는 靈帝紀를 인용해 虎賁中郎將 袁紹가 中軍校尉, 屯騎校尉 鮑鴻은 下軍校尉, 議郎 曹操는 典軍校尉, 趙融·馮芳은 助軍校尉, 夏牟·淳於瓊은 左右校尉가 되었다는 기록이 있다. 典軍校尉가 담당하는 업무는『三國志』卷9, 「魏書·曹爽傳」, 裴松之注에서「魏略」을 인용해 "丁謐父裴, 爲典軍校尉, 總攝內外, 每所陳說, 多見從之."라고 하였다.

孫吳시기의 典軍에 관해 사료에 보이는 사례들은 典軍吏·典軍·左典軍[25]·典軍郎中[26]이 있었다.

『三國志』卷57, 「朱據傳」: "黃龍元年, 權遷都建業, 徵據尙公主, 拜左將軍, 封雲陽侯. ……嘉禾中, 始鑄大錢, 一當五百. 後據部曲應受三萬緡, 工王遂詐而

---

25 '永安七年七月, 孫休死後, 左典軍 萬彧素與烏程侯孫皓善而迎立皓 ; 孫皓時, (賀邵) 入爲左典軍, 遷中書令, 領太子太傅.'『三國志』卷65, 「吳書·賀邵傳」.

26 『三國志』卷52, 「顧雍附子邵傳」, 顧邵는 사람을 잘 알아보고 선용하며, "留心下士, 惟善所在, 皆此類也. 譜至典軍中郎, 秉雲陽太守, 禮零陵太守, 粲太子少傅."라고 하였다.

受之, 典校呂壹疑據實取, 考問主者, 死於杖下, 據哀其無辜, 厚棺斂之. 壹又表據吏爲據隱, 故厚其殯. 權數責問據, 據無以自明, 藉草待罪. 數月, 典軍吏劉助覺, 言王遂所取."

이 사료에 보이는 典軍吏는 左將軍 아래의 屬吏인지 여부를 알 수 없다.
『三國志』卷52, 「張昭附子休傳」에 張休에 관해 기재하기를, "及(孫)登卒後, 爲侍中, 拜羽林都督, 平三典軍事, 遷揚武將軍. 爲魯王霸友黨所譖, 與顧譚·承俱以芍陂論功事, 休·承與典軍陳恂通情, 詐增其伐, 並徙交州." 裴松之注引「吳錄」曰 : "全琮父子屢言芍陂之役爲典軍陳恂詐增張休·顧承之功, 而休·承與恂通情."이라고 하였다. 『三國志』卷64『吳書·孫綝傳』중에 孫吳 말기 孫綝·滕胤과 呂據의 난이 일어난 시기에 대해 "(滕)胤自以禍反……, 召典軍楊崇·將軍孫諮, 告以綝爲亂, 迫融等使有書難綝", "典軍施正勸綝徵立琅邪王休, 綝從之"라고 기재된 바가 있다.

晉나라 시기에 典軍은 大將軍이며, 자신의 명의로 幕府를 설치할 수 있었다. 『晉書』卷24, 「職官志」에서는 "驃騎·車騎·衛將軍·伏波·撫軍·都護·鎭軍·中軍·四征·四鎭·龍驤·典軍·上軍·輔國等大將軍, 左右光祿·光祿三大夫, 開府者皆爲位從公."이라고 하였다. 그렇지만, 簡16·27·29 중의 典軍曹史·典軍主吏曹史는 典軍將軍의 屬官인지 알 수 없다.

'月'과 '年'을 기준으로 삼아 봉록을 지급하는 형식 이외에 비정기적인 몇 개월을 기준으로 봉록을 지급한 사례도 있다. 예를 들면, 簡3 "☒□琦左別治兵曹典事袁潘二□事奉起黃龍三年□月□訖嘉禾元年七月入月"·簡5 "□奉起黃龍三年二月訖四月月二斛嘉☒"·簡12 "書即黃□奉起二月三日訖八月月六斛三年十一月一日付吏張輀(?)(肆·4903)"가 있으며, 簡3의 俸祿은 해를 넘겨 누적한 몇 개월을 기준으로 지급한 것이고, 簡5는 黃龍3年 2月부터 4月까지 3개월을 기준으로, 簡12는 같은 해 2月3日부터 8月까지 총 6개월을 기준으로 봉록을 지급한 것이다. 이 3매의 簡 중에 簡3에만 봉록 지급대상이 남아 있는데,

곧 '□琦'와 '左別治兵曹典事 袁潘'이었다. 兵曹는 長沙 走馬樓吳簡 중에 흔히 볼 수 있지만, '左別治兵曹'는 보이지 않고, 竹簡 玖·6673 "☑甲子書給右別治兵曹史都□□□☑" 중에 '右別治兵曹'라는 단어를 찾아볼 수 있다.

簡11·簡13·簡17은 봉록의 시간 단위를 확인할 수 없지만, 지급 대상은 선명하게 보여준다. 簡11의 俸祿 지급대상은 大倉丞 張□인데, 필자는 여기의 大倉을 都城 建業의 '太倉'으로 여기며, 해당 간은 督軍糧都尉·右節度符 및 大倉丞 張□ 삼자 간의 관계를 언급하고 있다.[27] 簡13의 俸祿 지급대상은 右倉曹典事 趙□이며, 走馬樓吳簡 중에 右倉曹史(壹·1963)·右倉曹掾(柒·4191)·右倉曹史(陸·495) 등 관직도 보인다. 徐暢은 臨湘 縣廷 倉曹의 업무 담당·屬吏를 고찰하여, 倉曹는 각 倉의 사무를 총괄하고 米·錢·布 등 물자의 출입도 관리하며, 三州·州中倉·庫·邸閣 및 節度系統의 都軍糧都尉와도 밀접한 업무교류가 이루어지고 있었고 臨湘縣 倉曹는 左·右로 구분됨을 밝혔다.[28] 簡17의 俸祿 지급 대상은 '中書典校丁又十一人'이다. 孫吳時期의 中書典校 중 가장 많이 알려진 인물은 呂壹이었다.[29] 呂壹의 관직과 직무에 대해 『三國志』卷52, 「吳書·顧雍傳」에는 "呂壹·秦博爲中書, 典校諸官府及州郡文書"라고 하여 여러 官府 및 州郡文書를 典校하는 것은 그들의 專職이었음을 말하고 있다. 같은 권의 「步騭傳」 중에는 呂壹이 文書를 典校하면서 이를

---

[27] 戴衛紅 : 《長沙走馬樓吳簡所見孫吳時期的倉》, 《史學月刊》2014年第11期, p.95.

[28] 徐暢, 「走馬樓簡所見孫吳臨湘縣廷列曹設置及曹吏」, 長沙簡牘博物館·北京大學 中國古代史硏究中心·北京吳簡硏討班編, 『吳簡硏究』第3輯, 中華書局, 2011年, pp.287-352.

[29] 孫吳 시기 中書典校 呂壹 사건의 연구는 高敏, 「曹魏與孫吳的"校事"官考略」(『史學月刊』1994年, 第2期, pp.14-21) ; 莊輝明, 「暨豔案與呂壹事件再探討」(『江海學刊』, 1996年, 第1期); 王永平, 「孫吳之呂壹事件及其性質考論」(『江蘇行政學院學報』, 2004年, 第5期, pp.122-128) 참조.

가지고 고발하는 경우가 많아 步騭이 上疏하기를 "伏聞諸典校摘抶細微"라고 하였는데, '典校'는 그의 職官 명칭임을 알 수 있다. 「陸遜傳」중에 직접 '時中書典校呂壹, 竊弄權柄, 擅作威福'이라고 기록되었다. 「是儀傳」중에 '典校郞呂壹誣白故江夏太守刁嘉謗訕國政'이라고 기록하며, 中書典校의 全稱은 中書典校郞이었으며, 中央의 관리였음을 말하고 있다.

상술한 바에서 알 수 있듯이 簡1-30 중에 언급된 俸祿 지급 대상은 中央 관리 右選曹尚書郎 貴倩·中書典校 丁又·大倉丞 張□만 포함되는 것일 뿐만 아니라 地方 각 曹의 관리 戶曹史 吳雄·集曹史 賞立도 포함되며, 中央 혹은 地方의 관리인지를 확인할 수 없는 軍府 屬吏인 典軍曹史 章松·典軍所(領)主吏 繆雒·典軍主吏曹史 徐櫓·左別治兵曹典事, 및 監匠司馬 周圖 等도 포함되었다. 필자는 軍糧 조달을 담당하는 督軍糧都尉가 大倉丞 張□의 俸祿을 책임지는 원인을 파악할 때 이 상황은 黃龍3年(231年) 2월에 孫權이 五萬 군사를 인솔하는 太常 潘濬을 파견하여 武陵 蠻夷을 토벌하도록 한 전쟁과 관련 있다고 여기며, 大倉丞 張□은 군사 양식을 조달하는 관리로 전선에 파견되었을 가능성도 있다고 여겨진다.[30] 嘉禾3年(234) 겨울 11월, 潘濬은 武陵蠻夷를 평정하고 武昌으로 돌아왔다. 4년간의 전쟁은 군사 양식과 사료의 조달·전쟁 중에 將吏 軍士 文官의 인사이동과 상벌·임용과 관직의 강등과 승진·軍府 州郡 文書의 校核 등 각 측면의 문제와 관련된 것으로, 중앙 정부의 지원이 필요할 뿐만 아니라, 지방 정부의 전적인 협력과 각 軍府 사이의 협조도 요구되기 때문에 右節度府가 일괄적으로 방책을 짜고 督軍糧都尉는 전쟁과 관련된 관리의 봉록 지급과 조달을 책임진 것은 당시 형세로 인한 것이었다.

俸祿 지급의 시간에 관해 해당 월에 그 달의 월봉을 지급한 경우가 있는데, 예를 들면, 簡2·8 중 9월 1일에 9월의 봉록을 지급했다는 기록이 있다. 簡

---

30   戴衛紅, 「長沙走馬樓吳簡所見孫吳時期的倉」, p.95.

4에는 5월 2일에 5월의 봉록을 지급했다는 기록이 있다. 簡10에는 11월 3일에 11월의 봉록을 지급했다는 기록이 있다. 簡20에는 12월 27일에 12월의 봉록을 지급했다는 기록이 있다. 簡23에는 그 달의 10日에 그 달의 봉록을 지급했다는 기록이 있다. 簡25에는 2월 20일에 2월의 봉록을 지급했다는 기록이 있다. 簡26에 1월 20일에 1월의 봉록을 지급했다는 기록이 있다. 右選曹尙書郞 貴倩 개인에게 지급된 嘉禾2年 正月奉·閏月奉·四月奉도 역시 그달의 20·10·12일에 지급되었다. 해당 월에 봉록을 지급하는 시간은 일정한 제한과 통일된 규정이 없었다. 簡21에는 5월 1일에 3월의 봉록을 지급한 기록이 보이며 簡22에는 3월에 2월의 봉록을 지급한 기록이 보인다.

몇 개월의 봉록을 일괄 지급하는 시간도 고정되어 있지 않아, 簡12에는 11월 1일에 2월 3일부터 8월까지의 봉록을 지급한 기록이 있다. 1년의 봉록을 지급한 시간 역시 비정기적이며, 簡24과 鄔文玲 선생이 編聯한 捌·3036+3012+3043+3041 중 監匠司馬 周圖의 嘉禾2년 5월부터 3년 3월 30일까지 1년분의 봉록은 5월 13일이 되어서야 지급되었다.

III 孫吳 관리 봉록의 지급 형태·기준

漢代 관리 봉록의 표준은 『漢書』 卷19上, 「百官公卿表上」 顔師古의 주에 다음과 같이 기록되었다.

漢制, 三公號稱萬石, 其俸月各三百五十斛穀. 其稱中二千石者月各百八十斛, 二千石者百二十斛, 比二千石者百斛, 千石者九十斛, 比千石者八十斛,六百石者七十斛, 比六百石者六十斛, 四百石者五十斛, 比四百石者四十五斛, 三百石者四十斛, 比三百石者三十七斛, 二百石者三十斛, 比二百石者二十七斛, 一百石者十六斛.

『史記』卷49, 「外戚世家」에 "婕何秩比中二千石, 容華秩比二千石, 婕好秩比列侯"라고 기록되었고, 《색은》에 다음과 같은 내용이 있다.

二千石是郡守之秩.《漢官儀》云"其俸月百二十斛". 又有真二千石者, 如淳云 "諸侯王相在郡守上, 秩真二千石".《漢律》真二千石俸月二萬. 按是二萬斗也, 則二萬斗亦是二千石也. 崔浩云"列卿已上秩石皆正二千石". 按此則是真二千石也. 其云中二千石, 亦不滿二千, 蓋千八九百耳. 此崔氏之說, 今兼引而解之.

『後漢書』卷28, 「百官志五·百官奉」에는 다음과 같이 말한다.

百官受奉例: 大將軍·三公奉, 月三百五十斛. 中二千石奉, 月百八十斛. 二千石奉, 月百二十斛. 比二千石奉, 月百斛. 千石奉, 月八十斛. 六百石奉, 月七十斛. 比六百石奉, 月五十斛. 四百石奉, 月四十五斛. 比四百石奉, 月四十斛. 三百石奉, 月四十斛. 比三百石奉, 月三十七斛. 二百石奉, 月三十斛. 比二百石奉, 月二十七斛. 一百石奉, 月十六斛. 斗食奉, 月十一斛. 佐史奉, 月八斛. 凡諸受奉, 皆半錢半穀.

李賢의 주에서 「古今注」를 인용하기를 "建武二十六年四月戊戌, 增吏奉如此, 志例以明也."라고 하였고, 李賢의 注에서 荀綽의 「晉百官表注」를 인용하여 다음과 같이 말했다.

漢延平中, 中二千石奉錢九千, 米七十二斛. 真二千石月錢六千五百, 米三十六斛. 比二千石月錢五千, 米三十四斛. 一千石月錢四千, 米三十斛. 六百石月錢三千五百, 米二十一斛. 四百石月錢二千五百, 米十五斛. 三百石月錢二千, 米十二斛. 二百石月錢一千, 米九斛. 百石月錢八百, 米四斛八斗.

魏晉 시기에 전쟁이 빈번하며 社會生產은 심하게 파괴되고 實物交換이 유행하였다. 官府의 재정수입은 주로 田租·戶調로 구성되었고 이는 관리의 봉록 지급에도 영향을 미쳐 통상적으로 穀米·絹帛을 지급하였다. 『三國志』卷24, 「魏書·孫禮傳」에 孫禮에 관해 "爲魯相. 禮至官, 出俸穀, 發吏民, 募首級, 招納降附, 使還爲閑, 應時平泰."라고 기재하였고, 『三國志』卷27, 「胡質附子威傳」裴松之의 주에 「晉陽秋」를 인용하기를 "臨辭, 質賜絹一疋, 爲道路糧. 威跪曰 : '大人淸白, 不審於何得此絹?' 質曰 : '是吾俸祿之餘, 故以爲汝糧耳.'"라고 하였다. 여기서 알 수 있듯이, 曹魏 시기에 관리의 봉록은 주로 실물인 穀米로 지급되며, 絹帛으로 보충하였다. 孫吳의 경우는 대체로 이와 유사하여, 『三國志』卷49, 「吳書·士燮傳」에 士燮의 아들에 관해 "廞病卒, 無子, 妻寡居, 詔在所月給俸米, 賜錢四十萬."라고 기록한 바가 있다. 이것은 孫吳 시기에 관리의 俸祿은 주로 俸米로 지급되었다는 것을 알려주고 있다. 다만 여기에서 俸米의 정확한 수량은 기록되어 있지 않았다. 앞에 열거한 30매의 간 모두 실물 米의 형식으로 봉록을 지급한 것으로 보인다.

『後漢書』「百官志」의 '百官受奉例' 중에 東漢 官吏 봉록의 지급형태를 "凡諸受奉, 皆半錢半穀"이라고 기록되었다. 兩漢시기의 사적 중에 '奉錢'·'奉用錢'의 기록이 흔히 보이며, 出土 漢簡 중에도 역시 '奉錢' 簡文이 보인다. 陳夢家 先生은 "漢簡 중의 月奉錢은 '奉用錢'이라고 칭하였고, 역시 '奉錢'·'用錢'·'祿用錢' 혹은 '祿錢'으로도 칭한다."라고 지적한 바 있다. 예를 들면, 居延 漢簡의 '出八月奉錢六百神爵三年十月丙申'(42·12)·'盡六月奉錢二千四百又□□錢九百六十'(56·32)·'候史孟明八月奉錢六百'(E.P.T50:75) 등이 있다. 孫

吳 시기의 俸祿은 莊小霞가 논한 것처럼 '奉鮭錢'을 지급한 雜俸도 있었는데, 錢의 형태로 지급되었다.[31]

俸祿의 표준에 관해 『後漢書』 「百官志」의 '百官受奉例' 중에 大將軍·三公의 봉록은 月 350斛이며, 斗食은 月 11斛, 佐史는 月 8斛이었다. 『晉書』 「職官志」에 1品·2品·3品 관리의 俸米 수량을 다음과 같이 기록하였다.

"諸公及開府位從公者, 品秩第一, 食奉日五斛. 太康二年, 又給絹, 春百匹, 秋絹二百匹, 綿二百斤. 元康元年, 給菜田十頃, 田騶十人, 立夏後不及田者, 食奉一年"; "特進品秩第二, 位次諸公, 在開府驃騎上, 冠進賢兩梁, 黑介幘, 五時朝服, 佩水蒼玉, 無章綬, 食奉日四斛. 太康二年, 始賜春服絹五十匹, 秋絹百五十匹, 綿一百五十斤. 元康元年, 給菜田八頃, 田騶八人"; "光祿大夫與卿同秩中二千石, 著進賢兩梁冠, 黑介幘, 五時朝服, 佩水蒼玉, 食奉日三斛. 太康二年, 始給春賜絹五十匹, 秋絹百匹, 綿百斤."

1品·2品·3品관리의 食俸은 1日 米五斛·四斛·三斛이고, 월봉은 150斛·120斛·90斛이었다. 尚書令은 "食奉 월 50斛"이고 太子太傅·少傅는 "食奉 1日 3斛" 곧 월 90斛이었다. 朱大渭 先生은 『晉書·職官志』자료에 근거해, 兩晉 南北朝시기 9品 관리의 月俸을 약 9斛으로 추산하였다.

傳世文獻 중에 孫吳관리의 봉록 기준에 관한 기재가 없었다. 앞에 인용한 30매의 竹簡으로 볼 때 簡6·23·25·26·30은 右選曹尚書郎의 月俸을 언급한 것이며, 鄔文玲 선생이 編聯·복원한 A·B·E조의 竹簡으로 볼 때, 해당 月俸은 응당 稟斛米 6斛일 것이다. 俸米를 '月六斛'으로 기록한 간독은 簡12

---

31 莊小霞, 『走馬樓吳簡所見"奉鮭錢"試解 ——兼論走馬樓吳簡所反映的孫吳官俸制度』, 卜憲群·楊振紅主編, 『簡帛研究二〇〇八』, 廣西師範大學出版社, 2010, pp.268-273.

도 있지만 앞뒤 자료의 결실로 인해 현재로서 編聯할 수 없는 상황이며, 지급 대상의 관직을 확인할 수 없다. 簡14 중의 '入倉曹郞盖儀嘉禾二年奉米六斛'은 그의 月俸인지 아니면 몇 개월의 俸祿 총액인지 알 수 없기 때문에 '月六斛'의 기준에 귀속시킬 수 없다. 簡7에 기록된 '訢'의 嘉禾元年 11月 奉米는 '四斛' 이며, 해당 관직은 미상이다. 簡17을 기타 出米를 기록한 자료에 근거해 보면 '中書典校 丁又'의 月俸은 역시 '四斛'일 가능성이 크다. 簡24·28·29 중에 언급된 '監匠司馬'·'離襲'·'典軍主吏曹史'의 俸祿은 '月三斛'이었다. 簡27에 '典軍所主吏'의 俸祿은 '月二斛'이었다. 簡5에 俸祿을 '月二斛'도 기록하였고 해당 관직은 미상이다. 가장 확실한 右選曹尙書郞의 俸祿 '月六斛'으로 볼 때, 『後漢書』에 기록된 東漢 시기의 佐史 '奉月八斛'보다 낮고, 朱大渭 선생이 추산한 兩晉 南北朝시기 9품 관리의 봉록 기준 月九斛보다도 낮다. 孫吳는 외적으로 蜀漢·曹魏의 압박을 받고 내적으로 武陵蠻·山越 폭동의 내란까지 일어났으므로 中央과 地方의 재정은 대부분 군사와 전쟁에 사용되었기에, 관리의 봉록이 兩漢시기보다 낮다는 사실을 이해할 수 있다. 西晉의 건국에 이르기까지, 관리의 봉록은 계속 낮은 편이었다. 『晉書』卷3,「武帝紀」에 기록된 泰始3年 9月 甲申에 晉武帝가 조서를 내리며 "古者以德詔爵, 以庸制祿, 雖下士猶食上農, 外足以奉公忘私, 內足以養親施惠. 今在位者祿不代耕, 非所以崇化之本也. 其議增吏俸."이라고 하였다.

한편, 1년을 표준으로 봉록을 계산할 때에는 小月의 하루치 액수를 공제해야 했다. 예를 들면, 簡24·27·28에 '監匠司馬'·'典軍所主吏'·'離襲'의 俸祿은 모두 일년 중 小月의 하루치 액수를 공제하였지만, 簡29 '典軍主吏曹史'의 年俸은 小月의 액수를 공제하지 않았다. 또한 右選曹尙書郞 貴倩의 봉록 중에 1月 大月과 4月 小月의 봉록은 모두 같은 '月六斛'으로, 小月인 4月의 하루치 액수를 공제하지 않은 봉록이었다. 이것은 관직의 秩級이 낮을수록 봉록의 계산 기준이 더 엄격했음을 나타낸다.

IV 俸祿 이외의 稟

중국 서북지역에서 출토된 漢簡 중에 令史·尉史·侯史·隧長 등 小吏들은 매달에 일정한 액수의 '稟'을 수령한 기록이 있었다. 何德章 先生은 稟에 대해 "官吏는 秩別로 규정된 月俸錢을 받을 뿐만 아니라 國家 창고에서 식량도 받을 수 있으므로 일상생활의 수요를 보장한다." "식량 이외의 '稟'에 반드시 포함해야 하는 것은 소금(鹽)이었다."라고 지적하였다.[32] 曹魏시기에 관리의 봉록은 月俸 이외에 稟과 비정기적인 賜가 있었다. 『三國志』卷25, 「魏書·高堂隆傳」에서 高堂隆은 상서하여 극간하던 중 당시 曹魏시기의 官俸 상황을 언급하였는데 "將吏奉祿, 稍見折減, 方之於昔, 五分居一; 諸受休者又絕稟賜, 不應輸者今皆出半"이라고 하였다. 상으로 하사된 실물은 주로 實物絹·綿이었다. 『三國志』卷9, 「魏書·夏侯玄傳」: "大將軍微聞其謀, 請豐相見, 豐不知而往, 即殺之", 注引『世語』曰: "大將軍聞豐謀, 舍人王羕請以命請(中書令李)豐……豐前後仕歷二朝, 不以家計為意, 仰俸稟而已." 여기에 나타난 것은 俸과 稟의 합칭이며, 실제로 관리의 俸祿은 俸과 稟을 포함한다.

앞서 인용한 簡11에 大倉丞 張某의 俸祿을 "軍糧都尉移右節度府黃龍三年八月廿四日□□書給大倉丞 張□奉□(肆·4713)"라고 기록하였고, 鄔文玲 선생이 編聯한 다른 한 조의 竹簡捌 중에

G조: 出倉吏黃諱·潘慮所領黃龍二年稅吳平斛米卅四斛五斗六升爲稟斛米卅六斛, 墼閣左郎中郭據被督軍糧都尉移右節度府黃龍三年十一月九日乙巳書, 給大倉丞五裕一年稟, 起黃龍二年正月訖十二月, 月三斛, 嘉禾二年三月廿日付臨湘吏烝若. (捌·3434＋3440＋3441)

---

32 黃惠賢·陳鋒主編, 『中國俸祿制度史』(修訂版), 第2章 "兩漢俸祿制度", p.45.

상술한 G조의 간 중 大倉丞에게 일년의 '稟'을 지급한 내용이 보이며, '稟'의 표준은 '月三斛'이고, 비록 簡11에 언급한 大倉丞과 통일한 인물이 아니지만 俸·稟의 지급증빙서류는 모두 右節度府가 黃龍3年에 하달한 문서였고, 이에 의해 우리는 大倉丞이 봉록이 있을 뿐 아니라 '稟'도 지급 받을 수 있었음을 알 수 있다.

吳簡 중에는 일부 掾吏의 稟'에 관한 다음과 같은 기록도 포함되었다.

戌書給右田曹典田掾趙徹半年稟起嘉禾二年閏月訖十月月二斛涂小
(捌·2927)
督軍都尉朱節所主吏謝林鍾露二人稟起嘉禾二年正月有閏月訖十二
(捌·3048)
月十二日壬申書給彭純史陳桑一年錢囗稟起黃龍三年十二月囗
(捌·3075)

捌·2927중에 기록된 '右田曹典田掾趙徹半年稟'의 표즌은 '月二斛'이고, 여기에서 小月의 하루치 액수를 공제해야 한다. 大倉丞의 稟 표준은 '月三斛'이고 大倉丞에게는 일년의 '稟'을 지급할 때 小月의 하루치 액수를 공제하지 않았다. 이에 따라 稟의 지급 기준은 역시 秩級에 따라 다르다는 것을 추정할 수 있다. 상술한 3매의 간과 G조 編聯 문서의 내용과 서식으로 볼 때 '稟'의 지급과정은 봉록의 지급과정과 같다.

東晉 시기에 이르기까지 상술한 상황은 변화하지 않았다. 『晉書』卷9,「孝武帝紀」에 太元4年 3月 壬戌에 孝武帝가 조서를 내리며 "又年穀不登, 百姓多匱. 其詔御所供, 事從儉約, 九親供給, 衆官廩俸, 權可減半. 凡諸役費, 自非軍國事要, 皆宜停省, 以周時務."라고 하였다. 그 중 '衆官廩俸'을 통해 알 수 있는 것은 東晉 말기 관리의 봉록은 여전히 廩과 俸으로 구성되었다는 것이다.

V 결론

　　요컨대 현재까지 보이는 長沙 走馬樓吳簡에 언급된 俸祿 지급 竹簡을 볼 때, 孫吳는 漢代 官俸의 月俸制를 계승했지만, 실제 지급 과정 중에 '月'과 '年'을 단위로 봉록을 계산하는 것 외에 비정기적인 몇 개월 단위로 계산하는 경우도 있었는데, 예를 들면, 3개월·7개월 등의 시간 단위로 봉록을 지급하였다. 관직이 높은 자는 월별로 봉록을 지급하는 것이 대다수인데, 예를 들면 右選曹尚書郎 貴倩은 매달 봉록을 받았다. 여러 曹의 史와 같은 관직이 낮은 자는 1년 단위로 연봉을 받았다. 봉록의 지급 시간에 관해서는, 해당 월에 그 달의 월봉을 지급하지만, 지급 시간에 대해서는 제한이나 통일된 규정이 없었다. 몇 개월의 俸祿·1년의 俸祿을 함께 지급하는 시간도 고정적이지 않았다.

　　오간에 보이는 가장 완전한 봉록 지급 과정은 다음과 같다. 봉록 지급의 가장 기본적인 증빙서류는 右節度符가 보낸 문서이며, 문서가 督軍糧都尉에 이송된 후 해당 문서를 담당하게 된 자는 州中壓閣(左)右郎中이었고, 지급된 米는 州中倉 倉吏 黃諱·潘慮가 관리하는 米였다. 지급대상은 봉록을 받아야 할 관리 본인이 아니며 이와 관련된 인원에게 지급되며, 이 과정 중에 '傍人'도 포함하며, 傍人이라는 인물은 '證人'·旁人일 가능성이 있으며, 또한 배를 젓는 사람일 수도 있다.

　　吳簡에 언급된 俸祿 지급대상자는 중앙 관리 右選曹尚書郎 貴倩·中書典校 丁又·大倉丞 張□ 및 地方 여러 曹의 관리인 戶曹史 吳雄·集曹史 賞立, 또한 중앙·지방 관리인지를 확인할 수 없는 軍府 屬吏인 典軍曹史 章松·典軍所(領)主吏 繆雒·典軍主吏曹史 徐櫓·左別治兵曹 典事 및 監匠司馬 周圖 등도 포함된다. 이는 黃龍3년(231年) 2월, 孫權이 太常 潘濬으로 하여금 5만 군사를 인솔하게 하여 武陵 蠻夷를 토벌한 전쟁과 관련된 것으로, 嘉禾3年(234) 겨울 11월에 潘濬은 비로소 武陵 蠻夷를 평정하고 武昌으로 돌아왔다. 4년간의 전쟁 중 군량 조달·전쟁 중에 將吏와 군사 문관의 승진 및 상벌·임용과 黜陟·軍府 州郡 文書의 대조 검토 등 여러 측면의 문제들은 중앙 정부의 지원뿐만 아니라 지방정부의 전반적인 협조 및 각 軍府 간의 상호 협력도 필요한 것이었다. 그래서 右節度府는 일괄적으로 방책을 짜고 督軍糧都尉는 전쟁에 참여한 관리의 봉록 지급과 조달을 책임졌는데 이것은 당시 형세와 제도에 따른 것이었다.

『後漢書』「百官志」의 "百官受奉例" 중에서 東漢 시기에 官吏 俸祿의 지급 형식은 "凡諸受奉, 皆半錢半穀"으로 기록되었다. 吳簡 중 俸祿 지급 또한 모두 實物 米의 형식으로 지급되었지만 錢의 형식으로 지급된 "奉鮭錢"과 같은 雜俸도 있었다. 吳簡은 大倉丞에게 俸祿 뿐만 아니라 月三斛의 기준으로 지급된 "稟"도 있었음을 보여준다. 大倉丞에게 1년의 "稟"을 지급할 때는 小月의 하루치 액수를 공제하지 않았다. 稟의 지급액 표준은 秩級에 따라 다르지만, 지급 과정은 봉록의 지급 과정과 같다.

전세 문헌 중에 孫吳 관리의 봉록 기준과 관련된 기록이 없었다. 가장 확실히 확정할 수 있는 右選曹尙書郞의 봉록 "月六斛"은 『後漢書』에 기록된 東漢 시기 佐史의 봉록 '月八斛'보다 적고, 朱大渭 선생이 추산한 兩晉南北朝 시기 九品 관리 '月九斛'의 표준보다 적다. 1년을 단위로 봉록을 계산할 때는 小月의 일수에 따라 공제하며, 관직이 낮을수록 봉록의 계산 기준은 더 엄격해지는 양상이 보인다. 孫吳는 외적으로 蜀漢·曹魏의 압박과 내적으로 武陵蠻·山越의 폭동으로 인해 중앙과 지방의 재정은 대부분 다 군사전쟁과 방어에 사용되었기에 관리의 봉록은 兩漢 시기보다 낮았다. 西晉의 건립에 이르기까지 관리의 봉록은 늘 낮은 편이었다.

(번역: 이근화, 경북대학교 인문학술원 HK사업단 연구보조원)

참고문헌

『三國志』,『周書』

高敏,「曹魏與孫吳的"校事"官考略」,『史學月刊』, 1994.
戴衛紅,《長沙走馬樓吳簡所見孫吳時期的倉》,《史學月刊》, 2014.
戴衛紅,「長沙走馬樓吳簡中軍糧調配問題初探」, 卜憲群·楊振紅主編,『簡帛研究二〇〇七』, 廣西師範大學出版社, 2010.
_____,「長沙走馬樓吳簡中所見"直"·"禀"簡及相關問題初探」, 卜憲群·楊振紅主編,『簡帛研究二〇〇八』, 廣西師範大學出版社, 2010.
徐暢,「走馬樓簡所見孫吳臨湘縣廷列曹設置及曹吏」, 長沙簡牘博物館·北京大學中國古代史研究中心·北京吳簡研討班編,『吳簡研究』第3輯, 中華書局, 2011.
鄔文玲,「長沙走馬樓三國吳簡·竹簡(捌)所見州中倉出米簿的集成與復原嘗試」, 中國文化遺產研究院編,『出土文獻研究』, 第16輯, 中西書局, 2017.
王素·陳仲安,『漢唐職官制度研究』(修訂版), 中華書局, 2008.
王永平,「孫吳之呂壹事件及其性質考論」,『江蘇行政學院學報』, 2004.
宇都宮清吉,『漢代社會經濟史研究』, 東京：宏文堂, 1955.
莊小霞,「走馬樓吳簡所見"奉鮭錢"試解 ──兼論走馬樓吳簡所反映的孫吳官俸制度」, 卜憲群·楊振紅主編,『簡帛研究二〇〇八』, 廣西師範大學出版社, 2010,
莊輝明,「暨豔案與呂壹事件再探討」,『江海學刊』, 1996.
朱大渭,「兩晉南北朝的官俸」,『中國經濟史研究』, 1986, 後收入朱大渭著《六朝史論》, 中華書局, 1998.
黃惠賢·陳鋒,『中國俸祿制度史』(修訂版), 武漢大學出版社, 2012.

3부
일본 고대 물자 유통과 관리

#08

일본 고대 공진물 서사 문자와 지역 특성[1]

방귀화(方國花)
(경북대학교 인문학술원 HK연구교수)

I 머리말

일본 고대의 공진물은 일반적으로 목간에 서사되는 경우가 많다. 이를 공진물 부찰목간 또는 하찰목간이라고 한다. 일본에서는 현재 약 50만매에 달하는 목간이 출토되었는데 그중 약 70%가 고대(7~8세기) 도성 및 그 주변에서

---

[1] 이 글은 2021년2월26일에 개최된 경북대학교 인문학술원 HK+사업단 제2회 국제학술대회(기간: 2021년2월25일~2월26일. 장소: 경북대학교 인문한국진흥관)의 발표원고 "일본 고대 공진물 부찰목간과 지역특성"(내용의 일부는 방국화, 「신라·백제 문자문화와 일본 문자문화의 비교연구-출토문자자료를 중심으로-」, 『영남학』77, 2021, 159-186쪽에 게재)을 수정·가필한 것이다.

출토되었다.[2] 또한 그중에서 많은 비율을 차지하는 것이 각 지방에서 도성으로 공진물을 납부할 때 첨부한 부찰목간인데 이것을 하찰목간이라고도 한다. 하찰목간은 그 지역의 특산물이 무엇인지를 알려줄 뿐만 아니라 물자가 어떻게 유통되었는지에 관해서도 알 수 있는 아주 중요한 자료이다. 특산물에 관해서는 고대나 현재나 변함이 없는 사례가 소개되고 있다. 예를 들어 헤이조큐(平城宮) 터에서 출토된 아와국(阿波國) 이타노군(板野郡) 무야노우미(牟屋海)로부터의 공진물 부찰목간, 즉 하찰목간에는 "若海藻"(어린 미역)가 기재되어 있는데 이곳은 지금의 나루토(鳴門) 지역에 해당되며 현재도 미역의 산지로서 유명함으로써 이 지역의 특성을 알 수 있다.[3]

또한 각 지방으로부터의 공진물은 이러한 목간 뿐만 아니라 공진물 자체에 쓰는 경우도 있다. 즉 토기나 기와의 경우 공진물로 되는 그 물체에 직접 새겨 쓰거나 먹으로 쓴 사례가 남아 있다. 일본에서는 전자를 각서(刻書)토기, 후자를 묵서(墨書)토기라고 하는데 한국에서는 이를 통틀어서 명문토기라고 한다. 명문토기에 쓰인 글자도 목간과 마찬가지로 1차자료로서 아주 중요한 것이며 각 지방의 공진물 뿐만 아니라 거기에 서사된 문자를 통해 그 지방의 지역성을 엿볼 수 있다.

공진물에 관한 내용을 적은 서사자료로는 공진물 부찰목간이 제일 많은데 이러한 목간의 증가, 연구 축적으로 인해 각 지역 공진물 부찰목간의 크기, 형태, 서풍, 글자 형태 등에도 특성이 있다는 것이 밝혀지고 있다. 이러한 사례로부터 반대로 목간이 불완정한 형태로 출토되었는데 어디로부터의 공진물 부찰목간인지 확실하지 않을 경우 각 지역 목간의 특징에 관한 연구 성과가 축적됨에 따라 추정이 가능하게 된다. 이것은 목간 뿐만 아니라 명문토기 등

2　渡辺晃宏, 「はじめに」, 奈良文化財研究所, 『木簡 古代からの便り』, 岩波書店, 2020.

3　渡辺晃宏, 「ブランドわかめは昔も今も」, 奈良文化財研究所, 『木簡 古代からの便り』, 岩波書店, 2020.

에도 해당된다. 지역적 특성이 발생하게 된 원인에 관해서는 글자를 쓴 사람이 소속된 집단·지역과 관련이 있는데 이는 한자 전파 과정과도 관계가 있다고 생각된다. 즉 일본 각 지역의 한자 사용은 중국이나 한반도와의 교류, 또는 도래인의 영향이 크다. 다시말해 어느 지역이 중국 또는 한반도의 어느 지역과 교류가 있었으며 어느 계통의 도래인에 어디에 거주해 있었는가 하는 문제는 일본 각 지역의 한자 사용과도 깊이 관련되어 있다.

이 글에서는 각 지방의 공진물 부찰목간, 또는 명문토기에 어떠한 특징이 보이는지를 살펴본 후, 지역적 특성이 발생하는 원인에 대해서도 검토함으로써 한자 전파 과정에 대해 그 일단을 밝히고자 한다.

II 공진물 부찰목간으로 본 지역적 특성

세금으로 납부되는 공진물은 일본 각 지방으로부터 도성으로 운반되는데 북쪽은 무츠국(陸奧國. 지금의 青森·岩手縣)으로부터, 남쪽은 사츠마국(薩摩國. 지금의 鹿兒島縣)으로부터 아스카(飛鳥) 지역, 후지와라(藤原京) 궁·경, 헤이조(平城) 궁·경 등 도성에 납부된 사례가 확인된다.[4] 이러한 공진물에 부착된 공물 부찰목간, 즉 하찰목간(이하 하찰목간으로 부름)은 물품과 함께 각 지방에서 도성으로 운반된 후 도성에서 물품이 소비될 때에 필요성이 없어지면 버려지게 되는데 이러한 목간이 아스카·후지와라, 헤이조 지역에

---

4 桑田訓也, 「樹種、書風、形─多彩な荷札」, 奈良文化財研究所, 『木簡 古代からの便り』, 岩波書店, 2020.

서 대량으로 출토되었다. 각 지방의 하찰목간은 국(國)·군(郡) 등 지역에 따라 수종, 목간 형태, 서식, 서풍, 글자 형태 등이 다르다는 것이 기존연구에 의해 밝혀진 바가 있다. 여기서는 각 지방의 목간이 지역에 따라 어떠한 특성이 보이는지를 살펴보도록 하겠다.

1. 각 지역 하찰목간의 수종(樹種)

목간에 어떤 목자재, 즉 수종을 사용하는가에 대해서는 각 지역의 식생(植生)에 따라 다르다. 일반적으로 노송나무가 많이 사용되었는데 산인(山陰. 동해 연안에 위치한 지금의 도토리현, 시마네현 및 야마구치현 북부 지역) 지방이나 호쿠리쿠(北陸. 지금의 니가타현, 토야마현, 이시카와현, 후쿠이현) 지방에서는 삼나무가 많이 사용되었다는 지적이 있다.[5] 또한 사이카이도(西海道. 지금의 규슈 지방) 지역의 하찰목간은 활엽수가 사용되었다는 특징이 있다. 이는 사이카이도의 경우 공진물이 다자이후(大宰府)를 거쳐 도성으로 운반되는데 다자이후에서 하찰목간을 일괄적으로 작성했기 때문이라 한다[6].

2. 각 지역 하찰목간의 형태

하찰목간은 각 지역에 따라 형태나 크기도 다양하다. 아와국(安房國. 지금의 치바현 남부), 가즈사국(上総國. 지금의 치바현 중앙부), 이즈국(伊豆國.

---

5 桑田訓也, 앞의 글.
6 今泉隆雄, 『古代木簡の研究』, 吉川弘文館, 1998.

지금의 시즈오카현 동남부), 스루가국(駿河國. 지금의 시즈오카현 중앙부) 등의 하찰목간은 길이가 긴 특징을 갖고 있는데 그중에는 길이가 30cm 이상이 되는 것도 있다.[7] 이는 공진물의 형태에 의한 것이라 한다.[8] 아와국, 가즈사국의 하찰목간에 적힌 공진물은 전복을 끈처럼 길게 깎아서 말린 노시아와비(熨斗鰒)이고 이즈국, 스루가국의 하찰목간에 적힌 공진물은 가다랑어를 발처럼 길게 엮어 만든 것으로 공진물의 길이가 길기에 이에 부착되는 하찰목간도 자연히 길어진다. 반면 오키국(隱岐國. 지금의 시마네현 오키 섬), 와카사국(若狹國. 지금의 후쿠이현 서부)의 하찰목간은 비교적 작은데 와카사국은 평균 길이가 15.4cm, 폭 2.6cm이며 오키국은 평균 길이 12.6cm, 폭 2.7cm이다.[9] 오키국은 길이가 짧은데 비해 폭이 넓은 편이며 장방형 목재 상하 양단에 홈을 판 형태를 취하는 것이 특징이라 한다.[10]

3. 각 지역 하찰목간의 서식

각 지역의 하찰목간은 서식 상에도 다른 점이 있다. 예를 들어 아와국은 국명(安房國)으로부터 물명(전복)까지는 1행으로 쓰여 있고 전복의 수량과 날짜는 2행 할서로 적혀있다.[11] 이즈국도 연월일과 수량을 말미 부분에 할서

---

7 寺崎保広, 『古代日本の都城と木簡』, 吉川弘文館, 2006; 鬼頭清明, 『古代木簡の基礎的研究』, 塙書房, 2010.

8 木簡學會編, 『日本古代木簡選』, 岩波書店, 1990.

9 佐藤信, 『日本古代の宮都と木簡』, 吉川弘文館, 1997; 市大樹, 『飛鳥藤原木簡の研究』, 塙書房, 2010.

10 佐藤信, 앞의 책.

11 鬼頭清明, 앞의 책.

로 기재한 예가 상당수이다.[12] 또한 시마국(志摩國. 지금의 미에현 시마반도 지역)은 앞면에만 글씨를 적은 것이 특징이라 한다.[13]

이와 같이 국(國) 별로 서식에 차이점이 보이는 한편 같은 국 중에서도 군(郡)에 따라 서식이 다른 경우가 있다. 와카사국의 경우 전체적으로 2행으로 쓰여있는 것이 많은데 오뉴군(遠敷郡)은 앞뒷면 모두가 사용되고 날짜는 뒷면에 쓰여있으나 미카타군(三方郡)은 앞면만 사용되고 날짜를 적지 않는 경향이 있다고 한다.[14]

오키국도 앞면에만 글씨를 쓰고 기재 내용의 일부 또는 전부가 2행으로 할서된 서식이 특징이라는 지적이 있었는데[15] 최근 이러한 서식은 후지와라궁(藤原宮) 시대 이래의 서식이고 나라시대 중엽(744, 745년경)부터 폭이 좁아지고 2행은 1행으로 서사되며 수종도 침엽수에서 활엽수로 변하는 등 형태, 서식 상에 변화가 생겼다고 한다.[16] 이러한 사례로부터 지역상의 차이 뿐만 아니라 시기상의 차이도 함께 검토할 필요가 있다고 생각된다.

4. 각 지역 하찰목간의 서풍

각 지역의 하찰목간은 또한 제작자, 서사자가 다름에 따라 필체, 서풍도 서로 다르다. 오미국(近江國. 지금의 시가현)의 하찰목간의 경우 모두 동일한

---

12 鬼頭淸明, 앞의 책.
13 木簡學會編, 앞의 책.
14 木簡學會編, 앞의 책.
15 佐藤信, 앞의 책.
16 馬場基, 『日本古代木簡論』, 吉川弘文館, 2018.

필체로 쓰였으며 전체적으로 가로획을 올려썼다는 지적이 있다.[17] 사이카이도 제국(諸國)의 서풍은 고아한 특징이 있는데 국명과 기재 연대가 다름에도 불구하고 서풍이 서로 닮았다는 것은 글을 쓴 집단이 동일하다는 것을 말해준다.[18]

5. 각 지역 하찰목간의 글자 형태

이와 같이 각 지역의 하찰목간은 국별 혹은 지역별로 많은 공통점이 있는데 이는 서풍 뿐만 아니라 글자 형태에 있어서도 지역적 특성이 보인다. 예를 들어 오미국(近江國) 사카타군(坂田郡) 가미사카(타)향(上坂(田)鄕. 지금의 시가현 나가하마시(長浜市) 히가시카사카쵸(東上坂町)·니시사카쵸(西坂町))의 하찰목간의 "幷"은 모두 "丼"형태로 쓰여있다.[19] 또한 미카와국(參河國. 지금의 아이치현 동남부) 하즈군(播豆郡)의 하찰 목간은 "播豆"의 표기가 히마카 섬(日間賀島)의 목간만이 "芳豆" 또는 "芳圖"로 쓰여있는데 이 "圖"자는 "囗"가 없는 이체자로 기재되었으며 이 이체자는 미카와국 하즈군의 하찰 목간에만 확인된다.

이러한 지역별 특성이 보이는 이유에 관해서는 목간을 제작한 집단, 또는 목간에 글씨를 쓴 서사자의 집단, 소속과 관련이 있으며 시대적 차이와도 관계가 있다. 목간의 이러한 지역적 특징으로부터 목간이 어디에서 제작되었

17　今泉隆雄, 앞의 책.

18　今泉隆雄, 앞의 책.

19　井上幸·方国花,「歴史的文字分析と字体情報—木簡の事例収集と分析—」, 高田智和·馬場基·横山詔一編,『漢字字体史研究二. 字体と漢字情報』, 勉誠出版, 2016.

는지 알 수 있으며 또한 글자 형태로부터 목간에 글자를 쓴 사람의 속성을 어느 정도 파악할 수도 있다. 오미국 가미사카(타)향의 하찰목간의 경우, "并"의 용법이 중국 한나라 시기에 이어지는 옛된 용법이라는 견해를 제시한 적이 있다.[20] 중국에서는 삼국시기 이후에는 사용되지 않는 용법으로 보아 한나라의 전통적인 용법을 그대로 유지한 도래인의 영향이 추측된다. 즉 오미국 가미사카(타)향의 서사 특징은 도래인에 의해 전해진 것으로 볼 수 있어 이로 인해 문자 전파 루트의 일단을 엿볼 수 있다.

III 도래인의 문자사용과 일본의 지역적 특성

고대 일본의 문명화, 즉 선진적인 기술, 불교, 건축, 문자 사용 등에 있어서 도래인의 역할이 컸다는 것은 부정할 수 없는 사실이다. 도래인은 중국 대륙계, 고구려계, 백제계, 신라계로 나누어지는데 각 도래인이 일본에서 활약한 시기, 범위는 다르다. 어느 지역에서 어느 계통의 도래인이 활동을 했는가 하는 사실에 관해서는 기와나 토기 등 출토 자료, 또는 현재 남아있는 지명 등으로 추측이 가능하고 문헌자료에도 기록이 남아있다. 문자 사용에 관해서도 마찬가지이다. 목간을 비롯한 출토 문자자료의 증가로 인해 한반도와 일본열도의 문자문화의 공통점이 주목되고 있고 일본의 문자문화는 한반도로부터의 영향이 컸다는 사실이 증명되고 있다. 또한 고대 일본 목간의 사용도 한반도

---

[20] 方国花, 「「并」字の使用法から文字の受容・展開を考える—「並」「合」との比較から—」, 栄原永遠男編, 『正倉院文書の歴史学・国語学的研究—解移牒案を読み解く—』, 和泉書院, 2016.

도래인의 영향으로 시작되었다는 견해가 있으며 특히 일본의 초기 문자문화(8세기 전반기까지)는 백제의 영향을 직접적으로 받았는데 8세기 중기이후로는 백제의 영향력이 작아지는 한편 중국적인 율령 행정시스템을 의식하게 된다는 지적이 있다.[21]

일본의 초기 문자문화와 백제의 관계에 대해서는 필자도 같은 생각을 갖고 있다. 백제 문자자료의 경우, 남아있는 자료가 많지 않아 일본 문자자료와의 직접적인 비교가 어려웠으나 최근 백제 목간의 출토사례가 많아지면서 크게 주목을 받고 있다. 또한 2020년 연말에 보고된 백제 사비기(538~660) 왕궁으로 추정되는 부여 관북리 유적의 북쪽 부소산성에서 출토된 명문토기[22]는 일본으로의 문자 전파를 고려함에 있어서도 주목되는 사료이다. 명문은 모두 14자인데 글자가 뚜렷하고 현재 판독문에 관해서는 이론이 없는 상황이다. 해석에 관해서는 약간 논쟁이 있는데[23] 필자의 해석안은 다음과 같다.[24]

부소산성 명문토기 판독문

乙巳年三月十五日牟尸山菊作瓱

부소산성 명문토기 해석안

---

21 三上喜孝,『日本古代の文字と地方社会』, 吉川弘文館, 2013.

22 국립부여문화재연구소,『『부여 부소산성』긴급발굴조사 학슬자문회의 자료집』, 2020.

23 해석에 관해 이병호는 "牟尸山"을『삼국사기』에 나오는 "馬尸山"의 이표기로 보고 지금의 충남 예산군 득산면으로 비정하고 있다(이병호,「부여 부소산성 출토 토기 명문의 판독과 해석」,『목간과 문자』26, 2021).

24 이 명문토기에 관한 상세한 내용은 방국화,「부여 부소산성 출토 토기 명문의 검토-동아시아 문자자료와의 비교-」,『목간과 문자』26, 2021년 및 이병호, 앞의 글 외에 김대영,「부여 부소산성 신출토 명문토기」,『목간과 문자』26, 2021 참조.

乙巳年(645년) 3월 15일에 牟尸山(=武尸伊郡, 현재의 영광군)의 菊(제작자 인명)이 만든(作) 항아리(瓺)

이 부소산성 명문토기는 새겨진 내용으로부터 공진물로서 도성에 납부된 항아리라는 것을 알 수 있다.[25] 지방 가마에서 제조한 항아리(瓺)에 글씨를 새겨 도성으로 보낸 사례는 일본에도 있다. 예를 들어 헤이조 궁(平城宮) 터에서 출토된 "斯野伎五十戸"라고 새겨진 스에키(파편. 표 1-④ 참조)는 "斯野伎五十戸"를 오와리국(尾張國) 가스카베군(春部郡)에 속하는 행정단위 리

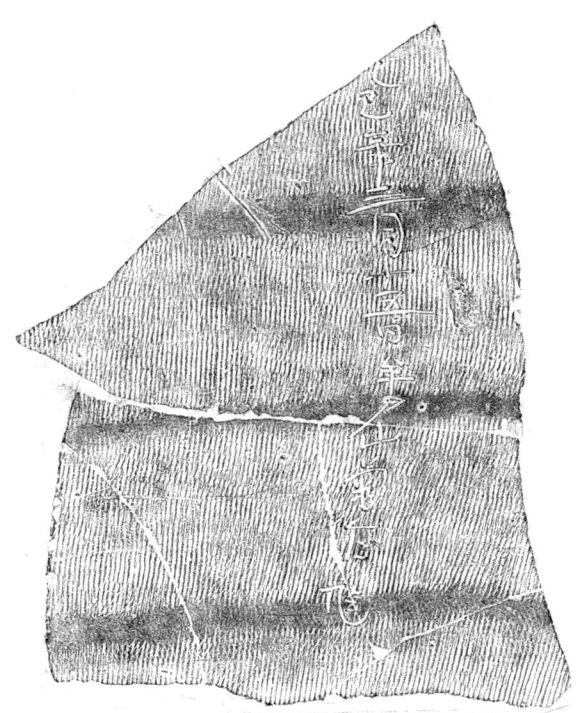

그림 1 **부소산성 명문토기**
국립부여문화재연구소 제공

(五十戸)로 봐서 오와리국으로부터 진상된 공진물로 추정되고 있다.[26]

"瓺"자에 관해 일본의 출토 문자자료에는 사용 예가 다수 확인이 되는데 중국의 경우 한나라 시기에 편찬된 『方言』(揚雄) 외에는 거의 없다고 할 수 있다.[27] 『方言』(揚雄) 卷五의 "甖"에 관한 서술 내용에 "燕之東北, 朝鮮洌水之間

25　이병호, 앞의 논문; 방국화 앞의 논문 참조.

26　巽淳一郎, 1999, 「古代の燒物調納制に關する硏究」, 『瓦衣千年-森郁夫先生還曆記念論文集-』, 森郁夫先生還曆記念論文集刊行會.

27　중국에서의 "瓺"자 또는 그 이체자로 되는 "瓵"자의 용례에 관해서는 방국화, 앞의

謂之甌"이라고 적혀 있다. 이 "燕之東北, 朝鮮洌水之間"라는 ㅈ 역은 현재 중국의 동북지역, 한반도 서북지역에 해당된다고 한다.[28] 한반도 서북지역은 삼국시대로 말하자면 고구려, 백제가 이 지역에 속한다. 그럼 "瓺"(甌)은 고구려의 문자자료에서는 아직 확인이 되지 않으나 백제의 문자자료는 부소산성 명문토기에 보여 『方言』의 기재 내용과 부합된다.[29] 중국 중원 지역에서는 "瓺"자가 사용되지 않는 반면, 백제에서는 아직 단 1점이긴 하지만 "瓺"이 사용된 것은 사실이다. 일본에서의 "瓺"의 사용은 백제의 영향일 가능성이 있다.

일본에서의 "瓺"의 사용 실태를 파악하기 위하여 같은 훈(미카 또는 모타히)로 불리우며 같은 뜻(경질로 된 항아리, 즉 스에키)으로 쓰인, 즉 동훈이자(同訓異字)로 되는 "甕"과 대비해 보면 "瓺"이 더욱 이른 시기부터 사용이 되었으며 빈도도 높다. 이른 시기의 사례로는 아스카이케(飛鳥池) 유적, 후지와라궁 터, 야마다데라(山田寺) 터에서 출토된 7세기 후반기의 돌간, 그리고 지금의 돗토리현(鳥取縣) 요나고시(米子市) 인다마노칸야마(陰田マノカン山)유적에서 출토된 7세기 후엽의 스에키(須惠器) 편, 아이치현(愛知縣) 가스가이시(春日井市) 고조지(高蔵寺) 2호 가마터에서 출토된 7세기 후반기의 스에키편에 "瓺"이 쓰여 있는데 그중 "瓺"이 쓰여진 목간이 출토된 유적은 백제와의 관계가 깊은 곳으로 보인다.

표 1에 제시한 자료는 모두 7세기 후반기의 것으로 동시기의 자료이다. 그중 ㉠은 아스카이케유적 북지구(北地区)에서 출토되었는데 같은 북지구에서는 스이코(推古) 천황 10년(602)에 백제에서 일본으로 건너간 승려 관륵

논문 참조.

28 楊春宇·王媛, 「揚雄《方言》所見的幽燕方言」, 『遼寧師範大學學報』38-6, 2015.

29 『方言』의 현재 중국 동북지역의 방언에 관한 내용을 보면 아ㅈ 동북방언으로 사용되는 것이 있다. 예를 들어『方言』에 암닭이 알을 품을 행위를 동북지역에서는 "抱"로 표현한다고 적혀있는데 이 "抱"자는 지금도 동북에서 자주 사용되고 있다.

표 1 "甂"자의 7세기의 용례[30]

①부소산성	②陰田	③高藏寺	④平城宮	⑤藤原宮	⑥山田寺	⑦飛鳥池

(觀勒)의 이름이 보이는 목간도 출토되었다.[31] 이 목간에서의 "甂"의 사용은 백제와 연관이 있어 백제의 영향을 추정할 수 있다.

일본 고대 목간의 용례를 보면 "甂"자는 17점의 목간에 사용 예가 확인되는데 비해 같은 훈으로 읽히고 같은 뜻으로 쓰인 "甕"은 3점, 그리고 "甕"의 이

---

30 각 이미지의 출처는 다음과 같다. ①부여문화재연구소 제공. ②米子市文化財団, 『陰田宮の谷遺跡・陰田マノカン山遺跡』, 2015. ③, ④巽淳一郎, 앞의 논문. 平城宮跡에서 출토된 토기 파편은 함께 출토된 기년명 목간, 토기 등을 근거로 8세기 초의 유물로 보는 견해가 있다(奈良国立文化財研究所, 1994, 「平城宮・京出土文字刻書土器資料」, 『奈良国立文化財研究所年報』). 하지만 "甂" 위에는 "五十戸"라는 행정단위가 보이는데 "五十戸"는 688년 이후에는 "里"로 변한다는 견해(市大樹, 「飛鳥藤原出土の評制下荷札木簡」, 『飛鳥藤原木簡の研究』, 塙書房, 2010)와 더불어 이 토기를 天武천황시기의 유물로 보고 藤原宮에서 사용되었던 것이 천도에 의해 平城宮으로 가져가게 되었다는 견해(巽淳一郎, 앞의 논문)를 참고하면 부소산성 명문토기와 같은 7세기 후반기의 유물로 보아야 할 것이다. ⑤, ⑥, ⑦木簡庫(https://mokkanko.nabunken.go.jp/ja/) 게재 奈良県『藤原宮』-(56), 飛鳥藤原京1-1455, 飛鳥藤原京1-1319.

31 木簡庫(https://mokkanko.nabunken.go.jp/ja/) 수록 飛鳥藤原京1-955. 해당 목간에 관한 해설은 奈良文化財研究所, 『飛鳥藤原京木簡——飛鳥池・山田寺木簡』, 2007에 게제된 955호 목간의 해설문 참조. 해설문에도 소개되어 있지만 『日本書紀』推古天皇10년 10월조에 觀勒이 "曆本及天文・地理書, 幷遁甲・方術之書"를 일본에 전했다는 記事가 보인다(『新編日本古典文学全集 日本書紀』二, 小學館, 1996, p.538).

체자 "瓷"은 6점의 목간에 보인다. 목간과 같은 1차자료로 평가되는 8세기의 종이문서, 정창원문서의 경우도 마찬가지로 "瓺"이 압도적으로 많이 사용되었다.

그런데 "瓺"·"甕"에 관한 자료를 보면 시기적인 차이와 함께 지역적인 차이점도 보인다. 목간이나 정창원문서, 명문토기로 보았을 때 야마토국(大和國) 즉 도성이 있는 지역에서는 "瓺"·"甕" 모두가 사용되었다. 하지만 정창원문서 중에서 공문서로 되는 각 나라의 정세장(正稅帳. 지방의 1년간의 조세를 적은 결산보고서) 중 스오국(周防國. 지금의 야마구치현 동부), 이즈미감(和泉監. 지금의 오사카후 남부), 스루가국(駿河國), 이즈국(伊豆國)의 정세장에는 "瓺"이 사용되었고 사이카이도에 속하는 분고국(豊後國. 지금의 오이타현의 대부분 지역)과 사츠마국(薩摩國. 지금의 가고시마현 서반부)의 정세장에는 "甕"이 사용되었다. 그리고 시기는 좀 늦지만 『延喜式』을 보면 제국조조(諸國調條)에 "瓺"·"甕"이 기재되어 있는데 치쿠젠국(筑前國. 지금의 후쿠오카현 북서부)만이 "甕"이 사용되었다.[32] 치쿠젠국도 사이카이도에 속하기에 이러한 사례들로 보았을 때 사이카이도 제국(諸國)에서는 "瓺"을 사용했다고 볼 수 있겠다.

하지만 치쿠젠국의 문자자료 중 비교적 이른 시기에는 "瓺"이 사용되었다. 지금의 후쿠오카현(福岡縣) 오노죠시(大野城市) 남부를 중심으로 하는 우시쿠비(牛頸) 가마터에서 출토된 와도(和銅)란 연호가 새겨진 스에키 파편에는 "瓺"이 사용되었다(그림 2).

筑紫前国奈珂郡

手東里大神部得身

□

---

32 虎尾俊哉, 『延喜式(中) 訳注日本史料』, 集英社, 2007, p.1394.

그림 2 우시쿠비(牛頸) 가마터 출토 명문토기

□
□
　　　并三人
　調大甁一僕和銅六年[33]

이 명문토기의 판독문 아래부분에 보이는 "和銅六"은 713년으로 8세기 초기에 해당된다. 우시쿠비 가마터에서는 이 명문토기 외에도 비슷한 내용이 새겨진 토기가 10점 발견되었는데 모두 파편으로 글자가 온전하게 남아있지 않고 그중 5점에 "甁"이 확인된다.[34] 이 외에 다자이후(大宰府) 조방(條坊)유

---

33 판독문과 그림 출처는 아래와 같다. 大野城市教育委員会, 『大野城市文化財調査報告書 第77集 牛頸窯跡群 - 総括報告書Ⅰ-』, 2008. 이 보고서에서는 마지막 행의 5번째 글자가 "僕"으로 되어 있으나 응당히 단위 명사 "隻"으로 고쳐야 한다.

34 大野城市教育委員會, 『牛頸ハセムシ窯蹟群Ⅱ』, 1989.

242 고대 동아시아 물자 유통과 관리

적의 나성문(羅城門)으로 추정되는 곳에서도 "甀和銅八年"이 새겨진 스에키 파편이 출토되었다. 이와 같이 치쿠젠국에서도 와도(和銅) 연간, 즉 8세기 초기에 있어서는 "甀"이 사용되었다는 것이 출토문자자료로서 확인이 된다.

그럼 분고국과 사츠마국의 정세장의 경우, 분고국 정세장의 연대가 737년, 사츠마국 정세장의 연대는 736년으로서 8세기 중엽에 가까운 시기로 된다. 즉 이 시기에는 사이카이도 여러 나라에서 "甕"을 사용했다고 볼 수 있다. "甀"의 사례와 대비해 보았을 때 와도(和銅) 연간 즉 8세기 초엽에 있어서는 "甀"이 사용되었고 덴표(天平) 연간 즉 8세기 중엽에 들어서서부터 "甕"이 사용되었다고 말할 수 있겠다. 앞서 "甀"은 백제에서 사용된 글자라고 하였는데 "甀"의 사용이 백제로부터, 또는 백제계 도래인으로부터 전파된 것으로 본다면 덴표연간에 "甕"이 사용되었다는 것은 어떻게 설명해야 하겠는가?

"甀"이 중국 사료 중 『方言』 이외에는 거의 볼 수 없다고 앞서 서술하였는데 이에 비해 "甕"은 중국에서도 많이 사용된 글자이다. 신라의 문자자료를 보면 "甕"의 이체자 "瓮"이 사용되었다.[35] 그럼 사이카이도, 즉 현재의 규슈지역에 있어서 8세기 초에 사용된 "甀"은 백제의 영향, 8세기 중엽 이후의 "甕"의 사용은 신라 또는 중국 대륙의 영향이라고 볼 수 있겠다.

그런데 8세기 초에 사용된 "甀"을 백제의 영향으로 본다면 그 당시, 치쿠젠국, 그리고 우시쿠비 가마터에 백제와의 교류가 있었거나 백제계의 도래인이 활동하고 있었다고 증명이 되어야 한다.

먼저 치쿠젠국을 보면 백제와의 관련이 깊은 사원, 시설이 많다. 규슈지역의 총괄 역할을 한 다자이후의 정청(政廳) 이귀문(裏鬼門, 서남쪽)을 지키기 위하여 7세기말에서 8세기 초기에 세워진 스기즈카하이지(杉塚廢寺)에서

---

35 월성해자 출토 목간(임001), 함안 성산산성 출토 목간(183호), 안압지 출토 목간(196호), 안압지 출토 항아리 등에 "瓮"자가 보이는데 자세한 것은 방국화, 앞의 발표자료 참조.

는 백제계의 수막새가 출토되었다.36 또한 다자이후 근처에 있는 오노죠(大野城)와 기이죠(椽城 또는 基肄城로 표기)의 건축에 관해서는 『日本書紀』 덴지(天智) 천황 4년(665) 8월조에 백제로부터 망명한 달솔(達率) 억례복류(憶禮福留), 사비복부(四比福夫)를 파견한 기록이 보인다.37

우시쿠비 가마터는 다자이후의 정청에서 서쪽으로 2km 떨어져 있고 동북쪽에는 오노죠 터, 남쪽에는 기이죠 터가 있어 그 주위에 백제인이 활동하고 있었다는 것을 알 수 있다. 규슈 최대 규모의 스에키 가마터인 우시쿠비 가마터에도 백제인이 있었다는 것을 출토된 유물로부터 추정된다. 우시쿠비 가마터에 속하는 가미노마에(神ノ前) 가마터와 츠키노우라(月ノ浦) 가마터에서 출토된 수막새는 백제와 관련있는 것으로 보여지고 있고38 소우리니시(惣利西) 유적(6세기 말~7세기 전반·중엽)에서는 백제계의 자료로 판단되는 원통형 토기, 세발토기가 출토되었고 오다우라(小田浦) 유적(6세기 말~7세기 전반)에서도 세발토기가 출토되었다.39 이와 같이 우시쿠비 가마터, 또는 그 근처에는 6세기에서 7세기 사이에 많은 백제인이 거주했던 것으로 추측된다. 또한 상술한 "厇"자가 새겨진 스에키 파편이 출토된 하세무시 가마터에서는 "內椋人万呂"라는 인명이 새겨진 명문토기도 출토되었는데 "內椋部"는 백제의 관아인 점에 주목하여 도래계 씨족일 가능성이 있다는 지적도 있다.40 이러한

36　福岡県立九州歷史資料館, 『大宰府政庁跡』, 九州歷史資料館, 2002.

37　『新編日本古典文学全集 日本書紀』三, 앞의 책. "遣達率憶禮福留, 達率四比福夫筑紫國, 築大野及椽二城".

38　大野城市教育委員会, 앞의 보고서, 2008, p.263.

39　亀田修一, 「牛頸窯跡群と渡来人」, 『九州と東アジアの考古学 : 九州大学考古学研究室50周年記念論文集』, 2008.

40　石木秀啓, 「牛頸窯跡群出土のヘラ書き須恵器について」, 『考古学・博物館学の風景:中村浩先生古稀記念論文集』, 芙蓉書房出版, 2017.

사례로부터 미루어 보았을 때 우시쿠비 가마터에는 백제인이 활동하고 있었고 명문이 새겨진 큰 항아리(甀) 제작, 또는 글자 새김에는 백제계 도래인이 관여되었을 가능성이 충분히 있다고 생각된다. 그렇다면 "甀"의 사용도 백제의 영향으로 봐도 문제가 없을 것이다.

그런데 앞서 서술한 바와 같이 규슈지역, 즉 사이카이도 제국의 정세장에는 "甕"이 쓰여있다. 화동연간(708~715년), 즉 8세기 초의 명문토기에는 "甀"이 사용되었는데 8세기 중기의 정세장에는 왜 "甕"이 쓰인 것일까? 이는 시기차로 설명이 될 듯 싶다.

우시쿠비 가마터는 6세기 중엽에서 9세기 전반까지 약 300년간 사용되었는데 8세기 중기에 큰 변화가 생겼다고 한다.[41] 그 변천 과정을 간단하게 정리하면 아래와 같다.

> 7세기 후반기에는 이때 설치된 다자이후 토기를 공급하기 시작했고, 8세기 전반까지는 큰 항아리(甀)을 제작했으나 전반기부터 이미 대형토기는 보편적인 생산물이 아니었다. 8세기 중기 이후에는 가마가 소형화되기 시작하면서 큰 항아리는 굽지 않고 소형의 토기에 집중하게 된다. 이는 7세기 후반기에 설치된 다자이후에 의례나 제사, 번객(蕃客)의 접대, 향연(饗宴), 일상용 식기류를 대량으로, 안정적으로 공급하기 위한 것이다. 또한 9세기 전반기에는 생산량이 거의 없다가 9세기 중기부터 큰 항아리를 제작하기 시작하는데 이는 히고국(肥後國)으로부터 도입한 기술이다.

우시쿠비 가마터에서 8세기 전반기엔 큰 항아리(甀) 제작이 보편적이지 않는 시기와 분고국(豊後國), 사츠마국(薩摩國)의 정세장어 "甕"이 사용되는

---

[41] 石木秀啓, 「牛頸窯跡群と九州の須恵器生産体制--八世紀以降を中心として」, 『国立歴史民俗博物館研究報告』134, 2007, pp.299~353.

시기가 부합된다. 또한 다자이후 정청의 건물은 7세기 말에서 8세기초 사이에는 백제계 와당이 사용되었으나 8세기 후반기에서 10세기 초 사이에는 통일신라의 조와 기술의 전래로 통일신라계 와당이 사용되었다.[42] 이러한 사례로 미루어 보았을 때 규슈 지역에 있어서의 8세기 중기의 "甕"의 사용은 신라와 관계 되는 것으로 추정이 가능하다.

IV 맺음말

지금까지 지방에서부터 도성으로 운반된 공진물에 서사된 문자를 검토함으로써 일본의 지역적 특성에 대해 고찰하였다. 일본의 문자 사용에 관한 지역적 특성에 관해서는 일본의 공진물 목간, 즉 하찰목간을 종합적으로 검토함으로써 지역에 따라 수종, 목간 형태, 서식, 서풍, 글자 형태 등이 다르다는 것을 알 수 있다. 이러한 지역적 특성이 보이는 이유는 다양하다. 수종의 경우, 식생(植生)에 따라 또는 제도에 따라 다르고(西海道 諸國의 경우 大宰府에서 일괄적으로 작성) 목간 형태는 제작자에 따라 다르며 서식, 서풍, 글자 형태 등은 서사자에 따라 다르다. 이러한 지역적 특성으로부터 목간이 제작된 곳, 제작된 사람, 목간에 글을 쓴 사람 등 목간 사용의 실태를 파악할 수 있는 실마리를 얻을 수 있다. 또한 이러한 정보가 축적이 되면 목간 판독에 도움이 되고 그 당시의 행정 시스템 해명에도 도움이 된다.

또한 일본의 문자 사용의 지역적 특성에는 도래인이 연관되어 있고 어느

---

42   福岡市教育委員会, 『元岡・桑原遺跡群17』, 2008.

계통의 도래인이 어느 지역에서 활동했는가를 고증함으로서 문자 전파 과정에 대해서도 그 일단을 밝힐 수 있다. 이 글에서는 주로 사이카이도(西海道), 즉 지금의 규슈 지역에 있어서의 "瓺"의 사용 상황을 동훈이자로 되는 "甕"과 비교함으로써 "瓺"은 백제계 도래인의 영향으로 일본 각지에서 사용하게 되었다고 보았다. 그리고 "甕"의 사용은 신라의 영향이었을 가능성에 대해서도 언급하였다. 일본으로의 한자 전파가 한반도와의 교류, 도래인과 관계가 있다는 점에 관해서는 더 이상 설명이 필요가 없겠지만 어느 지역·나라와의 교류, 어느 계통의 도래인의 영향인지를 밝히기는 쉬운 일이 아니다. 향후 출토 문자자료가 증가되면서 이러한 부분이 밝혀지기를 기대한다.

참고문헌

『新編日本古典文学全集 日本書紀』二, 小學館, 1996.

鬼頭清明, 『古代木簡の基礎的研究』, 塙書房, 2010.

今泉隆雄, 『古代木簡の研究』, 吉川弘文館, 1998.

大野城市教育委員會, 『大野城市文化財調査報告書 第77集 牛頸窯跡群 – 総括報告書Ⅰ –』, 2008.

大野城市教育委員會, 『牛頸ハセムシ窯蹟群Ⅱ』, 1989.

馬場基, 『日本古代木簡論』, 吉川弘文館, 2018.

木簡學會編, 『日本古代木簡選』, 岩波書店, 1990.

福岡市教育委員会, 『元岡·桑原遺跡群17』, 2008.

福岡県立九州歷史資料館, 『大宰府政庁跡』, 九州歷史資料館, 2002.

寺崎保広, 『古代日本の都城と木簡』, 吉川弘文館, 2006.

三上喜孝, 『日本古代の文字と地方社会』, 吉川弘文館, 2013.

市大樹, 『飛鳥藤原木簡の研究』, 塙書房, 2010.

佐藤信, 『日本古代の宮都と木簡』, 吉川弘文館, 1997.

虎尾俊哉, 『延喜式(中) 訳注日本史料』, 集英社, 2007.

橫山詔一編, 『漢字字体史研究二 字体と漢字情報』, 勉誠出版, 2016.

국립부여문화재연구소, 『『부여 부소산성』긴급발굴조사 학술자문회의 자료집』, 2020.

김대영, 「부여 부소산성 신출토 명문토기」, 『목간과 문자』26, 2021.

방국화, 「부여 부소산성 출토 토기 명문의 검토-동아시아 문자자료와의 비교-」, 『목간과 문자』26, 2021

이병호, 「부여 부소산성 출토 토기 명문의 판독과 해석」, 『목간과 문자』26, 2021.

亀田修一, 「牛頸窯跡群と渡来人」, 『九州と東アジアの考古学：九州大学考古学研究室50周年記念論文集』, 2008

奈良国立文化財研究所, 「平城宮・京出土文字刻書土器資料」, 『奈良国立文化財研究所年報』, 1994.

渡辺晃宏, 「はじめに」, 奈良文化財研究所, 『木簡 古代からの便り』, 岩波書店, 2020.

渡辺晃宏, 「ブランドわかめは昔も今も」, 奈良文化財研究所, 『木簡 古代からの便り』, 岩波書店, 2020.

米子市文化財団, 『陰田宮の谷遺跡・陰田マノカン山遺跡』, 2015.

方国花, 「「并」字の使用法から文字の受容・展開を考える—「並」「合」との比較から—」, 栄原永遠男編, 『正倉院文書の歴史学・国語学的研究—解移牒案を読み解く—』, 和泉書院, 2016.

桑田訓也, 「樹種、書風、形—多彩な荷札」, 奈良文化財研究所, 『木簡 古代からの便り』, 岩波書店, 2020.

石木秀啓, 「牛頸窯跡群と九州の須恵器生産体制--八世紀以降を中心として」, 『国立歴史民俗博物館研究報告』134, 2007.

石木秀啓, 「牛頸窯跡群出土のヘラ書き須恵器について」, 『考古学・博物館学の風景:中村浩先生古稀記念論文集』, 芙蓉書房出版, 2017.

巽淳一郎, 「古代の燒物調納制に關する研究」, 『瓦衣千年-森郁夫先生還暦記念論文集-』, 森郁夫先生還暦記念論文集刊行會, 1999.

市大樹, 「飛鳥藤原出土の評制下荷札木簡」, 『飛鳥藤原木簡の研究』, 塙書房, 2010.

楊春宇・王媛, 「揚雄《方言》所見的幽燕方言」, 『遼寧師範大學學報』38-6, 2015.

井上幸・方国花, 「歴史的文字分析と字体情報—木簡の事例収集と分析—」, 高田智和・馬場基・横山詔一編, 『漢字字体史研究二 字体と漢字情報』, 勉誠出版, 2016.

#09

일본 고대 지방목간으로 본 물자유통과 관리

•

가네가에 히로유키(鐘江 宏之)
(日本 學習院大學文學部 敎授)

I 머리말

이 글에서는 일본 국내 각지의 지방사회에서 유통·관리에 관련된 작업 및 기록이 목간을 사용하여 어떻게 이루어졌는지 그 전체를 대략적으로 살펴보고자 한다. 도성이나 국가 중추지역에 대해서는 다른 논고로 미루고, 여기서는 지방에서 출토된 목간을 중심으로 일본에서의 목간 사용 방법 혹은 목간에 표기되는 용어들의 전형적인 사례를 언급하고자 한다.

물자의 유통 및 관리는 하찰목간, 기록목간, 정보를 주고받는 문서목간, 그리고 특정 장소에 게시된 목간 등 다양한 목간을 통해 밝혀져 왔다. 이 글에서는 그러한 사례를 모아, 물자의 유통·관리와 관련되는 장면마다 중요하다고 생각되는 사례를 소개한다. 모든 것을 망라하기에는 한계가 있어 어느 정도 범위를 한정한 내용이 될 수밖에 없지만, 일본에서 물자의 유통·관리 면에서 목간이 어떻게 사용되었는지를 한 번에 이해하는데 도움이 되었으면 하는 바람이다.

II 郡内에서의 물자 집적과 관리

율령제 아래 국가 재원인 벼의 축적과 관리를 위해 군(郡) 내지 그 하부의 향(鄕)(715년경까지는 리(里))을 단위로 공적인 창고가 설치되어 있었으며, 군은 물자를 집산(集散)하고 축적·보관하는 중요한 행정 단위였다. 군의 관아(官衙)인 군가(郡家) 혹은 그와 유사한 시설로 추정되는 유적에서 각 지방과 관련된 목간이 출토되고 있다.

창고에 축적된 벼는 매년 스이코(出擧. 옮긴이:볍씨를 대여해 주고 이자를 받는 일)를 통한 이자 수입으로 수익을 올려 국가재정의 근원으로 삼았다. 郡家나 유사 시설에서는 군내에 스이코 벼 대여나 수확 후 수납에 관해 목간이 많이 사용되었을 것으로 보인다. 예를 들어 시즈오카현(靜岡縣) 하마마쓰시(濱松市)의 이바유적(伊場遺跡)에서는 다음과 같은 「(연월일)+(○○里(五十戶)+(인명)+(벼 속(束)수)」라는 기재 내용의 목간이 여러 개 발견되고 있어, 개인에게 벼를 빌려줄 때의 전표와 같은 역할을 하였다고 생각된다.

자료 1 靜岡縣 濱松市 伊場遺跡 3호 목간 284×29×3

　　　　　．「　　　　　　　　　　　若倭□
　　　　　　辛巳年正月生十日柴江五十戶人　　　　　○」

·「□□□三百卅束若倭マ□□［　］　　　　○」

이 외 비슷한 서식의 목간도 포함하여 길이가 약 1尺, 폭이 약 1寸으로 규격성이 있으며 또한 하부에는 구멍이 있어 여러 개의 목간을 묶어서 보관하였다고 생각된다.[1] 개인에 대여한 것을 기록한 여러 개의 목간 정보를 바탕으로 하여, 벼를 관리하는 측에서 제법(除法)을 이용해 정리하고 장부로서 기재하였다고 볼 수 있는 다음과 같은 목간도 있다.[2]

자료 2   靜岡縣 濱松市 伊場遺跡 52호 목간 232×102×13

　　　　　　　　　　　戸主若倭マ石山六
廣麻呂九束　　　　　　戸主若倭マ足嶋九束
□知麻呂卅束　　　　　戸主□尓マ刀良
マ飯依　　　　　　　　馬主戸口□尓マ吉麻呂廿束
□□依戸口同マ色夫知四束　　合□ 五 束 代 黒毛牡馬
　得麻呂　　　　　　　馬主戸主宗宜マ□依□□束
　　　　　　　　　　　戸主若倭マ足嶋［　］

이 목간에서는 여러 명이 빌린 벼를 말(馬)로 대납한 것으로 보인다.

또한 벼를 중심으로 한 여러 가지 물품을 郡家에 납품하는 경우, 그 물품에 부착된 하찰목간은 군명을 기록하지 않고 향명으로부터 쓰기 시작하는 것이 많다. 군내에서 사용하는 것을 목적으로 하는 하찰은 소속되어 있는 군명

1　鐘江宏之,「伊場遺跡出土木簡にみる七世紀の文書木簡利用」,『学習院大学文学部研究年報』54, 2007.

2　武井紀子,「伊場木簡からみた地方財政」,『木簡研究』40, 2018.

은 명백하기 때문에 쓰지 않는 것이 보통이다. 하나의 예로서 다음을 보자.

자료 3   長野縣 千曲市 屋代遺跡群 90호 목간 (125)×25×2
· 「船山鄕井於里戶主生王マ小萬戶口
· 「　　　　　養老七年十月

養老7년은 서력 723년이다. 야시로유적군(屋代遺跡群) 부근에는 시나노국(信濃國) 하니시나군가(埴科郡家)가 존재하였다고 추정되며 이 목간도 후나야마향(船山鄕)이 소속된 埴科郡에 헌납하는 물건에 船山鄕에서 부착시킨 하찰목간으로 보인다. 이렇게 향명으로 기재가 시작되는 목간은 많은데 일부는 다음으로 제시하는 아오키유적(靑木遺跡)에서 출토된 하찰목간과 같이 군명, 향명이 아닌 고유명사를 머리 부분에 기재한 것도 있으며, 이것은 향 보다도 규모가 작은 지역의 지명을 머리 부분에 기재하였을 가능성이 있다.

자료 4   島根縣 出雲市 靑木遺跡 57호 목간 (170)×27×4
「神鳥取マ主万呂」

이 목간의 머리 부분의 '神'은 이즈모군(出雲郡) 내에 있는 神代社에 보이는 지명인 神代를 생략하였을 가능성이 있으며 靑木遺跡에는 이런 향 보다도 규모가 작은 지명을 기록한 하찰목간이 많다.[3] 군내에서 유통되는 하찰목간의 서식도 지역에 따라 이러한 변화를 보이는 것 같다.

위와 같은 목간으로 일단 군에 모여진 벼가 가공을 위해 향 내지는 호(戶)에 분담되어 작업이 이루어진 후에 가공품으로 다시 군에 재납품되는 경

3 　平石充, 「靑木遺跡木簡の再檢討」, 『木簡硏究』37, 2015.

우도 있었다.

자료 5　靜岡縣 靜岡市 ケイセイ(게이세이)遺跡 3·4호 목간 416×29×4

「　　　　　　　戶主丈マ子秦五升　戶主他田臣久須□　戶主□□□マ□□□□
・白マ郷上精合五斗　　　　　　　　　　　　　　　戶主丈マ□□五升
　　　　　　　　戶主丈マ大市五升　戶主神前臣□呂五升□□マ□□　」

・「　　　　　　　[　　　　　　　　　　　] 丈マ里麻呂　　　　」

　자료5가 출토된 게이세이유적(ケイセイ遺跡) 주변에는 스루가국(駿河國) 우도군가(有度郡家)가 존재했을 것으로 추정되고 있다. 이 목간에는 白マ郷(白髪部郷-시라카베향) 내지 그 아래 각 호에서 쌀을 건량(精)으로 가공해 건량을 납품한 사실이 기록되어 있다. 벼의 가공작업이 향, 호에 분배된 것을 알 수 있다.[4] 이러한 가공작업의 분배방식과 관련될 가능성이 있는 것으로, 사가미국(相模國) 가마쿠라군가(鎌倉郡家) 터로 추정되는 이마코지니시유적(今小路西遺跡)에서 출토된 다음의 목간을 들 수 있다.

자료 6　神奈川縣 鎌倉市 今小路西遺跡 출토 목간 (266)×30×6

・「∨精五斗天平五年七月十四日
・「∨郷長丸子□□

　향장이 건량 5斗를 헌상하는 부찰목간이 군가 유적에서 발굴된 사례이다. 자료5처럼 군가에서 벼가 분배되어 향 내지는 호에서 가공된 경우, 이 하찰목간은 작업 후에 향에서 군가에 가공된 건량이 납품될 때 부착되었을 것으

4　武井紀子, 앞의 논문, 2018.

로 생각된다. (처음부터 건량 상태로 헌납하도록 향에 명령하였을 가능성도 있다)

향에서 군에 물건이 납품되는 사례는 벼 이외에도 있다.

자료 7 栃木縣 栃木市 下野國府 터 4213호 목간 (190)×29×5
· 「都可鄕進藤一荷□
· 『『檢領□〔藤?〕所返抄 郡雜器所 申送』

뒷면에 보이는 '返抄'가 군 내지 국 어느 쪽의 부서가 발행한 返抄인지는 판단 못하지만, 하찰목간이 부착된 등나무는 쓰카향(都可鄕)에서 쓰가군(都賀郡)에 제출되며 그 하찰목간이 부착된 채 시모쓰케국부(下野國府)에 보내져 국부(國府)에서 하찰목간이 폐기되었을 것으로 생각된다. 등나무는 향에서 군에 납품되었음을 알 수 있다.

군에 모아진 물품의 관리를 기록한 목간도 발견되었다.

자료 8은 대형 기록목간으로 앞면에는 머리 부분에 '□□□日記'라고 표기되며 날짜마다 물품을 보낸 果數가 기재되어 있다. 참외와 같은 '果'를 단위로 하는 물품의 일별 지급량의 기록이다. 뒷면 상단에는 '買物六十七枝'라고 기재한 후에 그 내역으로 날짜별 枝數가 기재되며 '枝'를 단위로 한 물품인 것 같다. 뒷면 중단에서 하단 중앙에는 '所殘百卅五果'라고 장부에 남은 양을 기록하고 '計定百七果' '欠卅九果'처럼 현재 양과의 차이를 기록하고 있다. 이 목간은 이나바국(因幡國) 다카구사군(高草郡)에서 雜徭 등으로 징수되어 군에서 일상 식량으로 보관했던 참외 등 출납에 관한 기록으로 간주된다.[5] 이 목간에는 위 내용 외에도 상하 반대로 쓰여진 전혀 다른 정보 기록도 있으며, 일

---

5 吉川眞司, 「九世紀の國郡支配と但馬國木簡」, 『木簡研究』24, 2002.

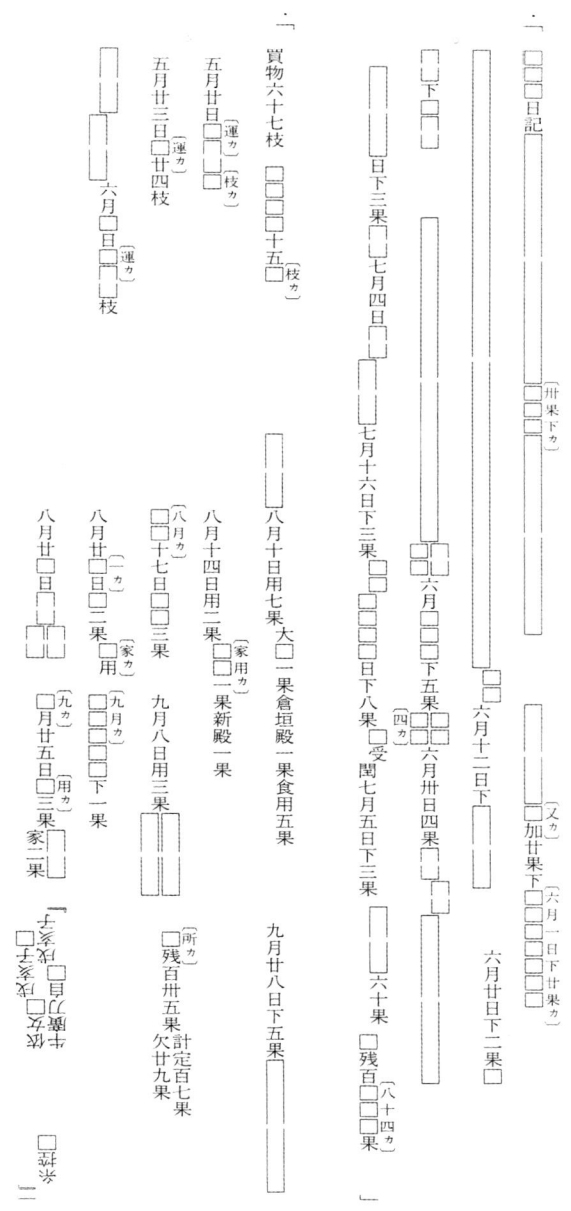

자료 8 鳥取縣 鳥取市 岩吉遺跡 출토 목간 796×101×6

단 필요하지 않게 된 기록목간을 2차 이용하여 기록되었다고 생각된다.

위 내용이 군가 내지는 군의 시설에서의 물품의 움직임이나 관리 양상을 알 수 있는 목간의 사례인데, 군이나 향에 설치된 창고에 관하여 그 창고 관리의 상황을 알 수 있는 목간도 있다.

다음 사례는 창고를 가득 채운 후에 봉인하는 절차와 관련된 목간으로 생각된다.

자료 9   福島縣 會津若松市 門田條里制跡 출토 목간 (262)×75×12

□□稅長等依法□物塡進了　　∨　　　　寬×

『有安』擬大領 [   ] 『筌麻呂』擬少領 [   ]

이 목간은 12mm로 꽤 두껍고 튼튼한 인상이다. 또한 하부 양 측면에 홈이 있어 고정하기 위한 가공으로 보인다. 또한 뒷면은 처음부터 글자 쓰는 것을 상정하지 않았던 것 같고 표면을 전혀 다듬지 않았다. 앞면만에 글자를 쓰고 게시하였던 것으로 생각된다. 하단에 남겨진 '寬'자는 년월일을 기재한 부분의 머리 부분이라 생각되며 寬平年間(889~898년)에 쓰여진 목간으로 생각된다. 군의 雜任(옮긴이:하급 관인)인 세장(稅長)들이 창고에 벼를 가득 넣은 단계에서 군사(郡司)가 서명을 해서 창고에 이 목간을 게시해 창고를 봉인한 듯하다. 창고의 봉입(封入)기록에는 이러한 목간이 사용되었던 것 같다. 아마도 국사(國司)에 의한 정식적인 감검이 끝나면 이 정보는 다른 서류에 반영되고, 그 단계에서 이 목간을 게시할 필요가 없어져 폐기되었다고 생각된다.[6]

창고의 감검 작업에 관련된 것으로 보이는 예도 있다.

---

6   平川南, 『古代地方木簡の研究』 吉川弘文館, 2003.

자료 10   山形縣 東置賜郡 川西町 道伝遺跡 출토 목간 450×(24)×7

　　寬平八年計收官物□ 去七年料
　　　　　　　　　　　本倉實五百冊□□ [　] ×
　　　　　　　　　　　　　　　□□官物計收如件□□
　・□ [　　　]

　자료10은 寬平8(896)년에 지난 해의 '去七年料'로서 수납한 官物을 창고 안의 실물을 조사하여 '本倉實'의 수량을 보고하고 있다. 창고 한 동 단위의 내용물을 감검하여 기록으로 남긴 예가 아니었나 생각된다.

III 郡에서 國 기구로의 물건의 납입, 國에서의 물품의 조달

　지방 행정 단위 중, 앞에서 보았듯이 군은 향이나 호의 생업을 장악하고 또한 각 군에 설치된 창고를 파악하고 있다. 그 위에 선 국은 생산자에게서 직접 거두는 기구가 아니고 여러 가지 물품이 기본적으로는 근으로부터 보내져 온다고 생각된다. 한편으로는 전국을 대상으로 한 시책에 필요한 재원은 국 기구가 장악하고 있으며 중앙관사에서 물품 조달의 명령이 내려지면 국의 기구가 교역을 하여 물품이나 제작재료를 조달하는 경우도 있었다.

자료 11   兵庫縣 豊岡市 祢布ケ森遺跡 출토 목간 (118)×28×8

「∨　　　御調料
　　　城埼郡茜

뇨가모리유적(祢布ヶ森遺跡)은 다지마국부(但馬國府)로 추정되고 있다. 이 목간은 기노사키군(城崎郡)에서 調로서 납품된 꼭두서니에 부착된 것이다. 城崎郡 내에서 보낼 調인 꼭두서니를 군에서 모아서 국부에 납품했을 때의 하찰목간, 혹은 국부에 납품된 이후 보내온 납품처인 군별로 다시 나누어서 보관했을 때의 부찰목간으로 생각된다. 각각의 調인 물품에는 調를 헌납한 개인명을 기재하는 하찰목간이 부착된다고 생각되지만 그 뿐만 아니라 군에서 그들 헌납품을 일괄로 국부에 납품하거나 또는 일시적으로 국부에서 보관할 시에 각각의 군을 단위로 한 하찰이나 부착목간이 활용되었을 가능성도 있다. 이 목간은 두께가 8mm 있으며 하찰 내지는 부찰목간으로서는 너무 두꺼운 것도 개인명을 기재한 하찰목간과의 용도 차이를 느끼게 한다.

자료 12　德島縣 德島市 観音寺遺跡 4호 목간 209×20×5

「∨麻殖評伎珥宍二升」

이 목간은 아와국(阿波國)의 오에평(麻植評. 701년 이후는 麻植郡)에서 조달하여 아와국부(阿波國府)로 납품한 꿩 살코기의 하찰목간이다. 국부는 소비도시이기도 하고 식량품의 조달은 군 같은 하부기구에서의 공진에 의존하고 있었던 것으로 추정된다. 이 사례에서는 어떤 이유로 꿩 살코기가 납품되었는지는 알 수 없지만, 군가에서 국부로는 일상적으로 이러한 식량품의 유통도 있었다.

국부 뿐만이 아니라 국의 여러 기관에서도 물품의 송수, 관리에 목간이 사용되었다. 다음 사례는 國分寺에서의 물품 송수에 관한 목간이다.

자료 13　兵庫縣 豊岡市 但馬國分寺 3호 목간 (277)×28×4

・□丁國嶋　　　□□ﾏ□□　　　金見ﾏ大國
　私ﾏ廣床女 北倉 物ﾏ□□　　□□ □ﾏ□□　　」

　　　　　　□　　　　天平神護三年五月一日綱丁物部宿□万呂

・［　］

　　　　勘領物□

　이 목간에서는 운송책임자인 綱丁이 뒷면 말단 날짜 밑에 서명하고 國分寺에 납품된 물품이 도착한 후 수령에 대한 기술이라고 생각된다. 다지마고쿠분지(但馬國分寺)의 '北倉' 등에 물품을 납품했을 때의 납품자 또는 입회인을 기재한 것으로 생각된다. 但馬國分寺 유적에서는 이 목간 외에도 창고에서 숙직 담당을 기재한 목간도 출토되어 있다.

　국이 교역(交易)으로 인해 물품을 조달했을 때의 목간도 사례는 적지만 출토되었다.

자료 14　栃木縣 栃木市 下野國府跡 811호 목간

　　□□□□國三月廿日符買進□□

　　□六月廿三日符買進甲料皮

　자료 14는 下野國府 유적에서 일괄 출토된 목간 나무 쿠스러기 중 한 점이고 국부에서 집계작업에 사용된 목간의 부스러기로 보인다. 발견된 목간들은 년도가 표기된 목간으로부터 延曆10(791)년 전후의 것으로 판단되며 대 에미시(蝦夷) 전쟁의 병력이나 물자의 지원이 下野國을 포함하는 坂東(옮긴이:관동 지방의 옛 명칭) 여러 국에 요청된 시기의 것이다. 이 목간으로부터는 이러한 대 에미시(蝦夷) 전쟁에 대한 절박한 시기에 국부7·무구로서 갑옷의 재료가 되는 가죽을 교역으로 조달하고 있었다는 것을 알 수 있다.[7]

7　加藤友康,「國·郡の行政と木簡」,『木簡研究』15, 1993.

Ⅳ 山城·城柵 시설로의 물자 반입과 관리

서일본에서는 서력 660년대에 소위 朝鮮式 山城이 만들어지기 시작하고 대외 방어를 위해 유지되고 있었다. 한편으로 7세기말부터 남 구주(九州) 지방에서 하야토(隼人)와 대치하는 지역이나 동북 지방에서 에미시(蝦夷)와 대치하는 지역에 성책(城柵) 시설이 만들어졌다. 남 규슈 지방은 8세기 말쯤에는 대부분 평화로워지면서 城柵의 필요성도 없어지지만 동북 지방에서는 에미시와의 무력 충돌이 단속적으로 이어지고 있어 10세기까지 城柵 시설이 유지되었다. 각각 시설에서 물품의 반입과 관리의 구체적인 상황을 알 수 있는 목간도 발견되어 있다.

첫 번째로 서해도(西海道. 옮긴이:구주와 그 주변 섬을 포함한 행정 구분)의 조선식 산성에 관한 사례부터 소개한다.

자료 15   熊本縣 山鹿市 鞠智城跡 출토 목간 134×26×5

「∨秦人忍□五斗」

물품명은 알 수 없지만 아마도 쌀의 하찰목간으로 보인다. 고대산성인 기쿠치성(鞠智城)에 쌀이 운반되며 축적, 소비됨을 보여준다. 서해도에 조영된 조선식 산성중 예를 들면 오노성(大野城) 터에서는 창고, 탄화된 쌀 등이 발견되었으며, 다른 산성에서도 이러한 창고에 쌀을 축적하였을 것으로 생각된다. 서해도의 이러한 산성은 다음 목간으로 봐서 다자이후(大宰府)가 창고에 축적된 벼의 관리를 담당하고 있었다고 보여진다.

자료 16   福岡縣 太宰府市 大宰府跡 출토 목간 264×34×6

「爲班給筑前筑後肥等國遣基肄城稻穀随 大監正六位上田中朝[」

이 목간의 기재 내용은 大宰府 남쪽에 있는 기이성(基肄城)에 축적한 벼를 지쿠젠(筑前)·지쿠고(筑後)·히젠(肥前)·히고(肥後) 등 각국에 나누어서 지급하는 지시를 大宰府가 했을 때의 것으로 생각된다. 基肄城의 창고가 大宰府에 관리되어 있었던 것을 알 수 있다.

이어서 동북 지방의 城柵에 관해서 몇 가지 목간을 소개한다.

아키타성(秋田城) 유적에서도 많은 목간이 발견되어 있으며 다음과 같은 건량의 하찰목간이 여러 개 출토되어 있다.

자료 17 秋田縣 秋田市 秋田城 69호 목간 173×18×4

·「最上郡糒二斗 [   ]   人
　　　　　　　　□□マ□主   」

·「延曆十三年五月十九日丸子マ□□□ 」

자료 18 秋田縣 秋田市 秋田城 75호 목간 (204)×23×4.5

·「平鹿郡糒五斗延曆十一年□月廿六日

·「   書生丈マ [   ]
　　　　　　　　　[   ]

秋田城에는 병량으로서 간량이 비축되어 있었다고 생각되지만 목간에 보이는 납품 측에 지명은 秋田城 부근의 군이 아니라 아주 떨어진 히라카군(平鹿郡)이나 데와국(出羽國) 남부의 모가미군(最上郡)이 보인다. 변경의 城柵 유지를 위해서는 出羽國 내 전체에 걸쳐서 광범위하게 물자 조달이 이루어졌다고 생각된다.

이런 건량의 납품 시의 기록으로 보이는 목간도 잘 알려져 있다.

자료 19　秋田縣 大仙市 払田柵 터 1호 목간 (223)×24×5

］件精請取　閏四月卄六日　寺書生仙□氏監

자료 19는 出羽國 국내의 城柵 유적 중, 근년에는 제2차 오카치성(雄勝城)이라고 보는 견해가 유력한 훗타노사쿠(払田柵) 터에서 과거에 발견된 목간(현재는 소재불명)에 대한 석문의 기록이다.[8] 이 석문에서 '寺書生'라 하는 부분은 정확하게는 '勘書生'이라 생각되며 건량에 대해서 서생이 수령하고 그 서생이 감검하였다는 취지의 기록이 목간에 남겨져 있다.

같은 払田柵 터에서는 관리하고 있었던 벼의 지출 기록으로 보이는 '下稻日紀'라 기재된 목간도 발견되어 있다. 嘉祥2년은 서력 849년에 해당된다.

자료 20　秋田縣 大仙市 払田柵 터 4·5호 목간 237×22×5

・「嘉祥二年正月十日下稻日紀□年料　　　　　　」
・「□三千八百卅四□　　　　『勘了正月十□』」

동북 지방의 城柵에는 城柵이 위치하는 무쓰국(陸奧國)·데와국(出羽國) 국내만으로는 물자가 부족하여 멀리에서 군량 지원이 이루어진 것이 사서 등을 통해서도 알 수 있는데 그것을 증명하는 하찰목간도 발견되어 있다.

자료 21　宮城縣 多賀城市 多賀城 터 5호 목간 205×29×8

・「∨武蔵國幡羅郡米五斗
　　　部領使□□刑部古□□ 」
・「∨大同四年十□月 [　　　　] 」

8　秋田縣教育庁払田柵跡調査事務所, 『払田柵跡Ⅰ』秋田縣文化財調査報告書122, 1985.

이 목간은 陸奧國府가 설치된 다가성(多賀城)에 坂東의 무사시국(武藏國)에서 쌀이 반입되었음을 말하고 있다. 大同4(809)년은 아직 에미시와 대치하는 상황이 끝나지 않았던 시기이며 陸奧國이나 出羽國으로 坂東 지방, 북륙(北陸) 지방으로부터 많은 물자가 보내졌던 것을 이러한 목간을 통하여 확인할 수 있다.

V 영농·보관 거점의 유통과 관리

지역의 농업 거점 시설 등에 관해서는 官衙가 아니라서 율령법에는 명기되지 않은 존재이기 때문에 법제 사료나 역사서로는 알 수 없는 것이 많다. 그렇기 때문에 목간 등 1차 자료에서 얻을 수 있는 정보는 귀중하며 현장의 상황을 밝혀낼 수 있다. 여기에서는 지방의 영농이나 보관 거점의 양상을 알 수 있는 목간을 취급한다.

이즈카(飯塚) 유적은 우사하치만구(宇佐八幡宮)·미로쿠지(弥勒寺)의 식읍 납품물을 중계·보관하는 거점 시설이라 생각되고 있다. 자료 22의 목간은 크며 두께도 10mm이고 상부에는 좌우 측면에 홈이 있으며 창고에 부착시켰을 것으로 생각된다. 머리 부분에 '承和二'의 기술이 보이고 이것은 서력 835년에 해당된다. 내용은 10월 9일부터 11월 초순까지 매일 기록을 남겼으며 날마다 행을 바꿔서 날짜와 '加納春息米'의 양을 기록해 감수(勘收) 책임자로서 '池作'의 이름이 며칠단위로 기록되어 있다. 가을의 수확 이후에 매일 春米를 납품시켜 그 양을 매일 기록했다. 이 대형 기록 목간을 春米 납품처의 창고에 부착시켰거나, 관리부서에서 勘收 담당자가 관리하였을 것이다.

・「∨以承和二□□□春息米□〔九ヵ〕斗□升以十月十日加納春息米十三石□〔七ヵ〕斗一升

以十月十四日米四石五斗□〔池作ヵ〕□

以十月□

以十月十□日□

以十月十一日□二石五斗

以十月十二日加納春息米一石七斗三升 依真丸申□勘収池作＝以十二月廿七日加納二石二斗

以十月廿三日加納□〔加納ヵ〕□一斗□升□〔米ヵ〕

以十月廿四日□〔加納ヵ〕米二石七斗□升

以十一月□日米七石□斗九升勘池作＝

以十一月□□日□三石□斗

十一月□□

・「∨以十月九日□□□

以十月十八日加納春息米四石五斗七升五合

以十月十九日加納春息米三石七斗八升〔依真丸勘ヵ〕□池作

以十月廿日加納春息米五石五升〔息ヵ〕

以十月廿一日加納□〔勘ヵ〕□池作

依真麿申□池作

□五斗五升

자료 22 大分縣 國東市 飯塚遺跡 출토 목간 844×67×10

자료 23 藤原宮 목간 1806호 982×57×5
문자수가 많기 때문에 이 글에서는 석문 제시를 생략하고 내용 설명만 한다.

자료 23은 길이 982mm에 이르는 장대한 목간이고 후지와라큐(藤原宮) 폐절 후 그 토지에 영위된 장원(庄園) 경영에 관한 내용을 닫는다. 머리 부분에 弘仁元(810)년 10월 20일에 수납한 벼의 합계량 1500여 束을 기록하고 그 밑을 6단, 뒷면도 7단으로 나눠 여러 가지 지출을 앞면에서 뒷면에 걸쳐서 기록하고 있다. 뒷면은 811년 2월까지의 내용을 포함하고 말단부에는 잔액으로서 '殘八百卅束八把'라고 기록하였다. 헤이안(平安)시대 초기에 경영되었던 이 장원의 810년 수확분의 벼 지출 기록이다. 장원의 현지 관리자가 이러한 대형 목간을 이용해서 수지를 기록하고, 그 정보를 바탕으로 종이 문서에 정리된 보고서가 장원 소유자에게 제출되었을 것이다.

다음 목간도 官衙가 아닌 다른 농업 거점에서 기재된 목간으로 보인다. 이 목간은 하단이 부러져 있지만 남아 있는 부분만으로도 길이가 532mm나 되는 대형 목간이다. 머리 부분의 총계 부분에 116 束半이라고 쓰여져 있는데 각 인물에 대해 기록된 束을 합계하면 116 束이 되므로 파손된 부분은 그렇게 길지 않았을 것이다.

자료 24 埼玉縣 川口市 三ツ和(미쓰와)遺跡 출토 목간 (532)×82×9

「小渕村下古稻百十六束半 (合点)仁壽元年十一月廿七日　□□□造料
　　秋人十束　　得人半又四束　　主人丸十二束　　□□十九束
　　乙丸六束半　枚刀自女七束半　鬼丸七束半　　　福麿九束
　　飯繼七束　　子山繼五束　　　家成一束半　　　身麿廿七束

이 목간이 출토된 미쓰와유적(三ツ和遺蹟)이 있는 지역은 무사시국(武

蔵國) 아다치군(足立郡) 호리쓰향(堀津鄕)으로 추정되고 있으며 군가에서 많이 떨어져 있다고 보여진다. 머리 부분에 기재된 오부치촌(小渕村)이 향과 다른 계열의 단위인지 향 내부의 작은 단위인지는 알 수 없지만, 어쨌든 사람들이 생활하는 집단의 단위일 것이다. 동시에 출토된 목간 중에는 개인에 대한 스이코(出擧)의 양을 정리한 장부도 있으며 영농거점에서의 정보관리가 대형 목간으로 이루어진 것을 알 수 있다.

이상과 같은 영농·보관의 거점에서는 대략 대형의 기록이 작성되는 경향이 있다고 말할 수 있을 것이다.

영농 거점에서는 매년 파종용 볍씨기 관리되었다고 생각되지만 율령제도 아래 벼농사에 관해서도 현재처럼 품종마다 종자를 나누어서 관리하고 있었다고 밝혀진 바 있다.[9] 각지 유적에서 볍씨의 부찰목간이 출토되어 있으며 품종의 명칭은 18세기 농업서 안에 기재된 것도 있다. 몇 가지 종자 목간의 예를 든다.

자료 25 福島縣 이와키시(いわき市) 荒田目條里制跡 18호 목간 (197)×24×4

「∨女和早四斗」

자료 26 福島縣 이와키시(いわき市) 荒田目條里制跡 21호 목간 (109)×22×3

·「∨地蔵子一石　　　　」
·「∨五月卄三日門戶介」

---

9 平川南, 앞의 책, 2003.

자료 27   福島縣 會津若松市 矢玉遺跡 3호 목간 (161)×31×6

「∨足張種一石

자료 28   福島縣 會津若松市 矢玉遺跡 13호 목간 160×25×8

「∨白和世種一石

이처럼 종자 목간을 붙임으로써 볍씨 보관 시에 다른 품종이 섞이지 않도록 구별해서 관리하였다. 이러한 품종별 생육관리에 관해서는 9세기 초부터 다음 목간에 보이는 기재도 참고가 된다.

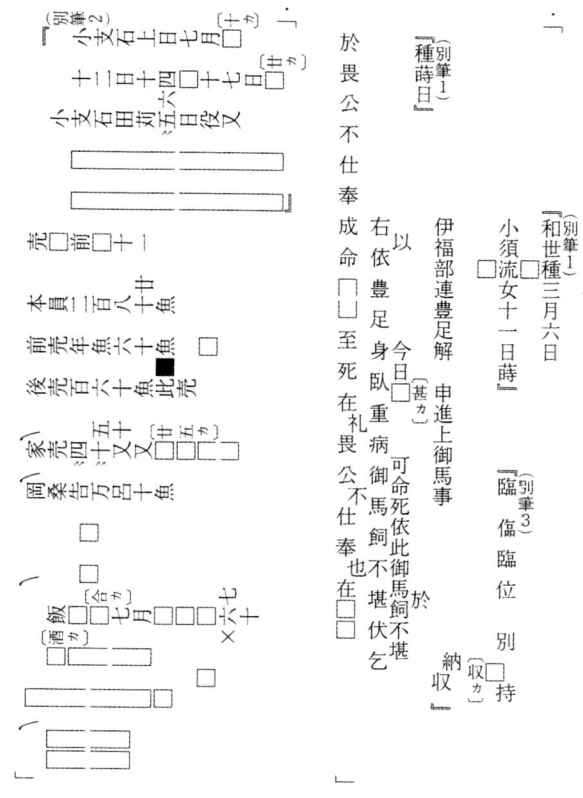

자료 29   奈良縣 香芝市 下田東遺跡 출토 목간 368×111×10

이 목간의 한 면은 가로 방향으로 사용한 옆으로 긴 기록이며 앞부분은 노역기록, 후반은 은어 등 생선의 매각기록이다. 그리고 다른 한쪽 면 상부에 '種蒔日', 오른 쪽 끝에 '和世種三月六日' '小須流女十一日蒔'라는 기록이 보이며(이쪽 면에는 위 내용 외 '伊福部連豊足解'라는 습서가 있다) 3월 6일에 '和世'(조생종)를, 3월 11일에 '小須流女'의 품종을 뿌린 것을 기록하고 있다. 벼는 품종마다 성장의 기간도 미묘하게 다르며 기후에 대한 내성도 다르다. 품종마다 파종 날짜를 달리한 것을 알 수 있으며 파종부터의 일수를 계산하기 위해서도 파종의 날짜를 기록하는 것은 중요했다.

Ⅵ 특산물의 유통과 목간

마지막으로 특정지역에서 산출되는 물품의 유통에 관한 목간의 사례를 2가지 소개하겠다.

야마구치현(山口縣) 미네시(美祢市)의 나가노보리동산(長登銅山)터는 도다이지(東大寺)의 대불 주조의 원료가 되는 동을 산출한 동산으로 유명하다. 많은 목간이 출토되었으며 동의 생산과 유통의 과정에서 목간이 어떻게 사용되었는지 알 수 있는 희귀한 사례이다. 이 글에서는 생산관리의 내용은 생략하고 유통에 관한 것으로 부찰목간, 하찰목간을 취급하겠다.

생산현장의 長登銅山 터와 소비지인 東大寺 대불 주조지 양쪽에서 같은 내용을 기재한 부찰목간이 발견되어 있다.

자료 30   山口縣 美祢市 長登銅山 터 154호 목간 164×27×6

「∨　　　　廿二斤枚二　　　下□
　　下神マ小嶋
　　　　　　七月十日　　」

자료 31   奈良縣 奈良市 東大寺 大仏殿廻廊西地区 1746호 목간 138×33×5
・「∨生壬マ万呂十九斤『一』」
・「∨十一月廿六日『前大目』」

둘 다 홈이 있고 공인의 이름, 제동의 중량(斤數), 형태의 수량('枚二' '一'), 날짜 등 공통되는 항목이 기재되어 있는 것으로부터 생산지로부터 소비지까지 이것들의 부찰목간이 부착되어 운반된 것으로 이해된다.

상기의 사례와는 달리, 수신처가 기재되어 있으니 하찰목간으로 생각되는 것으로서 다음과 같은 사례가 있다.

자료 32   山口縣 美祢市 長登銅山 터 422호 목간 150×25×5
・「∨豊前門司廿九斤枚一
　　　　　　　□□　　　」
・「∨宇佐恵勝里万呂九月功
　　　　　　上東　　　」

자료 33   山口縣 美祢市 長登銅山 터 469호 목간 164×29×3
「∨太政大殿□□首大□上□
　　　五十三斤枚三　」

하찰목간의 수신인은 '豊前門司' 같은 관할 官司로 보이는 상대뿐만 아니라 헤이조쿄(平城京)에 있었던 '太政大殿'(후지와라 후히토가(藤原不比等家)로 보인다)이나 '家原殿'(해당자는 미상) 등을 기재한 것이 있으며 長登銅山에서 보내지는 다양한 납품처를 알 수 있다.

이러한 수신인까지의 유통이나 생산에서 유통까지의 공정을, 목간을 이용하여 관리하고 있었다는 것을 알 수 있다. 그러나 유통과정에서 목간을 사용하는 시스템에 대해서는 아직 여러가지 주장들이 있다.[10] 부찰·하찰목간 이외에도 여러 종류의 목간을 이용하여 기록을 남기고 물품 유통이나 노동 관리를 하고 있었으며 지방 생산현장부터 유통이나 생산현장에서의 관리를 엿볼 수 있는 흥미로운 사례이다.

두 번째로 西海道에 속하는 여러 국의 특산품인 지치(紫草)의 유통에 관한 목간을 소개한다. 지치의 뿌리는 염색약으로 사용된다. 『延喜式』民部下63 交易雜物條에는 교역잡물로서 大宰府에서 매년 5,600斤씩이나 지치의 헌납이 정해져 있었으며 西海道에 속하는 국의 특산품이기도 했다. 大宰府 터에서는 지치의 뿌리에 붙인 하찰목간이 발견되었다. 다음 **자료 34·35**는 둘 다 함께 출토된 유물로 미루어보아 8세기 전반의 것으로 보인다.

자료 34　**福岡縣 太宰府市 大宰府 192호 목간** 138×27×4

「∨糟屋郡紫草卄根」

자료 35　**福岡縣 太宰府市 大宰府 213호 목간** 392×31×16

「∨合志郡紫草大根四百五十編」

10　畑中彩子,「長登銅山遺跡出土の銅付札木簡に関する一試論」,『木簡研究』25, 2003; 橋本義則,「銅の生産·消費の現場と木簡」, 平川南 外 편『文字と古代日本』3, 吉川弘文館, 2005.

자료 34는 지쿠젠국(筑前國) 가스야군(糟屋郡), 35는 히고국(肥後國) 고시군(合志郡)에서 大宰府에 운반된 지치 뿌리의 하찰목간이다. 이것은 둘 다 군에서 쓰여진 하찰목간이며 우선 군에서 소속 국부에 헌납된 것으로 보인다. 여러 국에서 大宰府로 보내지며 그 하찰목간은 大宰府에서 제거되며 폐기되었다.[11] 大宰府에서 도성으로 보내는 짐을 꾸릴 때에는 大宰府에서 일괄로 정리된 하찰목간이 부착된 것으로 보인다.

이 외에도 지치 종자도 大宰府에서 도성으로 보내졌다. 자료 36·37은 헤이죠쿄(平城京) 이조대로(二條大路) 목간의 사례이며 大宰府에서 보내진 후에 도성에서 제거된 하찰목간이다. 형태나 가공, 거기에 필적까지 동일의 하찰목간이 二條大路에서 여러 개 출토되어 있으며 한꺼번에 만들어진 하찰목간이 장착된 짐이 함께 도성까지 운반되며 동시에 하찰목간이 제거되어 폐기된 것으로 보인다. 이 중 2점을 다음에 제시한다.

    자료 36   平城京 左京三條八坪 二條大路濠状遺構(南) 출토 목간 (87)×18×2
        「∨筑紫大宰進上肥後國詫麻郡×

    자료 37   平城京 左京三條八坪 二條大路濠状遺構(南) 출토 돈간 (84)×18×3
        ×麻郡殖種子紫草伍拾斤 □□

이 2점은 다른 하찰목간이지만 2개를 합쳐서 생각하면 '筑紫大宰進上肥後國詫麻郡殖種子紫草伍拾斤'과 같은 서식으로 기재되어 있었다고 추측할 수 있다. 이 하찰목간과 형태나 서식이 같은 목간이 大宰府에서도 1점만 출토되어 있으며 도성에 보내기 위한 하찰목간이 어떠한 이유로 장착되지 못한 채 보내는 측인 大宰府에서 폐기되었기 때문에 출토되었다고 생각된다.

---

11   酒井芳司,「大宰府史跡出土木簡」,『木簡硏究』29, 2007.

자료 38　福岡縣 太宰府市 大宰府 206호 목간 (70+25)×(15)×2

進上豊後國海部郡眞紫……□□□

상부가 결손되어 있지만 **자료 36·37**의 하찰목간과 형상·양식이 같고 아마도 '筑紫大宰進上豊後國海部郡眞紫……'이라는 문장이었다고 생각된다. 이들 하찰목간이 大宰府에서 작성되었다는 사실을 뒷받침한다는 의미도 있을 것이다.

VII 맺음말

위에서 본 것처럼 일본 고대 율령제도하에서는 물자의 集散(집산)·관리의 과정에서 많은 목간이 사용되었다. 창고의 출납 작업을 하는 장소에서는 야외에서 실시되는 기록 작업이기에 종이보다 견고한 특성으로 인하여 목간이 사용되었을 것이다. 스이코(出擧)의 개인마다의 기록은 전표로서 사용하는 경우에는 종이보다 목간이 내구성이 있다.

또한 유통되는 물자 그 자체에 장착시키는 정보 표기라는 점으로는 하찰로 목간이 사용된 것도 종래로부터 지적되어 왔듯이 장거리 운반에서 내구성이란 부분이 중요하였을 것이다. 다만 유통 대상물에 따라 짐을 꾸리는 방법은 바뀌고 하찰목간의 모습도 달라진다.

이들 기록목간이나 하찰목간에 기록된 정보는 사무 절차 중간 단계에서 필요한 것이 많다고 추측된다. 정무의 자리 등 고도한 정보가 집약된 후의 장면에서는 종이의 문서가 많이 사용되는 경우가 많기 때문인지 목간 이용의 모습을 좀처럼 볼 수 없지만, 물품을 주고 받는 현장에서는 실제로 많은 장면에서 목간이 활용되었다. 이 글에서 취급한 것처럼, 유통이나 물자 集散 현장에 밀접한 정보를 얻을 수 있다는 점에서도 지방 목간의 사료쯔 가치는 매우 높다고 할 수 있을 것이다.

(번역: 오수문, 경북대학교 인문학술원 HK교수)

참고문헌

加藤友康, 「國·郡の行政と木簡」, 『木簡研究』15, 1993.

鐘江宏之, 「伊場遺跡出土木簡にみる七世紀の文書木簡利用」, 『学習院大学文学部研究年報』54, 2007.

酒井芳司, 「大宰府史跡出土木簡」, 『木簡研究』29, 2007.

武井紀子, 「日本古代倉庫制度の構造とその特質」, 『史学雑誌』118-10, 2009.

_____, 「伊場木簡からみた地方財政」, 『木簡研究』40, 2018.

橋本義則, 「銅の生産·消費の現場と木簡」, 平川南 外 편 『文字と古代日本』3, 吉川弘文館, 2005.

畑中彩子, 「長登銅山遺跡出土の銅付札木簡に関する一試論」, 『木簡研究』25, 2003.

平石 充, 「青木遺跡木簡の再檢討」, 『木簡研究』37, 2015.

平川 南, 『古代地方木簡の研究』, 吉川弘文館, 2003.

三上喜孝, 『日本古代の文字と地方社會』, 吉川弘文館, 2013.

吉川眞司, 「九世紀の國郡支配と但馬國木簡」, 『木簡研究』24, 2002.

#10

일본 고대 荷札木簡을 통해 본 稅物의 出納과 保管

다테노 가즈미(舘野 和己)

(日本 奈良女子大學 名譽敎授)

I 머리말

목간은 정치 경제 시스템에 의해 작성되었다. 그렇기 때문에 거꾸로 목간을 통해서 시스템을 복원할 실마리가 될 수 있다. 이 글은 3세기 도성유적인 헤이조큐(平城宮) 터에서 출토된 전국에서 공진된 調庸을 비롯한 세물에 부착된 荷札木簡을 통해 궁 안에서 세물을 어떻게 출납, 수납, 보관하였는지를 복원하려고 하는 것이다.[1]

---

1   필자는 일찍이 이 문제에 관해 舘野和己, 「荷札木簡の一考察」, 『奈良古代史論集』1,

하찰목간은

· 周防國大嶋郡美敢鄕凡海阿耶男御調鹽二斗
·   天平十七年   255·25·5 033 平城宮1-327**2**

와 같이 國-郡-鄕(周防國 大嶋郡 美敢鄕), 공진자(凡海阿耶男), 세목명(御調), 품목명(鹽), 분량(二斗) 그리고 날짜(天平十七年)를 쓴다. 다만 이들 항목이 반드시 다 적혀 있지는 않았고 일부 생략된 것도 많다.

먼저 당시 지방 행정 조직에 관해서 설명하면 大寶元(701)년에 제정된 大寶令으로 지방에는 國-郡-里라는 행정 조직이 만들어졌고 각각 國司, 郡司, 里長이 관할했다. 그런데 養老元(717)년에 里가 두세 개로 세분화되어 그때까지의 里가 鄕이 되고 그 밑에 규모가 작은 里가 설치되어 國-郡-鄕-里가 되었다. 다시 天平12(740)년쯤에 里가 폐지되어 國-郡-鄕이 되었다. 따라서 군 밑의 행정 조직은 里制→鄕里制→鄕制로 변화되었다고 할 수 있다. 이러한 행정 조직의 변천이 목간 지명 표기에도 반영된다.

1985에서 검토한 바 있다. 거기서는 이 글과 다른 목간 사례를 소개했다.

2 목간 판독문 다음에 나오는 3가지 숫자는 제원(길이, 폭, 두께. 단위는 mm). 그 다음은 형식번호이다. 마지막은 출전으로 '平城宮'은 奈良文化財硏究所『平城宮木簡』으로 호수와 목간번호를 제시한다. 뒤에 나오는 '城'은 奈良文化財硏究所『平城宮発掘調査出土木簡概報』이며 그 호수와 쪽수를 제시한다. 목간 검색에는 奈良文化財硏究所HP에서 공개하고 있는 목간데이터베이스 '목간고'를 이용했다. 그리고 판독문은 기본적으로 상기 보고서를 따랐지만 뒤에 '城'이나 일본 목간학회『木簡硏究』로 일부 수정된 것도 있으니 그 경우에는 그것을 따랐다. 목간 출토 상황은 기본적으로 '城'『平城宮』『木簡硏究』를 이용했고 그 이외의 문헌을 참조했을 때에는 주기한다.

Ⅱ 平城宮 터 출토 하찰목간의 사례

도성 유적의 溝나 토갱에서는 수많은 하찰목간이 출토되었다. 이들 중에는 같은 국이나 같은 국-군이 보내온 같은 세목, 품목의 하찰이 가까운 곳에서 복수 출토되는 사례가 있다. 이 글이 목적으로 하는 점을 밝히기 위한 실마리가 된다. 그래서 헤이조큐 터 사례를 몇 가지 소개한다.

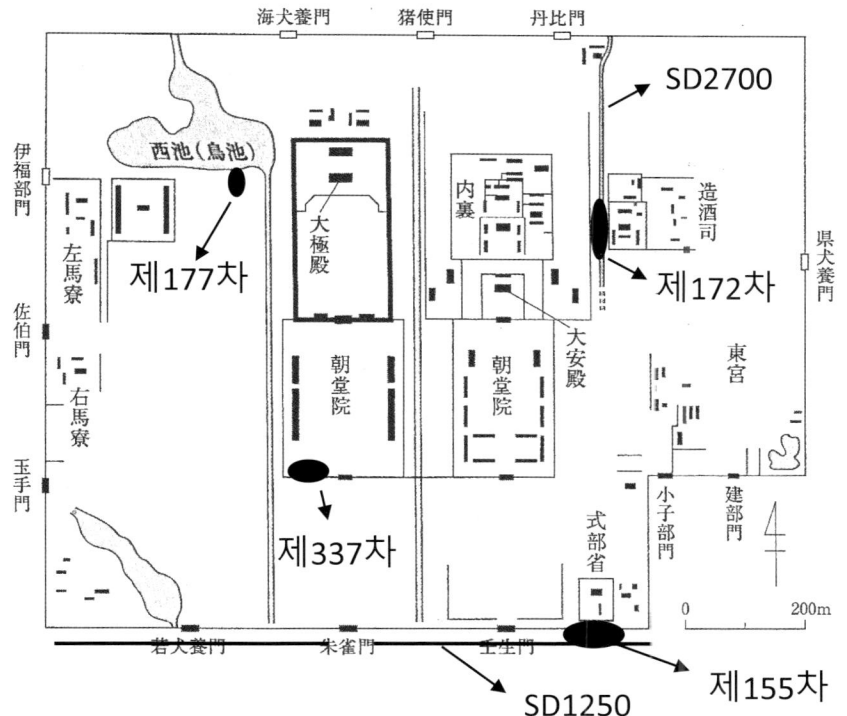

그림 1 목간출토위치도
(『岩波日本史辞典』(岩波書店, 1999년)의「平城宮図」(나라(奈良)시다 전반, 저자 작성)을 이용했다)

1. 제172차조사 출토 목간

제172차조사에서는 內裏 동쪽 외곽의 동쪽을 남북으로 흐르는 궁 안의 기간배수로 SD2700(東大溝라고 부른다)를 약 120m에 걸쳐 확인했다. 애초 구는 폭 5~6m, 깊이 1.6~1.8m로 별도의 시설없이 파낸 것이었다가 뒤에 天平 연간(729~749년) 전후에 동쪽에 돌담을 만들고 폭 4~5m, 깊이 1.2~1.4m가 되었다. 다시 天平寶字 연간(757~764년) 전후에 서쪽에 기와로 호안을 만드는 등 축소되었고, 거의 완전히 매몰된 단계인 나라(奈良)시대 말에 폭 약 0.6~0.8m, 깊이 0.3~0.4m 정도 파서 좁은 구로 개수하였다.[3] 전체로 목간이 4396점이나 출토되었다.

그 가운데 調鹽木簡이 총 13점 출토되었고 그 중 7점은 와카사국(若狹國)의 것이었다. 5점을 소개한다.

    a 遠敷郡   野鄕矢田部諸人
                   御調鹽三斗
                              120·26·7 011 JN27 城19-22[4]

---

[3] 奈良國立文化財研究所, 『昭和61年度平城宮跡発掘調査部発掘調査槪報』, 1987.

[4] 출전 앞에 나오는 'JN27'처럼 알파벳과 숫자로 표시된 기호는 목간이 출토된 소지구명이며 3m 사방의 방안이다. 헤이조큐 안의 조사지구 분할을 간략하게 설명하면 먼저 헤이조큐 터를 남북으로 긴 9가지 지구로 나누고 그 안을 다시 남북으로 나눠서 大地區로 한다. 다음에 그 안을 남북 60m 폭으로 나눠서 中地區로 하고 알파벳 한 글자를 할당한다. 그리고 중지구 안을 3m 사방의 小地區로 나누고 중지구 동남 구석의 소지구를 A 10으로 하고 북쪽으로 B 10, C 10…로 하고 서쪽으로는 A 11, A 12…로 한다. 여기서 소개한 JN27이라는 지구명의 전체를 제시하면 6AAC JN27가 되는데 여기서 6AAC는 대지구명이며(6은 나라(奈良)시대 유적임을 뜻함) 다음 J가 중지구명, N27가 소지구명이다. 따라서 JN27과 뒤에서 나오는 c 의 JK27은 전자에서 남쪽으로 6 m 간격을 둔 곳에 후자가 있다. 이하 대지구명은 생략하고 중지구와 소지구명만을 제시한다. 지구 분할에 관해서는 奈良國立文化財硏究所,

1) a   1) b

b ・若狹國三方郡葦田駅子
    三家人國□御調鹽三斗
・【「黑米一斗一升」】(앞면과는 異筆이며 위아래 거꾸로 썼다)
                                 152・33・5 011 JN27 城19-22

c ・遠敷郡嶋鄕 秦人子人
            御調鹽三斗

    〔寶?〕
・   □字[ ]   138・26・7 051 JK27 城44-20

d ・遠敷郡遠敷鄕 車持小角
               御調鹽二斗

・   九月   132・30・6 011 JA27 城19-22

e 若狹國遠敷郡[(72)・(30)・5 081 JA27 城19-22

『1989年度平城宮跡発掘調査部発掘調査概報』, 1990 참조.

JN27구에서는 若狹國 오뉴군(遠敷郡)(a)과 미카타군(三方郡)의 調鹽 하찰목간(b)이 1점씩, 거기서 남쪽으로 6m 간격을 둔 JK27구에서도 遠敷郡 調鹽木簡(c)이 1점 출토되었다. 그리고 a와 b는 같은 토층에서 출토되었다.[5] c는 天平寶字 연간의 鄕制下(740년 이후)의 것이며 JN27구의 a도 향제하에 속하는 것이니(b는 불명) 같은 시기일 가능성이 있다. c는 a·b와 출토 층위가 다르지만 바로 위에 접하는 토층에서 출토되었으니 a·b와 동시에 폐기되었을 가능성이 있다. 그리고 장소는 좀 떨어지지만 JA27구에서 遠敷郡의 調鹽荷札 1점(d)이 a·b와 같은 출토 층위에서 출토되었고, 파손되어 있어서 세목·품목 등을 알 수 없으나 역시 遠敷郡의 1점(e)이 c와 같은 토층에서 출토되었다.

또한 SD2700에서 미카와국(參河國) 하즈군(芳圖郡)의 贄木簡이 출토되었다. 파손되었지만 추정할 수 있는 것을 포함해서 EC27구에서 1점(f), ED27구에서 4점(g~j), ED28구에서 1점(k), EE27구에서 1점(l) 총 7점이다. 출토 층위는 모두 SD2700 최하층인 퇴적층이다.

```
                            九月料御贄
f  參河國芳圖[                        (57)·20·3·081 EC27 城19-21
g  參河國芳圖郡比莫嶋海部供奉          213·24·3 031 ED27 城19-20
h  參河國芳圖郡海部供奉九月料□□     (219)·23·4 039 ED27 城19-20
i  參河國芳圖郡海部供奉[  ]六斤      (212)·21·3 039 ED27 城19-20
j  參河國芳圖郡□□                   (120)·25·3 039 ED27 城19-21
k  參川國芳圖郡比莫[                   (83)·20·4 039 ED28 城19-20
l  參河國芳圖郡比莫嶋海部供奉九月料御贄佐米六斤 202·23·3 031 EE27 城19-20
```

---

5 제172차조사 목간 출토 층위 조사에 대해서는 奈良文化財硏究所 都城發掘調査部 史料硏究室의 도움을 받았다.

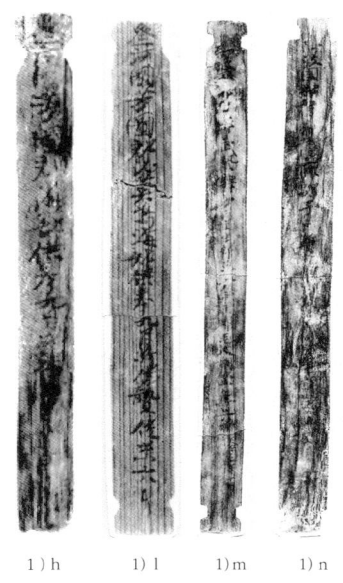

1)h   1)l   1)m   1)n

l에 보이는 御贄의 품목인 '佐米'는 상어를 뜻한다. 芳圖郡이란 播豆郡의 옛표기이며 芳豆(播豆)郡의 하찰에는 國·郡·島名과 '海部供奉○月料御贄'라고 쓰인 것이 많으니 위에 제시한 하찰은 다 같은 贄 목간으로 보인다. 따라서 '芳圖郡'이라는 표기를 통해서도 7점의 하찰은 시기적으로도 내용적으로도 일괄성이 높다. 같은 토층에서 출토된 것도 잘 부합한다. 또한 목간의 목재를 연윤연대학의 방법을 응용해서 상세히 검토한 결과 목간 j과 l이 같은 목재로 만든 것이 밝혀진 것도 주목된다.[6] 이 사실은 위 추측을 더욱 강화하는 것이다.

SD2700 JL27구에서는 다음 목간이 출토되었다.

m 阿波國那賀郡武芸駅子戸主生部東方戸同部毛人調堅魚六斤 天平七年十月

287·22·6 031 JL27 城19-25

---

[6] 山本崇, 「參河三嶋贄荷札の年代」, 『奈文研論叢』1, 奈良文化財研究所, 2020.

天平7(735)년 아와국(阿波國) 나카군(那賀郡)의 調 堅魚(가다랑어) 목간이다. 이와 관련되는 것이 JK27·JL27구 SD2700 서벽에서 확인된 구상퇴적 SX12913이며 SD2700에 서쪽에서 흘러드는 구의 유출구일 가능성이 있지만 서쪽 부분은 확인되지 않았다. 거기서 총 10점의 하찰이 출토되었는데 그 중 JL27구에서는 다음 3점의 하찰이 있었다.

    n 阿波國那賀郡薩麻駅子戸鵜甘部□麻呂戸同部牛調堅魚六斤　□平七[

                                          261·24·5 031 JL27 城19-32

    o 阿波國那賀郡□□鄕□□里戸主鵜甘部□□伎□[

                                          (172)·21·6 039 JL27 城19-32

                                 天平七年十月
    p]子阿曇部久尓戸同部遠調堅魚六斤

                                          (185)·21·4 039 JL27 城19-32

n은 m와 같은 天平7년 阿波國 那賀郡의 調 가다랑어 목간이며 o는 하부 결손으로 세목, 품목을 알 수 없으나 역시 那賀郡의 목간이다. 향리제하(717~739년)의 것이니 m·n 과 같은 天平7년 調 가다랑어 목간일 가능성이 있다. p 는 국·군명은 알 수 없으나 같은 天平7년 10월의 調 가다랑어 목간이다. 이들을 통해 SX12913의 JL27구에서는 확실한 것은 2점, 아마 3점의 阿波國 那賀郡 하찰이 한꺼번에 출토된 것이다. 그리고 이들은 같은 층위에서 출토된 것이다. SX12913은 SD2700로 유입되는 것으로 보이니 SD2700 안이기는 하지만 이들과 가까운 곳에서 출토된 m은 전자에서 후자로 흘러내린 것일 것이다. 따라서 m을 포함해서 4점의 하찰목간은 일관자료로 볼 수 있다.

2. 제177차조사 출토 목간

제1차 大極殿院 서쪽 제177차조사에서는 동서 구를 나무 부스러기와 숯으로 두껍게 덮어 그 위에 정지토를 놓았다. 그 정지토 하층에 있는 나무 부스러기층·숯층(약 80㎡)에서 268점의 목간이 출토되었다. 和銅 4 (711)년부터 養老 6 (722)년까지의 기년목간이 포함되어 있어서 이 정지토가 조성된 것은 養老 6 년에서 그리 내려가지 않는 시기로 볼 수 있다. 그중에 다음과 같은 하찰목간이 있었다.

2) d

〔但　國出石?〕
a ・□馬□□□[　　]
　　〔部?〕
　　・□□□□□身米五斗　　　　　(185)·19·5 032 DM27 平城宮7-12650
　　〔馬?〕
b ・□□國二方郡□斗鄕□□里
　　・刑部多祁米五斗　　　　　　　173·20·4 032 DN27 平城宮7-12651
c ・但馬國二方郡波太鄕
　　〔服部?〕
　　・□□[　]□□五斗　　　　　　166·22·4 032 DN28 平城宮7-12652
　　　〔蘇?〕
d 讃岐國山田郡□川鄕白米　　　　 150·25·4 031 DM28 平城宮7-12664
　　　〔福?〕
e 香川郡仲津間鄕秦□万呂白米五斗　170·(15)·4 031 DM28 平城宮7-12665
f 讃岐國香川郡細鄕生王得万白米五斗 185·23·5 031 DM27 平城宮7-12666

2) f

목간에는 調 荒堅魚나 소금, 贄, 白米·庸米 등 여러 하찰이 있었다. 백미 하찰로 보이는 것이 DM27구·DM28구·DN27구·DN28구라는 가까운 곳에서 12점 출토되었다. 그 중에는 다지마국(但馬國)(a~c)과 사누키국(讃岐國)

의 것(d~f)이 3점씩 있다. 但馬 하찰은 품목을 '米'로 하지만 분량이 '五斗'이니 讚岐와 같은 백미이다. 기타 결손으로 백미인지 확인할 수 없지만 역시 但馬國 하찰이 1점 DM27구에서 출토되었다(平城宮7-12653). 또한 오미(近江)·와카사(若狹)·단고국(丹後國)의 백미하찰이 각 1점, 국군을 알 수 없는 것(이들 중에는 '五斗'로 백미로 추정한 것이 2점)이 3점 있다.

이 나무 부스러기층·숯층에서 출토된 기년목간이 和銅 4 (711)년부터 養老 6 (722)년까지라는 것은 상술했다. b는 향리제하(717~739년)이니 이에 맞는다. 그런데 讚岐의 3점은 향제하(740년 이후)이니 시기적으로 맞지 않는다. 유구의 연대는 기년목간만이 아니라 토기, 기와의 시기를 통해서도 판단된 것이니 그 추정이 타당하다면 이 토층에서 출토된 讚岐의 백미목간은 향리제의 것이지만 이명을 생략한 것이라고 할 수밖에 없다.[7] 그렇다면 같은 층위에서 출토된 但馬·讚岐의 백미(미)목간은 연대적으로도 비슷한 시기라고 할 수 있다.

3. 제337차조사 출토 목간

제1차 大極殿院 남면의 토담 회랑·西樓를 조사한 제337차조사에서는 대극전원을 조영한 당초 정지토 중에서 14점의 목간이 출토되었다. 그 중에는 가까운 곳에서 출토된 이세국(伊勢國) 아노군(安農郡)의 하찰이 2점 있었다.

---

7 같은 나무 부스러기층·숯층에서 출토된 '伯耆國相見郡巨勢鄕雜腊一斗五升 養老□年十月'(平城宮7-12654)이라는 목간도 향리제하의 養老연간(717~724년)의 것이면서 지명은 향까지만 썼다. 본문에서 검토한 讚岐國의 하찰도 같은 경우일 것이다.

```
a ·伊勢國安農郡県
  ·里人飛鳥戶椅万呂五斗         132·18·4 032 EB55 平城宮7-11287
        〔刀?〕
b ·伊勢國安農郡阿□里阿斗部身
  ·和銅三年正月                200·24·4 051 EC55 平城宮7-11286
```

　a의 EB55구 출토 목간에는 품목명 기재는 없지만 '五斗'라는 표기로 2)의 讚岐國 하찰을 통해서도 알 수 있듯이 백미일 것이다. b는 인접하는 EC55구에서 출토된 하찰이며 和銅3(710)년의 연기가 있다. 이에는 물품명이 없지만 쌀로 추측할 수 있다. a에는 연기가 없지만 b와 같은 이체하(701~716년)의 것이며 和銅3년의 가능성이 있다.

4. 제155차조사 출토 목간

　平城宮 동남구석 제155차조사에서는 궁 남쪽을 동서로 가는 二條大路의 북쪽 구 SD1250을 88m 확인했다. 폭 약 4m, 깊이 약 0.9m로 구 퇴적토는 2층으로 나뉘어 목간은 하층에서 총 81점 출토되었다. 그리고 DE84구·DE85구라는 인접하는 소지구에서 미마사카국(美作國) 가쓰타군(勝田郡)의 庸米木簡이 3점과 국명불명의 용미목간 1점이 출토되었다.

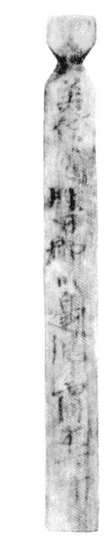

4) a

```
a 美作國勝田郡川辺鄉庸米六斗         156·15·4 032 DE84 平城宮6-10241
      〔郡飯?〕
b ·美作國勝田□□岡□
  ·   米六斗                       174·26·3 033 DE84 平城宮6-10242
c 美作國勝田郡
  ·新野鄉庸米六斗                   141·25·6 011 DE85 平城宮6-10240
```

4) c

b는 '米六斗'라고만 있고 세목 기재가 없지만 6두는 용미 한 섬 분량이다.[8] 또한 b이외는 향제하(740년 이후)의 것이며 b도 표면이 부식되어 잘 안 보이지만 글자 배치 상황으로 봐서 이명(里名)까지 있었을 가능성은 적고 역시 향제하의 것으로 추정된다. 물론 2)에서 본 讚岐 하찰처럼 향제하의 것처럼 보이는데 실제로는 향리제하이면서 이명을 생략한 것도 없지는 않으나 같은 층위에서 출토되었다는 것을 전제로 하면 3점은 같은 해에 공진된 가능성이 클 것이다.

또 이 이외에도 c와 같은 DE85구에서

    d ・□鄕戈多里
      ・米六斗   (65)・25・6 019 平城宮6-10244

그리고 그 서쪽의 DE86구에서도

      〔郡三?〕
    e ・□□江里
      ・人庸六斗   (74)・14・5 039 平城宮6-10243

라는 용미목간이 출토되었다. 전자의 국군은 알 수 없고 후자는 다지마국(但馬國) 기노사키군(城崎郡)의 가능성이 있다. 다만 전자는 향리제하(717~739년), 후자는 이제하(701~716년)의 하찰이니 지금 검토하고 있는 美作國 용미하찰과는 시기가 달라서 같이 할 수는 없다.

그리고 SD1250은 헤이조큐 바깥에 위치하는데 궁 남변을 따라 흐르는 구이며 용미는 衛士나 仕丁 등의 식량, 役民을 고용하는 비용이나 식료 등으

---

8 狩野久,「庸米付札について」,『日本古代の國家と都城』, 東京大學出版會, 1990. 庸米
    에는 한 섬이 5斗 8 升인 경우도 있다.

로 지급되는 쌀이기 때문에⁹ 헤이조큐에서 근무하는 그들과 관련된 용의 목간일 것이다. 따라서 다른 헤이조큐 터 출토 하찰 목간과 같이 검토해도 될 것이다.

이상 4 군데 조사에서 출토된 목간의 사례를 소개했다. 헤이조큐 터에서 출토된 목간은 폐기되고 현재까지 1200년 이상 지났음에도 불구하고 썩지 않고 남았다는 우연성에 좌우되기 때문에 그것이 매달렸던 세물의 전체상을 보여주는 것이 아니며 하찰목간도 다양한 국의 것이 분산되어 출토되는 것이 일반적이다. 그 중에 이와 같이 같은 국, 혹은 같은 국·군의 같은 세목, 같음 품목으로, 같은 해라고는 할 수 없어도 지방행정조직을 쓰는 방법으로 같은 시기라는 것을 알 수 있는 하찰이 가까운 곳, 그것도 같은 층위에서 복수 출토된 사례를 지적할 수 있다. 그래서, 이러한 사례를 통해서 물자의 출납이나 보관 양상을 밝히는 것이 이 글의 과제가 된다.

III 세물 공진과 출납·수납

앞 장에서 본 하찰목간의 출토 경향에 대해서 검토하기 전에 세물 공진·납입에 관해서 확인해 둬야 할 것이다. 여러 공진물은 각 세곡에 따라 공진 절차나 보관처가 정해져 있었다. 그래서 주로 調庸에 관해서 그것을 확인한다. 나라(奈良)시대 사료만으로는 충분히 밝힐 수 없기 때문에 헤이안(平安)시대

---

9   賦役令 計帳條 '凡每年八月三十日以前 計帳至付民部. 主計計庸多少 充衛士·仕丁·釆女·女丁等食. 以外皆支配役民雇直及食. 九月上旬以前申官.' 이 계장은 국·군·향마다 세를 부담하는 課戶·課口 숫자를 기록한 과세를 위한 통계문서이다.

사료도 필요에 따라 검토하기로 한다.

　　전국의 調庸은 아래 賦役令 調庸物條 규정에 따라 8월 중순부터 공진이 시작되어 도성에서의 거리에 따라 近國은 10월 30일, 中國은 11월 30일, 遠國은 12월 30일까지 납입을 해야 했다. 그 때 세를 부담하는 사람의 일부가 運脚(옮긴이: 공진물을 도성까지 운반하는 인부)이 되어 그들을 국사(國司)가 이끌고 도성으로 향했다.

賦役令 調庸物條
'凡調庸物 每年八月中旬起輸. 近國十月卅日 中國十一月卅日 遠國十二月卅日以前納訖. (중략) 其運脚均出庸調之家. 皆國司領送. (후략)'

　　『令義解』 같은 조에 따르면 국사만이 아니라 군사(郡司)도 인솔하였다고 하니 운각들의 대열도 자연히 군마다 모이게 되었을 것이다.
　　한편 養老 職員令을 따르면 세물 출납과 보관을 담당한 관사로 民部省 主計寮(職掌은 計納調及雜物), 民部省 主稅寮(倉廩, 出納, 諸國田租, 舂米 등), 大蔵省(出納, 諸國調, 錢 등), 宮內省(出納, 諸國調雜物, 舂米 등), 宮內省 大膳職(諸國調雜物 등), 宮內省 大炊寮(諸國舂米 등) 등을 들 수 있다. 세목·품목에 따라 다른 관사가 관여했다. 다만 다른 사료도 참조하면 主計寮나 主稅寮, 宮內省은 물자 보관 자체를 담당한 것이 아니라 출납을 담당한 것이며 大蔵省·大膳職·大炊寮가 실제로 물자 보관을 담당한 관사였다. 전자를 出納官司, 후자를 保管官司라고 부르고 싶다.[10] 그리고 民部省도 세물을 보관한 것을 다음 『續日本紀』 慶雲3(706)년 閏正月戊午條로 알 수 있다.

勅. 収貯大蔵諸國調者 令諸司每色検校相知. 又収貯民部諸國庸中軽物 絁·

10　俣野好治, 「律令中央財政機構の特質について」, 『律令財政と荷札木簡』, 同成社, 2017.

糸·綿等類 自今以後 收於大蔵 而支度年料 分充民部也.

이 기사에 따르면 전국에서 보내온 調는 大蔵省에 저장되고, 庸은 民部省에 수납되었는데 앞으로는 庸 가운데 輕物인 絁·糸·綿 등은 大蔵省에 수납되어 1년간에 필요한 양을 산출하여 그 양을 民部省으로 보내는 것으로 되었다. 또 庸은 그들 이외에 쌀이나 베·소금·좁쌀·돈 등으로도 납부된 것을 목간이나 正倉院文書를 통해 알 수 있다. 이 가운데 베는 輕物로 絁·糸 등과 같이 취급했을 것이다.

그리고 조를 보관하는 大蔵省인데 職員令에 있듯이 전국의 調 雜物은 宮內省에 소속된 大膳職이 보관하는 것으로 되어 있다. 이 調 雜物이란 大膳職이 궁중에서 관인의 식사나 饗宴에서 조리를 담당한 것으로 알 수 있듯이 소금이나 어패류 같은 식료품이었다.[11] 『令集解』職員令 大蔵省條所引釋說이 大蔵省의 職掌인 '出納'에 관해서 '凡調·庸物非一色. 随色収納諸司. 仮令鹽·魚納大膳, 米納民部之類(후략)'이라고 하듯이 조의 소금이나 물고기는 大膳職으로, 용인 쌀은 民部省으로 납부하는 것으로 되어 있었다.

중앙에 납입된 용은 賦役令 計帳條(주9 참조)로 衛士 仕丁·采女·女丁의 식료와 役民을 고용하는 비용이나 식료로 충당되는 것으로 되어 있었으니 民部省으로 납부된 용의 쌀은 衛士나 仕丁 그리고 役民 등 지방에서 징발되어 도성에서 일하는 사람들의 식료로 사용되었다. 民部省에는 廩院이 있었으니 쌀은 거기에 납부되었다.[12]

11 賦役令 調絹絁條에 調 雜物로 철·괭이 이외에 소금·전복·가다랑어·오징어·해조 등 다양한 식품이 나온다.

12 『日本後紀』延暦18(799)년 3월 을사삭조, 『日本三代実録』貞觀12(870)년 12월25일임인조, 元慶8(884)년 6월23일임자조 등. 특히 마지막 사료에는 '夜傱児入民部廩院倉 盜取米一斛五斗'라고 하여 廩院이라는 창고가 늘어서는 일관이 있고 거기

다음에 大炊寮가 관장한 諸國舂米에 관해서 검토한다. 이는 田令 田租條 '凡田租 准國土收獲早晚 九月中旬起輸. 十一月三十日以前納畢. 其舂米運京者 正月起運. 八月三十日以前納畢'로 기본적으로 도성으로 보내지 않았고 각국에 비치되는 田租 일부를 찧어 백미로 한 것이며 정월부터 8월 말까지 도성으로 보내는 것으로 되어 있었다.[13] 『令集解』 田令 田租條所引古記說에 '租稅造米 送大炊寮也'라고 있듯이 이는 宮內省 大炊寮로 납부된 것이었다.[14]

여기까지 검토해 온 조·용과 舂米 보관 관사를 정리하면 상술했듯이 용의 일부 납부처가 변경된 慶雲 3년 이후는 아래와 같다.

조
    베 등　　　　　：大蔵省
    잡물의 식료품　：大膳職
용
    소금·쌀 등　　　：民部省
    絁·糸·綿 등　　：大蔵省(거기서 1년분이 民部省으로)
舂米　　　　　　　：大炊寮

그런데 상술했듯이 조용을 공진해 온 국사·군사가 도성으로 들어오면

에 있는 창고에 쌀이 수납된 것이 명시된다. 佐藤信,「民部省廩院について」,『日本古代の宮都と木簡』, 吉川弘文館, 1997 참조.

13　다만 실제로는 田租가 아니라 각국의 재원인 正稅의 벼를 出擧하여 얻은 利稻를 찧어서 도성으로 보냈다.

14　『延喜式』民部下 年料舂米條에는 22개국의 年料舂米의 양이 정해져 있고 거기서는 백미는 大炊寮로 흑미는 民部省과 內蔵寮으로 납부하는 것으로 되어 있고 수납하는 관사가 8세기와는 달라졌다.

국사가 군사를 인솔하여 民部省으로 가서 도성에 온 것을 보고했다.[15] 民部省이라고 하지만 실제로는 민부성에 소속된 출납관사인 主計寮이었을 것이다.[16] 그 다음에 국사는 民部省에서 며칠간에 걸쳐 調帳·庸帳과 이미 제출되었던 計帳[17]을 서로 대조하는 勘會를 받았다. 즉 計帳을 통하여 그 해의 課丁數과 납입예정액을 알 수 있으니 그것과 調帳·庸帳에 쓰인 실제 수납량이 어긋나지 않는지 조사를 받은 것이다.

한편 군사들은 민부성으로 출두한 날에 민부성의 錄(제4등관)이 이끌고 대장성 정창원으로 갔다. 거기서는 대장성의 녹과 같이 현물을 勘會하여 틀림없다는 것을 확인한 다음에 민부성이 수납해야 할 것을 쓴 移文을 대장성으로 내고 드디어 正倉으로 수납되었다.[18] 그 때 調帳·庸帳은 민부성에서의 勘

---

15 承和11(844)년 11월15일 太政官符(『類聚三代格』), 『延喜式』 民部上調庸專當郡司條 '凡調庸專當郡司到京者 使國司引見省(후략).' 이 '省'은 민부성이다. 이하 調庸수납 절차에 관해서는 俣野好治, 2017, 앞의 논문 참조.

16 『延喜式』 主計下綱領條 '凡諸國貢調綱領郡司 入京之日 被率使國司參寮'. 이 '寮'는 主計寮이다.

17 大同5(810)년 3월28일 太政官符(『類聚三代格』), 『延喜式』 主計下調庸帳條 '凡勘調庸帳者 皆拠大帳人數 若大帳之後更有出入 依実勘之(후략)'. 이 大帳은 계장과 같은 것이다.

18 『延喜式』 民部上勘納調庸物條 '凡勘納調庸物者 郡司見參之日 省錄率史生等 向大藏省正倉院 与大藏錄共勘會見物 然後可納調物狀移大藏'. '調物'이라고 하는데 실제로는 '調庸物'이라고 해야 할 것이다. 또 헤이안큐(平安宮)에서는 正倉院은 궁 북쪽에 있었고 거기에는 正倉이 늘어서 있었다. 平城宮에서는 天平10(738)년 7월 7일에 聖武 천황이 大藏省으로 나가서 씨름을 본 후에 晩頭에 西池宮으로 갔는데 (『續日本紀』 7月 癸酉條) 이 西池는 궁 북서부에 현재도 있는 佐紀池이 그 후신으로 생각된다. 또 天平 17년 5월에는 聖武는 松林倉廩에 나갔는데(동 5月 乙亥條) 天平7년 5월 5일에 聖武가 거기서 騎射를 본 北松林(동, 5月 庚申條)도 같은 장소일 것이다. 이런 사실로 보면 平城宮 大藏省도 역시 궁 북쪽에 있었다고 생각된다.

會를 위해 국사·민부성 쪽에 있었기 때문에 공진물의 품목(色目)별로 그 분량을 쓴 장부로 '門文'이라고도 한 것[19]과 현물을 대조한 것이다. 이러한 수납 절차는 8세기에도 거의 똑같았다고 생각된다. 다만 위에서 말했듯이 실제로는 모든 조가 대장성으로 납부된 것이 아니라 식료품은 대선직으로 납부되는 것으로 되어 있었다.

다음에 贄에 관해서 검토한다. 이는 율령에 규정이 없는 특수한 세이며 천황의 밥상에 공급하기 위한 식료품이었다. 다만 10세기에 편찬된 법제사료인 『延喜式』에는 공진 규정이 보이므로 그것에 대해 간단하게 검토한다. 宮內式에 따르면 贄는 諸國所進御贄와 諸國例貢御贄로 나눌 수 있다. 한편 內膳式에는 諸國貢進御贄로 보이고 다시 공진시기에 따라 旬料·節料·年料로 세분된다. 이들 가운데 旬料와 節料는 宮內式 諸國所進御贄에 대응하여 宮內省 內膳司에 납부되었다. 한편 年料는 諸國例貢御贄와 밀접한 관련이 있어 직접 內裏로 올리는 것이었다.[20]

다만 이는 헤이안(平安)시대의 규정이며 나라(奈良) 시대에는 좀 다른 부분도 있다. 宮內省 大膳職에는 雜供戶라는 사람들이 소속되어 있었고 이들은 『令集解』 同條所引釋說에 인용된 別記에 따르면 鵜飼37戶, 江人87戶, 網引

岸俊男,「難波宮の系譜」,『日本古代宮都の硏究』, 塙書房, 1988 참조.

19　倉庫令 調庸物応送京條 '調庸等物 応送京者 皆依見送物數色目 各造簿一通. 國明注載進物色數 附綱丁等 各送所司'에서 전반의 '簿一通'이 調帳·庸帳이고 후반의 '國明注載進物色數'는 품목별로 작성되어 각 보관관사에 보내진 것이다. 寬平 8(896)년 閏正月1日太政官符(『類聚三代格』)에 인용된 讚岐國解에 '調庸幷例進雜雜物 依倉庫令 國明注載進物色數 附綱丁等各送所司. 此号門文. 須任門文全進納'이라고 하듯이 '門文'이라고 했다.

20　今津勝紀,「律令調制の構造とその歷史的前提」,『日本古代の稅制と社會』, 塙書房, 2013a; 虎尾俊哉編,『延喜式 下』, 集英社, 2017, p.967 보주「諸國例貢の御贄」.

150戶 등으로 이뤄졌다. 그들은 調·雜徭를 면제되는 대신에 항시적으로 어패류를 공진했는데 그것들도 贄였다.[21] 그 贄는 그들이 소속된 大膳職에 공진되었을 것이다. 제2장 1)절에서 소개한 '參河國芳圖郡比莫嶋海部供奉九月料御贄'(g·1)와 같은 목간은 海部라는 집단이 공진한 것이며 이에 준하는 성격이었다고 추정된다.[22] 단 그 공진 시기는 조용과 같이 특정한 시기에 한정되지 않았고 旬料·節料·年料 등의 성격에 따라 달랐고 또 參河의 贄처럼 매달 공진하는 경우도 있었다.

이상으로 조·용·백미·贄에 관해서 공진 모습을 개관했다. 전국에서 공진된 세물은 그 세목 품목에 따라 특정한 보관관사에 수납되는 것으로 되어 있었다.

IV 세물 보관 상황의 복원

제2장에서 봤듯이 같은 국 또는 같은 군의 조·용·백미·지 등의 하찰목간이 가까운 곳에서 같은 토층에서 복수 출토되는 사례는 무엇을 뜻하는 것일까. 하찰목간은 도성으로 공진되는 세물에 매달렸고 그 상태를 유지한 채 보관관사에 수납되고 보관되었다. 그 후에 어느 관사에 수요가 생기면 세물은

---

21 奈良國立文化財研究所, 『平城宮木簡一 (解說)』, 總說, 1969.

22 參河國 海部의 贄木簡에 관해서 山本崇, 2020, 앞의 논문은 海部를 주체로 하여 '某月料御贄'를 공진하는 체제가 성립된 것은 和銅7(714)년의 首皇子 立太子를 계기로 한 것이라고 지적한다. 율령제 이전의 部民制를 통한 공진 같은 형태이지만 실제로는 새로운 제도였다.

하찰목간
(平城宮1-403)

보관관사에서 거기로 공급되고, 공급된 곳에서 소비하기 위하여 짐을 풀 때 소용없게 된 섬 등과 같이 하찰은 버려졌을 것이다.[23] 따라서 세물의 하찰목간이 출토된 장소 가까이에는 그 세물을 소비한 관사나 그와 관련된 현장이 있었다는 것이 된다. 그리고 같은 국, 군의 복수 하찰이 가까운 곳에서 같은 토층에서 출토되었다는 것은 그것들이 일괄적으로 폐기되었다는 것을 뜻할 것이다.

거기서 시간을 거슬러 올라가면 보관관사에서 소비관사로 세물이 공급되었을 때에 같은 국 군의 세물을 어느 정도 한꺼번에 건네준 것이 된다. 이는 보관관사에 있었을 때에 세물이 국, 군마다 보관되어 있었다는 것을 뜻한다. 즉, 제3장에서 검토하였듯 이를테면 조로 공진된 것들 가운데 식료품은 대선직 창고에, 그 이외의 조는 대장성 창고에 보관되었고 그 세물들은 국, 군마다 보관되어 있었던 것이다.

여기서 지금 검토하고 있는 목간 출토 상황에서 세물 보관 상황을 복원해 보면 두 가지 가능성을 상정할 수 있다. 즉 보관 장소에서는 ①세물이 먼저 품목별로 분류되고 그것이 다시 국별로 정리되었거나, ②먼저 국별로 나누어서 보관하고 그 다음에 그것이 품목별로 정리되었다는 두 가지다. 예를 들어 대장성에 보관되는 용의 絁·糸·綿 등을 예로 하면 ①은 대장성에 絁·糸·綿 등을 따로 납부하는 창고가 있고(혹은 같은 창고 안에서 몇 가지 세물이 품목별로 보관 장소를 달리했다는 가능성도 있다[24]) 그것이 다시 국별로 정리

---

23 그것은 홈 부분에 하찰에 매달기 위한 끈이 남아 있는 상태로 출토된 하찰목간(平城宮1-403 등)이 있는 것을 통해서 명백하다. 舘野和己,「日本木簡の特殊性」, 大庭脩 편저『木簡 - 古代からのメッセージ』, 大修館書店, 1998 참조.

24 『續日本後紀』承和4 (837)년 12월 경술조 '是夜 盜穿大藏省東長殿壁 竊取絁·布等. 不知幾匹端'을 통해서 大藏省 東長殿에 絁·布 등 복수 종류의 섬유제품이 수납되었던 것을 알 수 있다. 이들은 調로 공진된 것만이 아니라 慶雲 3년 閏正月의 勅(『續日

되었다는 것이 되고, ②는 A국의 창고, B국의 창고와 같이 국별로 창고가 있었고(이것도 한 창고 안에 몇 국의 세가 다른 장소에 보관되었다는 상정도 가능하다) 그것이 絁·糸·綿 등 품목별로 분류, 정리되었다는 것이 된다. 어느 경우든 그 안에서 무엇인가를 꺼냈을 때 국(군)마다 있었을 것이니 어느 쪽이 타당한지는 더 이상 목간 출토 상황만으로 추측할 수 없다. 그래서 문헌 사료를 통해서 더 검토해 보기로 한다.

제3장에서 조용을 공진해 온 각국의 郡司들은 민부성과 대장성 관인들과 함께 대장성 正倉院으로 가서 거기서 '門文'이라고 하는 공진물의 품목과 분량을 기록한 장부와 현물을 대조한 다음에 세물을 수납하는 것으로 되어 있었다. 거기서 이미 국(그리고 군)별, 품목별로 정리되었을 것으로 보인다. 대장성에 수납하는 것은 조의 베 등이며 慶雲3(706)년 윤정월 이후에는 용의 絁·糸·綿등도 포함되었는데 민부성에 수납되는 용의 소금, 쌀도 같은 저치를 했다고 생각된다.

그리고 『延喜式』을 보면 太政官式 調庸帳條는 '凡諸國調庸等帳進官 即太政官惣計數國造目 少納言奏之'라고 한다. 전국에서 조용과 함께 調帳·庸帳이 태정관으로 공진되자 몇 개국분이 총계되어 목록이 작성된다. 몇 개국분이라고 하는 것은 같은 시기에 도성에 온 국들일 것이다. 제3장에서 봤듯이 전국의 국은 근국·중국·원국으로 나뉘어서 납입 기일이 정해져 있었기 때문에 몇 개국이 같은 시기에 도성에 들어오게 된다. 倉庫令 調庸物応送京條에 '調庸等物 応送京者 皆依見送物數·色目 各造簿一通(후략)'이라고 하여 見送物의 숫자와 色目(종류)을 각국이 기록한 '簿'야말로 調帳·庸帳이니 태정관은 그것을 몇 개국분을 묶어 목록을 만든 것이며 당연하게도 그 내용은 품목별로 분류했을 것이다. 그렇다면 少納言이 천황으로 상주하는 몇 개국분을 총계한 목록은

本紀』正月 戊午條)으로 民部省에서 옮기게 된 庸의 絁 등도 포함되었을 것이다.

국명보다 품목명과 그 양이 중시되었다는 것이 된다.

다음에 소비 단계의 사료를 검토해 보면 창고에서 세물을 지급할 때에는 倉庫令 倉出給條 '凡倉出給者 每出一倉尽. 乘者附帳. 欠者随事徵罰. 蔵亦准此'라고 하여 한 倉을 다 쓰면 다음 倉으로 넘어가는 것으로 되어 있다. 蔵도 똑같다고 하는데 이 蔵은 다음에 보는 倉庫令 大蔵出給條에 나오는 大蔵이나 內蔵 등을 뜻한다. 만약 창·장이 국을 우선해서 조 등을 납부하는 것(②의 경우)이었다면 그 안의 품목에 따라 수요가 달랐을 것이니 한 국의 창·장을 다 쓰지 않으면 다음 창·장을 이용할 수 없다고 하면 너무 불편하고 비현실적이다. 여기서는 같은 종류의 물건을 납부한 창·장을 상정한 것으로 생각할 수밖에 없다.

다음에 倉庫令 大蔵出給條 '大蔵 准一季応須物數 量出別貯. 随用出給. 其內蔵者 即納一年須物 每月別貯出用.(후략)'에 의하면 大蔵(대장성에 소속된 창고)은 수납물의 한 계절마다 필요한 양을 계산하여 그 양을 대장에서 내서 따로 비축하여 필요에 따라 거기서 공급하고 內蔵(中務省 內蔵寮 소관의 창고로 천황 보물 등을 수납한다)은 1년간에 필요하다고 예정되는 양을 대장성에서 받았고[25] 월마다 필요한 양을 따로 보관하고 거기서 공급하는 것으로 되어 있었다. 이러한 '別貯'는 당연히 품목별로 되어 있었을 것이다. 또한 대장·내장 모두 필요한 양을 계산하는 일은 '支度國用'(職員令 主計寮條)을 직장으로 하는 민부성 主計寮가 담당했다. 그리고 대장이 한 계절마다 필요한 양을 따로 저장하기 위해서는 상술한 太政官式 調庸帳條에 보이는 몇 개국분의 調·庸帳을 총계하여 작성된 품목별 목록이 이용되었을 것이다. 일단 모든 것

25　內蔵寮은 中務省에 소속된 관사이며 職員令 內蔵寮條에 따르면 金銀 珠玉 寶器 錦綾 등 보물이나 옷 등 천황에 속하는 물건 관리를 직장으로 하였다.『令義解』職員令 內蔵寮條에 따르면 그 중 金銀·珠玉·寶器·錦綾 등 보물에 관해서는 '皆自大蔵省割別而所送者也'라고 한다.

을 대장으로 납부한 다음에 따로 저장하는 것은 시간도 노력도 많이 든다. 상상해 보면 대장으로 납부할 때 처음부터 이 목록을 이용해서 품목별로 계절마다 필요한 양에 따라 보관처를 달리했다고도 생각할 수 있다.[26] 한 계절, 한 해에 필요한 양의 계산 즉 예산 작성은 미리 할 수 있으니 그에 따라 수납하는 작업은 가능했을 것이다.

『續日本紀』慶雲3(706)년 閏正月 戊午條의 勅에 '收貯大藏諸國調者 令諸司每色檢校相知.(중략) 收貯民部諸國庸中輕物 絁·糸·綿等類 自今以後 收於大藏(후략)'와 같이 종류나 품목별로 檢校·收納하는 것으로 정해져 있는 것도 지금까지 검토해 온 품목을 중요시한 수납 상황과 상응한다.

지금까지의 검토를 통해서 조용 같은 세물은 세목 그리고 품목별로 보관되었다는 것을 알 수 있었다. 보관한 세물을 필요로 하는 관사에 지급하는 경우 그것이 어느 국의 산물인지는 문제가 되지 않는다. 따라서 품목별로 보관되었을 것이다. 다만 국, 군마다 정리되어 공진, 수납되었으니 보관할 때에는 당연하게도 국군별로 보관되게 된다. 즉 보관 관사에서는 위에서 든 두 가지 상정 가운데 ①같이 보관되었다는 것이다. 따라서 국, 군마다 있는 상태로 세물이 필요한 곳으로 지급된 것이다. 이러한 보관 방식이 같은 국(군)의 같은 종류의 공진물 하찰이 같이 출토되는 것의 요인이었다.

이상 주로 조와 용을 통해서 설명해 왔는데 백미(舂米)나 贄에 관해서도 기본적으로 비슷하게 생각할 수 있다. 백미의 경우 품목이 하나만으로 大炊寮에 있던 米倉[27] 안에는 국별로 섬이 늘어서 있었을 것이다. 제2장 2)에서 본

---

26 다만 太政官式 調庸帳條에 보이는 목록은 太政官이 작성하여 少納言이 천황으로 상주하는 것이니 그대로 主計寮가 이용할 수는 없었을지도 모른다. 그 경우에는 調帳·庸帳을 통해서 主計寮도 계산했다고 이해된다.

27 『類聚國史』권173 火에 실린 大同4(809)년 5月 壬申條 '大炊寮廩災'로도 거기에 廩(쌀 창고)가 있었다는 것을 알 수 있다.

제177차조사에서는 백미 하찰로 但馬國의 3점(또는 4점), 讚岐國의 3점 이외에도 近江·若狹·丹後國의 하찰도 가까운 데에서 출토되었다. 田令 田租條 '凡田租 准國土收獲早晚. 九月中旬起輸. 十一月卅日以前納畢. 其春米運京者 正月起運. 八月卅日以前納畢'의 후반 '春米運京'이 이 백미에 해당하니 정월부터 8월말까지 도성으로 나르는 것으로 되어 있었다. 나라(奈良)시대에 상기 국들에서 구체적으로 언제 백미가 도성으로 납입되었는지는 알 수 없으나 시대가 내린 『延喜式』民部下 春米運京條에 따르면 近江은 2월30일, 若狹·丹後는 4월30일, 但馬·讚岐는 6월30일이 공진 기한이었다.[28] 나라(奈良)시대에도 但馬와 讚岐는 같은 시기에 도성에 납입되었기 때문에 大炊寮 米倉에서 가까운 곳에 보관되었을지도 모르겠다.[29]

또 贄의 경우 東院지구 동남부에서 실시된 제99차조사로 다음과 같은 題籤軸이 출토되었다.

·北一贄
　殿出帳

·天平廿年　　　　　　　　　　　(52)·29·5 061 城11-10

28　貞觀 4 (862)년 9월22일 太政官符(『類聚三代格』)에 인용된 民部省式에는 '諸國春米運京者 伊勢·近江·丹波·播磨·紀伊等國二月卅日以前 尾張·參河·美濃·若狹·越前·丹後四月卅日以前 但馬·因幡·美作·備前·讚岐六月卅日以前 並送納訖'이라고 한다. 『延喜式』民部下의 春米運京條에는 더 많은 국들의 규정이 있는데 위 民部省式에 보이는 국들의 공진 기한은 『延喜式』과 일치하고 그것이 『延喜式』에도 계승되었다.

29　여기서 검토한 5개국에 관하여 목간을 통해서 나라(奈良)시대의 백미 공진 시기를 알 수 있는 사례는 但馬國 밖에 없다. 하지만 그것도 4월(平城宮7-1279), 5월(平城宮2-2715), 8월9일(城24-28)로 제각각이므로 어떤 규정이 있었는지는 알기 어렵다.

이는 '北一'이라고 한 贄殿에서 贄의 天平20(748)년의 지급 상황을 기록한 문서의 축이다. 이 贄殿이 內膳司에 있었는지 아니면 大膳職에 있었는지는 의논이 있는데[30] '北一'이라고 있듯이 贄殿은 복수 건물이 나란히 있었다. 이 사실은 수납되는 식품에 따라 다른 贄殿이 사용된 것을 뜻할 것이다. 왜냐하면 贄는 품목별로 소비되었으니 만약 각 贄殿에 공진국별로 贄가 보관되었 있었다면 贄殿별로 '出帳'을 만들 의미가 없어져 버리기 때문이다.

마지막으로 하찰목간의 용도에 대해 언급하고 싶다. 하찰은 郡家에서 세물에 부착되는 것이 많다. 그리고 중앙에서 세물이 수납될 때에는 調帳·庸帳 또는 '門文' 같은 장부와 한점 한점 하찰을 대조하여 세물의 품목이나 수량, 품질이 좋은지를 확인하기 위해 사용되었다고 일찍이 추정되었다. 그러나 실제 절차는 제3장에서 언급했듯이 국사는 計帳과 調帳·庸帳에 의한 勘會, 군사는 세물과 '門文'에 의한 勘會를 실시했으며 모두 장부를 통해서 세물의 전체적인 종류와 총량을 확인했을 뿐이었고 하찰목간을 이용해서 짐을 개별적으로 확인했다고는 생각하기 어렵다.[31] 그리고 실제로 전국의 모든 세물을 하찰목간을 이용해서 다 확인하는 시간적인 여유는 없었을 것이다.

세물이 보관되었을 때에는 하찰이 매달린 짐의 내용물, 산지, 제조년, 분량 등을 기록한 네임태그의 역할을 해서 정리 보관하는데 편리했다. 그래서 마지막까지 짐에서 떼어지지 않았던 것이 여기서 검토했듯이 목간 출토 경향

---

30 平城宮跡発掘調査部,「1976年度発見の平城宮木簡」,『奈良國立文化財研究所年報 1977』, 1977.

31 渡辺晃宏,「籍帳制」, 平川南 外 편『文字と古代日本1 支配と文字』, 吉川弘文館, 2004; 吉川真司,「税の貢進」, 平川南 外 편『文字と古代日本3 流通と文字』, 吉川弘文館, 2005; 今津勝紀,「調庸墨書銘と荷札木簡」,『日本古代の税制と社會』, 2013b; 塙書房. 舘野和己,「荷札木簡に見える地名表記の多様性」, 角谷常子 편『東アジア木簡學のために』, 汲古書院, 2014.

에서 보관 상황을 복원하는 것을 가능하게 한 것이다.[32]

V 맺음말

같은 국, 군의 같은 종류의 하찰목간이 가까운 곳에서, 그것도 같은 층위에서 복수 출토된 사례를 통해서 세물 출납·보관 상황을 복원하여 품목별로 분류 정리되었던 것, 그 안은 공진 상황으로 자연히 국마다, 그리고 군마다 정리되었다는 결론을 얻었다. 그것이 공진물을 보관하고 여러 관사에 지급하기 위해서는 가장 합리적인 방식이었다고 생각된다.

여기서는 헤이조큐만을 예로 들었지만 다른 도성에서도 같은 상황을 확인할 수 있을지, 또한 지방관아에서는 어땠는지. 그리고 일본 이외에서는 어

---

[32] 平城宮 터 동남 구석에서 실시된 제32차 보족조사에서는 다음과 같은 목간이 출토되었다.
· 中蔵錢幷絁
· 錢幷絁
　　中蔵　　　　　　　　　　　　　　44·13·3　032　平城宮4-4677
이는 中蔵에 수납된 錢과 絁의 부찰이다. 같은 蔵에 錢과 絁라는 다른 종류의 물품이 수납되었다는 것은 이 글의 주장과 모순되는 것처럼 보이지만 이는 출토 지점으로 式部省에 소속된 蔵이다. 式部省이 보관 관사에서 지급된 각종 물품을 같은 蔵에 수납했다는 것을 보여주는 것이며 民部省·大蔵省·大膳職·大炊寮 등 보관관사에서 세물 보관 상황에 관한 이 글의 주장과 모순되지 않는다. 하지만 式部省 中蔵 안에서도 당연하게도 錢과 絁이 다른 장소에 정리, 보관되었다는 것을 목간을 통해서 알 수 있다.

떤 상황이 있었는지 예상할 수 있지만 실제로는 어땠는지. 이러한 문제는 앞으로의 과제로 남기고 싶다.

(번역: 橋本 繁, 경북대학교 인문학술원 HK연구교수)

참고문헌

奈良國立文化財研究所, 1969, 『平城宮木簡一（解說）』, 1969.

_____, 『昭和61年度平城宮跡発掘調査部発掘調査概報』, 1987.

_____, 『1989年度平城宮跡発掘調査部発掘調査概報』, 1990.

虎尾俊哉編, 『延喜式 下』, 集英社, 2017.

舘野和己, 「荷札木簡の一考察」, 『奈良古代史論集』1, 1985.

_____, 「日本木簡の特殊性」, 大庭脩 편저『木簡-古代からのメッセージ』, 大修館書店, 1998.

_____, 「荷札木簡に見える地名表記の多様性」, 角谷常子 편『東アジア木簡學のために』, 汲古書院, 2104.

今津勝紀, 「律令調制の構造とその歴史的前提」, 『日本古代の税制と社會』, 塙書房, 2013a.

_____, 「調庸墨書銘と荷札木簡」, 『日本古代の税制と社會』, 塙書房, 2013b.

吉川真司, 「税の貢進」, 平川南 기타편『文字と古代日本3 流通と文字』, 吉川弘文館, 2005.

渡辺晃宏, 「籍帳制」, 平川南 기타편『文字と古代日本1 支配と文字』, 吉川弘文館, 2004.

山本崇, 「參河三嶋贄荷札の年代」, 『奈文研論叢』1, 奈良文化財研究所, 2020.

狩野久, 「庸米付札について」, 『日本古代の國家と都城』, 東京大學出版會, 1990.

岸俊男, 「難波宮の系譜」, 『日本古代宮都の研究』, 塙書房, 1988.

俣野好治, 「律令中央財政機構の特質について」, 『律令財政と荷札木簡』, 同成社, 2017.

佐藤信, 「民部省廩院について」, 『日本古代の宮都と木簡』, 吉川弘文館, 1997.

平城宮蹟発掘調査部, 1977, 「1976年度発見の平城宮木簡」, 『奈良國立文化財研究所年報 1977』, 1977.

編·著者 소개

編者

윤재석(尹在碩) jasyun@knu.ac.kr
경북대학교 사학과 교수, 인문학술원장 겸 HK+사업단장

『수호지진묘죽간 역주』(소명출판, 2010)
「東アジア木簡記錄文化圈の硏究」(『木簡硏究』43, 2021)
「秦漢代의 算學敎育과 '구구단'木簡」(『동서인문』19, 2022)

著者(執筆順)

이동주(李東柱) spa76@hanmail.net
경북대학교 인문학술원 HK 연구교수

『한국목간총람(공저)』(주류성, 2022)
「신라의 기하문 인장과 문서의 封緘」(『영남학』81, 2022)
「경산 소월리 출토 목간과 유구의 성격」(『동서인문』16, 2021)

이용현(李鎔賢) yhyist@naver.com
경북대학교 인문학술원 HK 연구교수

『한국목간총람(공저)』(주류성, 2022)

「城山山城 木簡에 보이는 신라의 지방경영과 곡물·인력관리-城下麥 서식과 本波, 喙의 분석을 중심으로」(『동서인문』17, 2021)

「慶山 所月里 文書 木簡의 성격 - 村落 畓田 基礎 文書-」(『木簡과 文字』27, 2021)

하시모토 시게루(橋本 繁) sige1023@yahoo.co.jp

경북대학교 인문학술원 HK연구교수

『韓国古代木簡の研究』(吉川弘文館, 2014)

「新羅 文書木簡의 기초적 검토 - 신 출토 월성해자 목간을 중심으로」(『영남학』77, 2021)

「월지(안압지) 출토 목간의 연구 동향 및 내용 검토」(『한국고대사연구』100, 2020)

「월성해자 신출토 목간과 신라 外位」(『木簡과 文字』24, 2020)

김창석(金昌錫) kcseok@kangwon.ac.kr

강원대학교 사범대학 역사교육과 교수

『왕권과 법 - 한국 고대 법제의 성립과 변천』(지식산업사, 2020)

「한국 고대 國王文書의 기초 검토 - 국내용 문서의 사례와 기원 - 」(『木簡과 文字』27, 2021)

「부여 雙北里 출토 木簡을 통해 본 泗沘都城의 官府 공간과 儒敎」(『백제학보』32, 2020)

「戶籍 관련 자료를 통해 본 三國時期의 戶籍制度」(『木簡과 文字』23, 2019)

리쥔밍(李均明)

中國 清華大學出土文獻研究與保護中心 研究員

『中國簡牘的發現與研究』, 收入『中國攷古學百年史(1921-2021)』(中國社會科學出版社, 2021)

「淸華簡〈算表〉運算過程解析—陰陽開閤說」(『出土文獻』, 2021)

「走馬樓西漢簡〈長沙邸傳捨劾文書〉解析」(『中州學刊』, 2021)

위전보(于振波)

中國 湖南大學嶽麓書院 敎授

《漢代行政記錄》(原著 : michael loewe, records of han administration)(第一譯者). 廣西師大出版社(2005)

『簡牘與秦漢社會』, 湖南大學出版社(長沙, 2012)

『走馬樓吳簡初探』, 文津出版社(臺北, 2004)

다이웨이훙(戴衛紅) yuqidwh@163.com

中國社會科學院古代史硏究所 硏究員, "古文字與中華文明傳承發展工程"協同攻關創新 平臺硏究員

『韓國木簡硏究』, (廣西師範大學出版社, 2017)

「한국 목간에 보이는 "某月中"」(『木簡과 文字』23, 2019)

「韓國에서 出土된 '椋'자 木簡으로 본 동아시아 簡牘文化의 전파」(『사림』58, 2016)

팡궈화(方國花) guohua1211@yahoo.co.jp

경북대학교 인문학술원 HK연구교수

「고대 동아시아 목간자료를 통해 본 "參"의 이체자와 그 용법」(『木簡과 文字』25, 2020)

「부여 부소산성 출토 토기 명문의 검토-동아시아 문자자료와의 비교」(『木簡과 文字』 26, 2021)

「신라·백제 문자문화와 일본 문자문화의 비교연구-출토문자자료를 중심으로」(『영남 학』77, 2021)

가네가에 히로유키(鐘江 宏之)

日本 學習院大學文學部 敎授

『地下から出土した文字』(山川出版社, 2007)

『지하에서 출토된 문자』(이동주 역, 주류성, 2022)

『律令国家と万葉びと』(小学館, 2008)

『東アジア海をめぐる交流の歴史的展開』鶴間和幸氏と共編著(東方書店, 2010)

다테노 가즈미(舘野 和己)

日本 奈良女子大學 名譽教授

「中国·朝鮮·日本の古代都城」吉村武彦ほか編『東アジアと日本』(シリーズ 地域の古代日本)(KADOKAWA, 2022)

「日本古代の関制度の再検討」鷹取祐司編『古代中世東アジアの関所と交通制度』(立命館大学, 2017)

『日本古代の交通·交流·情報1~3』出田和久氏と共編著(吉川弘文館, 2016)